La Fin Amère

Comment Laisser Derrière Soi
l'Indésirable et Vivre la Vie Que Vous
Voulez
Donnel Delva

À PROPOS DE L'AUTEUR

DONNEL DELVA est écrivain, enseignant et éternel étudiant du développement personnel. Né à Bridgeport, dans le Connecticut, il a développé une passion profonde pour l'amélioration de soi, dévorant des centaines de livres de développement personnel à la recherche de la sagesse capable de provoquer un changement réel et durable. Aujourd'hui, à seulement 24 ans, il condense ces enseignements en conseils clairs et actionnables pour les autres — tout comme les auteurs qui l'ont influencé continuent de le faire.

Le jour, Donnel enseigne l'anglais dans un lycée préparatoire jésuite, où il encourage ses élèves à penser de manière critique, à s'exprimer avec force et à tracer leur propre chemin vers la réussite. Ancré dans les idéaux jésuites de réflexion, d'autodiscipline et d'apprentissage tout au long de la vie, il est convaincu que la transformation est un voyage permanent — un voyage qui commence dès l'instant où l'on choisit d'abandonner ce qui ne nous sert plus.

En dehors de la salle de classe, vous le trouverez en train de soulever des poids, de regarder des animes ou de marcher en pleine nature — toujours en quête de réflexion, d'amélioration et du prochain niveau de croissance.

DONNEL DELVA

Sa mission est simple : rendre le développement personnel accessible, concret et véritablement transformateur. Avec *La Fin Amère*, il invite ses lecteurs à s'engager avec audace dans la vie qu'ils ont toujours rêvé de mener.

La Fin Amère

Comment Laisser Derrière Soi
l'Indésirable et Vivre la Vie Que Vous
Voulez
Donnel Delva

Publié par Donnel Delva, Bridgeport, CT
Identifiants : ISBN 979-8-9926388-0-6 (version papier en anglais) | ISBN
979-8-9926388-1-3 (version reliée en anglais) | ISBN 979-8-9926388-4-4 (ebook
en anglais) | ISBN 979-8-9926388-2-0 (version papier en français) | ISBN
979-8-9926388-3-7 (version reliée en français) | ISBN 979-8-9926388-5-1 (ebook
en français)
Numéro de contrôle de la Bibliothèque du Congrès : 2025903051
Numéro d'enregistrement des droits d'auteur aux États-Unis : TX 9-479-181

Ce livre est destiné à des fins éducatives et informatives uniquement. Bien que
l'auteur ait fait tout son possible pour garantir l'exactitude des informations, ce
livre ne remplace pas un avis professionnel. L'auteur et l'éditeur déclinent toute
responsabilité en cas d'erreurs, d'omissions ou de conséquences résultant de
l'utilisation de ce matériel. Les lecteurs sont invités à consulter un professionnel
lorsque cela est nécessaire.

Conception de la couverture par Ian Koviak
1ère édition, 2025

Imprimé aux États-Unis d'Amérique.

Pour Carl Delva,
Je t'avais dit que je le ferais !

Pour Lemane & Erla Delva,
qui m'ont dit que je le ferais.

CONTENTS

Préface	XI
Title Page	XVII
Introduction	XIX
Partie I : Fondation	1
1. Croyez En Votre Imagination Inébranlable	3
2. Vous Devez Être Discipliné	19
3. Nous Vivons Dans La Dimension Du Paradoxe	47
4. Élargissez Votre Domaine De Conscience	77
5. Les Mots Sont Envoûtés	95
Partie II : Transformation	113
6. La Solitude Forge Une Force Qui Devient Pouvoir	115
7. Pensez Par Vous-Même	137
8. Surmonter Les Émotions Négatives	177
9. L'Univers Est Une Force Aidante	197
10. Ne Croyez Pas Aux Excuses	221
Partie III : Préservation	251

11. Concentrez-Vous Uniquement Sur L'état   253
    Souhaité

12. Prospérez Mais Ne Fanfaronnez Pas   279

13. Pratiquez L'ascétisme Involontaire   309

Épilogue   321

Postface   339

Remerciements   343

Notes   347

Préface

Il arrive un moment dans la vie où l'on sait que quelque chose doit changer. Peut-être que vous vous sentez coincé, piégé dans des circonstances qui ne vous servent plus, alourdi par les mêmes vieilles habitudes, les mêmes relations ou les mêmes schémas de pensée qui vous mènent toujours aux mêmes résultats décevants. Si vous avez pris ce livre entre vos mains, c'est qu'au fond de vous, vous êtes prêt à ce changement. Vous êtes prêt à vivre votre propre *fin amère* — ce moment où vous dites enfin : *ça suffit*.

Ces moments finissent toujours par arriver. Ils ne sont pas là pour vous nuire, mais pour vous guider. Pourtant, je sais à quel point ils peuvent être déroutants — comment l'inconfort peut vous donner l'impression d'être en danger alors qu'en réalité, vous êtes sur le point d'accéder à quelque chose de plus grand. L'inconfort n'est pas votre ennemi ; c'est le signal que vous vous approchez de l'inconnu, de ce chemin au-delà de ce qui vous a semblé sûr, mais insatisfaisant. Alors, *je vous en prie* — ayez le courage de donner une chance à ce livre. Soyez assez brave pour vous affronter, non avec dureté, non avec la sévérité d'un sergent-instructeur, mais avec douceur et bienveillance.

DONNEL DELVA

Car cette force qui vous attire, ce murmure intérieur qui vous pousse en avant, cette profonde conviction qu'il y a quelque chose de plus *grand* qui vous attend ? C'est vous. C'est votre *Dieu*. C'est votre bonté innée qui vous guide, pas à pas. Et elle vous a amené ici, à ce livre, à cet instant, pour aller jusqu'au bout.

J'ai vécu cela aussi. Pendant longtemps, je sentais que j'évoluais, mais quelque chose n'allait toujours pas. Je progressais dans de nombreux domaines, mais, au fond, j'avais l'impression de ne jamais être complètement en *accord* avec moi-même — comme si j'avançais sans jamais être pleinement *aligné* avec qui j'étais ou qui je voulais devenir. Je cherchais à adopter de meilleures habitudes, à faire des choix plus intelligents, à vivre de nouvelles expériences, mais je ressentais toujours un vide, un manque de clarté. Je savais qu'il devait y avoir un sens plus profond à tout cela, une manière de vivre avec plus d'intention et de signification—mais je ne savais pas comment y parvenir.

Souvent, une mélancolie sourde m'accompagnait, comme une douleur silencieuse qui ne me quittait jamais. J'avais l'habitude de me détruire à travers de mauvaises habitudes, anesthésiant mon esprit et mon corps pour échapper à l'incertitude de ne pas savoir qui j'étais ou qui je voulais devenir — trop effrayé pour m'engager pleinement dans quoi que ce soit. J'ai perdu du temps. Et rien — ni l'ambition, ni les conseils, ni la seule force de volonté — n'a pu me sortir de là jusqu'à ce que *je lâche prise*. Jusqu'à ce que, sincèrement et honnêtement, je dise : *ça suffit*. Jusqu'à ce que j'arrête d'attendre que la vie change d'elle-même et que je

LA FIN AMÈRE

donne réellement, avec honnêteté et sur le long terme, une chance aux principes que vous allez découvrir dans ce livre. C'est à ce moment-là que j'ai opéré un changement. Au lieu de chercher inlassablement des réponses, j'ai décidé de les créer. Je me suis plongé dans chaque principe qui pouvait potentiellement transformer ma vie — pas seulement en les lisant, mais en les intégrant à ma routine quotidienne. Plus je m'alignais avec des actions claires et concrètes, plus je voyais des transformations dans mon état d'esprit, mes habitudes et toute ma réalité.

J'ai commencé petit. Au début, j'étais toujours ce moi mélancolique, encore plein de doutes et de peurs. Mais *j'ai essayé*. Et *j'ai échoué*. Et *j'ai essayé encore*. Jusqu'à ce que, peu à peu, l'apprentissage et la sagesse viennent. Jusqu'à ce qu'à force d'avancer, je me reconstruise morceau par morceau. Au début, c'était ennuyeux. Puis, c'est devenu fascinant. Au début, c'était solitaire. Puis, cela est devenu plus épanouissant que tout ce que j'avais jamais connu. Aujourd'hui, je souris *même dans les moments difficiles*, au lieu de saboter tout ce que j'ai construit. Aujourd'hui, j'ose m'exprimer *même lorsque ma voix tremble*. Aujourd'hui, je rêve, je travaille, et *je crois* — même quand les résultats ne sont pas encore visibles.

Et voici la vérité : *c'est vous* qui créerez votre succès. Les principes de ce livre peuvent vous guider, mais ce sont vos actions, votre engagement et votre volonté de changer qui transformeront votre vie. En ce moment, vous vous sentez peut-être bloqué. Peut-être que vous vous sentez accablé. Mais cela ne signifie pas que vous n'êtes pas déjà *capable*. Cela ne signifie pas que vous n'avez pas déjà tout ce qu'il faut en vous pour construire la vie que vous désirez.

DONNEL DELVA

Quand vous aurez appliqué ces enseignements avec succès, vous réaliserez que la véritable force a toujours été en vous. Ce que je partage dans ce livre, ce n'est pas une simple théorie — c'est exactement ce que j'ai fait pour donner du sens à ma vie. Ces principes m'ont aidé à me transformer, et ils peuvent faire la même chose pour vous. Mais vous devez croire qu'ils peuvent fonctionner.

Faites-moi confiance — moi qui ai été exactement là où vous êtes, et qui me tiens aujourd'hui de l'autre côté. Et si vous ne pouvez pas croire en cela pour vous-même pour l'instant, alors croyez pour quelque chose de plus grand que vous. Trouvez votre *pourquoi*, votre raison profonde, celle qui vous poussera à avancer — pas seulement la force qui vous pousse derrière, mais la vision qui vous attire vers quelque chose de plus grand.

Le changement est possible. La véritable transformation est à votre portée. Mais elle ne se produit pas par simple désir — elle se réalise en vous ancrant dans des actions délibérées et concrètes. Vous n'êtes pas obligé de rester bloqué. Vous n'êtes pas obligé de vivre une vie en décalage avec qui vous êtes ou qui vous êtes destiné à devenir.

La vie que vous souhaitez vous attend. Et le chemin pour y arriver est ici, exposé clairement, avec la même intention et la même bienveillance qui m'ont guidé jusqu'à là où je suis aujourd'hui.

Et ce n'est pas seulement pour les autres. C'est pour vous aussi.

Imaginez ce que vous ressentirez lorsque vous tournerez la dernière page de ce livre, debout face à votre propre *fin amère* — non pas la fin de qui vous êtes, mais la fin des

LA FIN AMÈRE

schémas, des habitudes et des pensées qui vous ont empêché de vivre la vie que vous avez toujours été destiné à mener. Imaginez à quel point ce moment sera libérateur. Accrochez-vous à cette vérité.

Je serai à vos côtés à chaque étape du chemin.

Le changement que vous attendez est plus proche que vous ne le pensez.

Commençons.

Donnel Delva

Février 2025

La Fin Amère

Comment Laisser Derrière Soi l'Indésirable et Vivre la Vie Que Vous Voulez

Donnel Delva

INTRODUCTION

L'impression de ce livre a vécu en moi bien avant que je ne pose la plume sur le papier. Il s'est révélé comme un désir — une nécessité même — ancré dans la compréhension que les connaissances que j'ai accumulées, les expériences que j'ai traversées et les vérités que j'ai découvertes doivent être préservées, partagées et vécues. Ce livre est une déclaration, un guide, un témoignage du pouvoir de la transformation. Ce n'est ni un ordre ni une supplique, mais une offrande — conçue pour résonner avec ceux qui cherchent à sortir d'un état non désiré pour entrer dans la vie qu'ils veulent réellement. Ce n'est pas une théorie, mais une pratique. Pas une philosophie lointaine, mais une réalité qui, lorsqu'elle est comprise et incarnée, peut devenir aussi naturelle que respirer.

Ce que vous trouverez dans ces pages ne se limite pas à des réflexions personnelles ou des méditations philosophiques — tout est ancré dans la recherche, les études et des données empiriques. Chaque affirmation repose sur des preuves scientifiques, des principes psychologiques et des recherches sociales menées par des experts qui ont consacré leur vie à comprendre le comportement humain, les changements de mentalité et la transformation personnelle. Je m'appuie sur des données psychologiques, sociales, émotionnelles et éducatives—non seulement sur ce qui a fonctionné pour moi, mais sur ce qui a été testé, étudié et validé par des chercheurs, des entretiens, des enquêtes et des études de cas. L'objectif n'est pas seulement de vous inspirer, mais de vous fournir des stratégies concrètes, basées sur des preuves, qui ont démontré leur efficacité pour provoquer un changement réel et durable.

Au cœur de ce livre, vous trouverez trois grandes sections : Fondation, Transformation et Préservation. La Fondationest le point de départ du voyage. Sans une base solide, tout ce que vous essayez de construire s'effondrera. C'est ici que vous serez confronté aux vérités fondamentales sur votre imagination, votre discipline et votre perception de la réalité — des vérités qui, si elles sont pleinement adoptées, poseront les bases de tout ce qui suivra. Vous comprendrez pourquoi croire en votre imagination inébranlable n'est pas qu'une douce illusion, mais une force créatrice puissante. Toute grande réalisation, toute avancée, toute transformation dans l'histoire a commencé par une idée — une idée que quelqu'un a refusé d'abandonner. Si vous ne croyez pas en votre vision, personne d'autre ne le fera. Mais la croyance seule ne suffit pas. Vous devez aussi être discipliné — pas dans un sens rigide ou austère, mais dans la compréhension que la véritable liberté ne vient qu'avec la maîtrise de soi. Sans discipline, vos désirs restent des rêves, vos objectifs des illusions, et votre vie ne change pas. Vous apprendrez également à voir le monde tel qu'il est — une dimension paradoxale où les contradictions coexistent. La plupart des gens se laissent arrêter par cette confusion. Mais vous, si vous êtes prêt, apprendrez à traverser le paradoxe plutôt qu'à en être paralysé.

Nous passerons ensuite à la Transformation. C'est ici que commence le véritable travail, où les fragments de votre nouvelle conscience prennent forme et deviennent une réalité indéniable. Vous apprendrez à élargir votre champ de conscience, à briser les schémas de pensée limitants qui vous ont maintenu enfermé. Vous comprendrez que vos pensées façonnent votre monde — il est donc temps de penser plus grand, plus largement, plus consciemment. Les mots, eux aussi, ne sont pas de simples sons en l'air, mais des forces enchantées qui façonnent votre réalité. Les mots que vous prononcez, le langage que vous utilisez pour vous décrire, les croyances que vous renforcez — tout cela détermine ce que vous vivez. Si vous ne maîtrisez pas vos mots, ce sont eux qui vous maîtriseront.

Mais ce voyage ne se limite pas à l'expansion de l'esprit ; il s'agit aussi de fortifier votre esprit intérieur. La solitude est une force, et ce que vous en faites définit votre puissance. Ceux qui changent le monde — qui transforment leur propre vie — sont ceux qui ont appris à être seuls, à s'asseoir avec leurs pensées, à affûter leur volonté dans le silence. Cette section vous poussera à penser par vous-même, à arrêter de laisser le monde dicter votre réalité et à réaliser que la plupart de ce qu'on vous a dit sur qui vous êtes et ce que vous pouvez accomplir est un mensonge. Vous comprendrez aussi que vous n'avez pas besoin de fuir les émotions négatives — vous devez simplement apprendre à les transcender. La douleur, la colère, le doute ne sont pas vos ennemis ; ce sont vos enseignants. Si vous les réprimez, ils s'empoisonneront. Si vous les affrontez, ils vous transformeront. Et au fil de cette transformation, vous verrez ce qui était caché en pleine lumière depuis le début : l'univers est une force qui vous soutient en permanence, qui travaille en votre faveur — si vous lui permettez. Une fois que vous l'aurez compris, tout changera.

Mais la transformation ne suffit pas à elle seule — elle doit être maintenue, cultivée et protégée. C'est ici qu'intervient la Préservation. Vous apprendrez à protéger tout ce que vous avez construit. Vous découvrirez la vérité sur les excuses — comment elles vous maintiennent petit, comment elles vous volent votre pouvoir, et comment, dès que vous cessez d'y croire, votre monde s'ouvre. Vous apprendrez l'art de vous concentrer uniquement sur l'état désiré, en éliminant les distractions, les doutes et le bruit extérieur qui tentent de vous ramener à la médiocrité. En grandissant, vous comprendrez également l'équilibre délicat entre prospérer et se montrer — pourquoi le vrai succès n'a pas besoin d'être affiché pour exister, et pourquoi la validation extérieure est la fondation la plus fragile qui soit. Vous verrez le pouvoir de la simplicité intentionnelle, d'épurer vos désirs afin que seuls ceux qui comptent vraiment émergent. Et lorsque vous atteindrez les dernières pages de ce livre, vous ne ferez pas que comprendre ces principes — vous les vivrez.

Mais la connaissance seule ne suffit pas. L'action est tout. C'est pourquoi, à la fin de chaque chapitre, vous trouverez une liste d'actions concrètes — des étapes précises que vous pourrez mettre en pratique immédiatement, pendant que l'élan est encore là, pendant que la compréhension

LA FIN AMÈRE

est fraîche, pendant que vous êtes encore prêt à avancer. Ces actions ne sont pas des tâches génériques ; elles sont délibérées, conçues pour produire des résultats visibles. Elles vous aideront à appliquer ce que vous avez appris en temps réel, afin que vous ne vous contentiez pas de lire sur la transformation, mais que vous la viviez pleinement.

Ce livre n'a pas pour but de vous réconforter avec des promesses vides. Il est là pour vous mettre au défi, vous secouer, vous réveiller, vous tendre un miroir et vous obliger à vous regarder en face. Si vous êtes prêt à rire, à pleurer, à affronter des vérités difficiles, et à être interpellé — parfois même bousculé — par un ami, un mentor, un guide, alors vous êtes prêt pour ce qui vous attend. Ceci n'est pas seulement le début d'un livre ; c'est le début de votre propre *fin amère* — la fin de ce qui ne vous sert plus, la fin des limitations, la fin de tout ce qui se dresse entre vous et la vie que vous êtes destiné à vivre.

Si vous êtes réellement prêt à laisser le passé derrière vous et à embrasser la version de vous-même qui vous attend de l'autre côté, alors tournez la page.

Votre transformation commence maintenant.

PARTIE I : FONDATION

1

CROYEZ EN VOTRE IMAGINATION INÉBRANLABLE

« Regardez les oiseaux du
ciel : ils ne sèment ni ne
moissonnent, ils n'amassent
rien dans des greniers, et
pourtant votre Père céleste
les nourrit. Ne valez-vous
pas beaucoup plus qu'eux ?
» — Matthieu 6:26

***

Te souviens-tu de la puissance de ton imagination lorsque tu étais enfant ? Qu'est-il advenu de cela ? Qu'est-il advenu de ton imagination ? Qu'est-il advenu de toi ? Réfléchis à ceci : ton imagination enfantine était autrefois sans limites, capable de façonner des mondes entiers avec une facilité déconcertante. Pourquoi hésites-tu aujourd'hui à puiser dans cette même force ?[1]

Votre Imagination Est Dieu — Le Créateur

Au commencement, tu as tout créé, aussi bien dans ton esprit que devant tes yeux. Peu importait que tu n'aies pas la moindre idée du fonctionnement réel des choses ; tu créais, et c'était bon. Rien ne te retenait, et personne ne pouvait te dire le contraire. Tu étais omnipotent — décidant impitoyablement du destin de chaque jouet auquel tu donnais vie, de chaque ami imaginaire que tu inventais, et de tout insecte malchanceux qui croisait ton chemin (pauvre créature). Tu étais omniprésent — totalement et inlassablement ancré dans l'instant présent. Rien n'existait en dehors de toi et de ton monde.

Mais, en cours de route, cette créativité sans effort a été réprimée. La société, l'éducation et les influences extérieures t'ont appris à privilégier la logique à l'imagination, la réalité à la possibilité. Pourtant, je suis ici, mon cher lecteur, pour te dire que ton imagination inébranlable réside encore en toi, en tant que seul et unique Dieu.

Ton imagination sans limites est Dieu, le Créateur. Rien dans ce monde matériel et tridimensionnel n'existe réellement — ou devrais-je dire, n'existe objectivement. Tu te demandes peut-être comment cela est possible. Après tout, la réalité n'est-elle pas une expérience partagée par tous ?

Mais réfléchis à ceci : te souviens-tu de cet adage qui dit, *si un arbre tombe dans la forêt et que personne n'est là pour l'entendre, fait-il du bruit ?* La réponse est non ; il n'en fait pas.[2] Cet adage, bien qu'énoncé sous forme de question, nous offre une compréhension profonde du fonctionnement de notre imagination, des mécanismes qui la régissent et de la raison même de son existence.

Cette idée peut sembler radicale, mais elle s'aligne avec les découvertes en philosophie et en mécanique quantique. Les êtres humains possèdent une conscience imaginative commune, dissimulée sous la surface de nos égos. L'imagination collective humaine génère la réalité à laquelle nous choisissons d'adhérer.[3] Nos égos reçoivent des informations de notre imagination subconsciente et décident de ce qui est réel et de ce qui est faux. Ainsi, pour revenir à cet arbre tombé : si personne n'est là pour l'entendre, nous devrions être enclins à croire que l'arbre n'est jamais tombé. Et qui peut même affirmer qu'une forêt s'y trouvait au départ ? En ce qui me concerne, tout ce qui existe en dehors de moi pourrait tout aussi bien être une simulation, à moins que je ne sois allé l'examiner moi-même. Mais bien sûr, cela, c'est ce que Donnel, ou le moi-ego, croit.

À première vue, cela peut sembler être un concept purement abstrait, mais en réalité, il façonne notre manière de vivre au quotidien. Nous pouvons tous imaginer un arbre tombant dans une forêt et le bruit qu'il pourrait produire, mais c'est l'ampleur avec laquelle nous croyons en cette vision imaginaire qui détermine, en fin de compte, notre réalité. En d'autres termes, ce que votre ego choisit d'accepter comme vrai ou faux crée votre réalité.[4] De cette manière, notre esprit fonctionne de manière dualiste : en tant que Dieu, le Créateur, et en tant que Création, le Percepteur.

Cette dualité est ce qui nous permet de façonner notre monde. Puisque rien dans ce monde matériel et tridimensionnel n'existe de manière objective, les êtres humains créent le monde qui les entoure en fonction de ce qu'ils perçoivent.[5] Le monde, quant à lui, attend humblement votre perception ; il a besoin de vous pour lui donner vie, tout comme vous l'avez fait avec tous vos jouets et amis imaginaires. Sans votre observation, le monde est chaos, vide et informe. C'est une grâce que vous offrez au monde en le percevant, et une grâce que le monde vous rend en tant que partie de votre création. Le pouvoir de façonner votre réalité n'est donc pas quelque chose d'externe, mais quelque chose de profondément ancré en votre être.

Et ce pouvoir est illimité. Le potentiel d'imaginer et de créer est infini. L'imagination humaine est composée du subconscient collectif de chaque être humain ayant jamais existé.[6] C'est exact — toutes ces informations sont stockées à l'intérieur de chaque personne aujourd'hui, attendant simplement d'être exploitées. Ce qui est encore plus incroyable, c'est que le subconscient humain est le même subconscient à travers chaque cerveau ![7] Nos esprits imaginatifs sont interconnectés en tant que véritable réalité — un enregistrement de tout ce qui s'est passé, se passe, et se passera.

Avec toutes ces informations stockées à l'intérieur de chacun de nous, les possibilités d'imaginer et de créer sont infinies. Alors, comment commencer à utiliser son imagination pour créer la réalité désirée ? La réponse commence par votre croyance en ce qui est possible pour Dieu et pour vous-même (qui êtes un et le même). Et une fois que vous rétablissez cette croyance, vous commencerez à voir le monde — non pas tel qu'on vous le raconte, mais tel que vous souhaitez véritablement qu'il soit.

LA FIN AMÈRE

Tu Es Ce Que Tu Crois Que Dieu Est — Et Vice Versa

Toutes choses sont possibles pour le Dieu en lequel je crois, et en raison de cela, tout peut arriver. Cependant, bien que tout *puisse* arriver, une seule chose finit par se réaliser. Mon Dieu peut tout faire, ce qui signifie que chaque réalité potentielle existe simultanément. Pourtant, en fonction de ce que mon Dieu désire, seule une réalité prend forme lorsque cet état désiré se concrétise.

Mon Dieu connaît toutes les réalités possibles et les chemins menant à chacune d'elles. Chaque réalité appelle l'attention de mon Dieu, mais seuls les chemins que mon Dieu juge les plus appropriés pour moi reçoivent cette attention sacrée et indivisible.

Je me considère incroyablement chanceux de savoir que tout ce que je dois faire pour attirer l'attention de Dieu est de désirer. Encore plus chanceux est le fait que je ne peux m'empêcher de désirer. Tout le monde désire — constamment — mais la nature de ces désirs est façonnée par notre perception de nous-mêmes et de Dieu. Les études en psychologie suggèrent que le désir est un trait humain inné, profondément lié à notre concept de soi et aux biais cognitifs dans la façon dont nous percevons le contrôle et l'agence sur nos vies.[8]

Vous n'avez pas besoin que je vous le dise : si vous étiez échoué sur une île déserte, vous désireriez sans aucun doute être secouru. Ce désir surgirait *naturellement*. Si vous en doutez, considérons un scénario extrême.

Imaginez-vous échoué sur une île déserte, avec rien d'autre que votre téléphone mort, frappé par le soleil, et une blessure infectée. Il n'y a aucune végétation — juste vous et une étendue de sable blanc à perte de vue. La seule preuve que c'est une île, c'est le bruit étrange des vagues frappant une côte que vous avez depuis longtemps abandonnée. Pour aggraver les choses, tous vos vêtements ont été sacrifiés pour alimenter le feu qui vous garde en vie la nuit, de peur de geler. C'est un miracle que vous ayez survécu, encore plus que vous ayez tenu aussi longtemps. Imaginez vraiment ce que cela ferait. Ressentez l'agonie dans votre corps, la fracture de votre esprit, l'érosion de votre humanité.

Maintenant, dans cette souffrance, imaginez que votre sauveteur approche au loin. Il finit par vous atteindre, vous offrant de la nourriture, de l'eau et un transport sécurisé vers un hôpital renommé, rempli de soignants compatissants. Vous, dans votre état affaibli, levez la tête, croisez le regard de votre sauveur, et parvenez à dire d'une voix faible : « *Non merci. Je vais bien.* » Absurde, non ?

Après ce scénario, le seul élément irréaliste est l'idée que vous *ne souhaiteriez* pas être sauvé. Cela défie la raison. Il est raisonnable de dire que désirer autrement serait impossible—à moins, bien sûr, que vous ne soyez sur l'île pour endurer quarante jours et quarante nuits de tentation par le Diable, mais c'est une autre histoire (Matthieu 4:1-11).

Encore une fois, tout le monde désire, mais nos désirs sont dictés par ce que nous croyons être Dieu et nous-mêmes. Dans le scénario de l'île (je ne m'attarderai pas trop longtemps sur cette image), si vous vous croyiez être un survivant — quelqu'un qui endure et surmonte — votre désir de vivre serait inébranlable. Les recherches sur l'auto-efficacité le confirment : les personnes qui se perçoivent comme capables sont plus susceptibles de persister dans des situations difficiles et de maintenir une vision optimiste.[9] Votre perception de Dieu s'alignerait avec votre perception de vous-même, et vous ressentiriez la présence de Dieu, vous incitant à avancer. Cependant, si vous vous voyiez comme une victime des circonstances, votre vision des choses serait sombre. Les recherches en psychologie cognitive suggèrent que notre perception de la souffrance dicte souvent notre sentiment d'agency et peut mener à un état d'impuissance apprise.[10] Dans ce cas, vous désireriez probablement la mort, et votre perception de Dieu serait celle de la colère, de la punition ou de l'abandon.

Que vous vous voyiez à travers un prisme optimiste ou pessimiste n'est pas la préoccupation de Dieu. Dieu porte une attention divine sur ce sur quoi vous vous concentrez et accorde exactement ce que vous demandez — rapidement et précisément.

Ce que vous désirez est ce que vous demandez, et ce que vous demandez est ce que vous désirez. Beaucoup ne réalisent pas que la prière verbale — demander, supplier, implorer, négocier, sacrifier — n'est pas nécessaire pour attirer l'attention de Dieu. Votre esprit, votre corps et votre âme projettent naturellement vos désirs. Là où votre énergie est la plus concentrée est la réalité qui prend vie. Des études en neurosciences sur l'attention soutiennent cela, montrant que ce sur quoi nous nous concentrons de manière répétée devient plus profondément enraciné dans nos circuits neuronaux, renforçant des comportements et des émotions s pécifiques.[11]

Les gens ne reconnaissent pas cela parce qu'ils ne remarquent pas où leur énergie s'écoule. Beaucoup professent une chose, apparemment de tout cœur, mais agissent en opposition. Ce n'est pas dû à un manque de discipline ; c'est parce que leurs mots *et* leurs actions ne sont pas encore alignés avec leurs véritables *désirs*. Il n'y a rien de plus puissant que le désir — aucune quantité de mots ou d'actions ne peut surmonter sa force.

Si vos mots et vos actions sont alignés avec vos désirs, vous vous sentez équilibré — ce que certains appellent être dans un « état de flow » ou « dans la zone ». Des études sur l'état de flow psychologique suggèrent que les individus qui sont pleinement engagés dans leurs poursuites expérimentent une créativité et un épanouissement accrus, ce qui renforce leurs actions.[12] Toutes les choses qu'ils font et disent sont alignées avec ce qu'ils veulent. Cependant, s'ils ne sont pas alignés, vous ressentez de l'instabilité, car ce que vous voulez réellement n'est jamais reflété dans ce que vous faites ou dites.

Lorsque les gens se sentent déséquilibrés, ils essaient souvent de se forcer à retrouver l'alignement par pure volonté. Mais, cher lecteur, je vous assure que cela est inutile. La volonté a ses mérites, mais elle comporte une faille fatale : elle *nécessite* un adversaire. Vous ressentez peut-être déjà que votre vie est déséquilibrée, mais la pire chose que vous puissiez faire est de vous positionner comme votre propre ennemi. Vous ne voulez pas être votre propre ennemi !

La volonté a des limites. Vous devez l'exercer lorsque vous poursuivez un état désiré, mais compter uniquement sur elle est insuffisant. Par exemple, si vous vous considérez en surpoids et que vous visez un mode de vie plus sain, compter uniquement sur la volonté sera — comment dire cela ? — brutalement difficile. Et je ne parle pas de difficulté comme soulever un poids lourd ; je veux dire difficile au point d'être écrasant pour l'âme.

Compter exclusivement sur la volonté est inefficace parce que cela transforme l'état non désiré en un adversaire. En faisant cela, vous invitez une lutte incessante. Et ce n'est pas tout, car la nature humaine a souvent tendance à prendre le succès pour acquis une fois qu'il est atteint, ce qui mène à un cycle de balance et de déséquilibre, de victoire et de défaite, encore et encore. Qui voudrait se soumettre volontairement à une telle torture ?

Je refuse de me piéger dans ce cycle. Au lieu de cela, j'atteins constamment mes états désirés en utilisant une autre méthode : mon imagination, donnée par Dieu.[13]

Ton Imagination Ne T'a Jamais Abandonné

Au lieu de compter uniquement sur la volonté pour atteindre ton état désiré, exploite la puissance de ton imagination. Je vais continuer avec l'exemple de la perte de poids mentionné précédemment pour illustrer comment ton imagination peut garantir l'atteinte de n'importe quel état désiré bien plus efficacement que la seule volonté. Mais d'abord, il est essentiel de comprendre comment tu devrais voir ton imagination.

Nous savons tous qu'il n'y a pas de raccourcis pour la condition physique ou pour atteindre ce que nous définissons comme un mode de vie sain. Dans ton voyage pour obtenir un physique plus sain et plus apte, considère ton imagination comme ton meilleur ami, conseiller et confident. Ton imagination a à cœur tes meilleurs intérêts et travaille sans relâche pour s'assurer que tu atteins ton état désiré de la manière la plus efficace possible.

Contrairement à la volonté, ton imagination ne nécessite pas d'adversaire. Ce point est crucial (alors si tu as été en train de lire rapidement ou de divaguer, soit pose ce livre maintenant et reviens quand tu pourras te concentrer, soit recentre-toi immédiatement) : il n'y a personne avec qui tu dois te concurrencer — personne du tout. Je vais le répéter : tu n'as pas besoin de rivaliser avec qui que ce soit.

Beaucoup de gens, moi y compris, prospèrent grâce à la compétition. Cependant, lorsque tu utilises ton imagination, tu n'es pas en train de participer à une compétition, car tu n'as pas d'adversaires — tu crées simplement. Comme le dit Thors dans *Vinland Saga*, « Personne n'est ton ennemi. Tu n'as aucun ennemi. » Souviens-toi, ton imagination est Dieu, le Créateur ; toi, tu es Dieu, le Créateur — pas Dieu, le Concurrent.[14]

Élimine toute perspective compétitive de ton esprit. Une mentalité compétitive transforme tout le monde, y compris toi-même dans ton état indésirable, en un ennemi. Voir le monde comme ton ennemi te prive de toutes les opportunités favorables. Agir depuis cette perspective hostile et compétitive ne fera que couper ta connexion avec ton imagination. Cette séparation se produit parce que, dans un monde compétitif, tu percevras toujours le temps comme étant compté. Tu verras tes ressources de la même manière, croyant que si tu ne te dépêches pas et que tu ne devances pas la concurrence, eux obtiendront ce que tu cherches en premier.[15] De plus, lorsque tu es séparé de ton imagination par la compétition, aucune quantité de succès ou d'accomplissement ne sera suffisante pour te satisfaire dans ton état d'ego. Tu finiras par prendre pour acquis l'atteinte de ton état désiré, te jetant ainsi dans le cycle sans fin de l'équilibre contre le déséquilibre. Ce n'est pas ce que tu veux, et heureusement, il existe une manière simple de te maintenir dans un état créatif et en harmonie avec ton imagination.

La manière la plus simple de maintenir cet état d'esprit créatif et d'être en parfaite union avec ton imagination est d'instiller en toi un sentiment de gratitude éternel. Un jour, on m'a demandé : « *Donnel, comment fais-tu pour être comme ça ?* » Ma réponse : « *Au fond de moi, il y a ce sentiment perpétuel de lever les deux mains en l'air et de crier de toutes mes forces : MERCI, DIEU !* » Soyons honnêtes : tu as tout à fait raison d'être reconnaissant. Peu importe combien tu n'aimes pas ton état actuel, la capacité de désirer n'importe quel état est une grâce qui défie la raison. Considère ceci : nous, en tant qu'êtres humains, avons la capacité extraordinaire de désirer des choses au-delà des limites raisonnables de ce que nous observons dans le monde matériel.[16] L'essence même de la grâce, de la bénédiction ou du cadeau réside dans sa nature imméritée. Peu importe combien tu te sens malchanceux, tu as déjà reçu le cadeau du désir et tu peux obtenir tout ce que tu veux tant que tu restes reconnaissant. Tu le dois à ton meilleur ami, conseiller et confident — ton imagination — d'être reconnaissant non seulement pour sa présence mais pour sa dévotion inébranlable envers toi. Tu ne trouveras pas ce niveau d'engagement ailleurs dans le monde matériel, alors ne le prends pas pour acquis !

Comment Tout Fonctionne

Si cela n'a pas été clair sur la manière dont votre imagination peut amener l'état désiré, décomposons cela davantage.

Votre imagination existe dans une autre dimension et doit se manifester dans celle-ci — elle doit ! Pas parfois, pas quand elle en a envie, et certainement pas après votre séance de binge-watching de la saison trois de *New Girl*. Tout ce que votre imagination crée dans cette autre dimension doit se manifester dans ce monde tridimensionnel. Ce n'est pas une possibilité ; c'est une inévitabilité, régie par les principes fondamentaux de la perception et de la matérialisation.[17]

Votre désir doit se manifester dans ce plan tridimensionnel parce qu'il existe déjà dans la dimension où vous l'avez perçu — votre imagination. Cependant, tant qu'il reste dans ce royaume, votre état désiré existe sans forme et demeure vide sans vous. Vous vivez dans cette troisième dimension, séparé de votre état désiré, ce qui signifie que vous et votre désir devez vous retrouver.

Vous vous alignez avec votre état désiré et le réalisez lorsque vous en devenez une correspondance vibratoire. En d'autres termes, vous n'obtenez pas nécessairement ce que vous désirez simplement parce que vous le voulez. Vous obtenez ce que vous désirez lorsque vous incarnez et reflétez la version de vous-même qui le possède déjà.

LA FIN AMÈRE

Ce principe est largement soutenu par la recherche sur la loi de l'attraction et la neuroplasticité, qui suggère que la répétition mentale et la cognition incarnée jouent un rôle dans la formation des résultats dans le monde réel.[18] Tout comme votre état désiré doit venir à vous après avoir été perçu, vous devez aller à lui — *obligatoirement !*

Vous devenez une correspondance vibratoire avec votre état désiré simplement en étant la personne qui posséderait naturellement ce mode de vie. Puisque tout ce qu'il faut pour attirer un état désiré est d'incarner l'identité qui y correspond, cet état peut finalement se manifester pour toute personne qui s'aligne avec sa fréquence.

Mais ce n'est pas parce que vous avez perçu et imaginé votre état désiré qu'il vous appartiendra automatiquement. L'imagination humaine divine n'est pas exclusive à une seule personne ; elle constitue plutôt l'inconscient collectif de chaque être humain ayant jamais existé.[19] C'est pourquoi les générations futures vivent des modes de vie que leurs ancêtres n'avaient fait que rêver—notre imagination collective évolue sans cesse, façonnant la réalité à mesure que de nouvelles perceptions émergent. L'état désiré doit passer de l'autre dimension à cette troisième dimension, mais il n'a aucune obligation envers la personne qui l'a perçu en premier. Il appartient uniquement à celui qui lui accordera l'attention divine nécessaire pour qu'il existe.

Si cette personne, c'est vous — si vous avez pleinement incarné celui que vous devez être pour attirer votre état désiré — alors, et seulement alors, il devient votre réalité.

Ne tombez pas dans le piège égocentrique qui vous pousse à croire que vous devez désormais rivaliser avec d'autres désirant le même mode de vie que vous. Rappelez-vous, la création n'est pas une compétition. Les états désirés existent en abondance — dans une abondance informe et chaotique. Ils n'appartiennent à personne tant qu'ils ne sont pas revendiqués, et ils ne sont pas en quantité limitée. Ils ne désirent rien de plus que d'être perçus par vous, le Créateur, et d'être amenés à la vie.[20] Leur désir de se manifester est si puissant qu'ils se matérialiseront pour *quiconque* les attire avec succès.

Il ne reste donc qu'une seule question : Comment utiliserez-vous exactement votre imagination pour attirer votre état désiré ? Et plus important encore — qui deviendrez-vous ?

LA FIN AMÈRE

Étapes d'Action Immédiates

1. Revisitez La Créativité De l'Enfance : Passez 10 minutes à vous remémorer une époque où votre imagination était sans limites. Qu'avez-vous créé ? Comment vous sentiez-vous ? Écrivez-le.

2. Remettez En Question La Perception Et La Réalité : Pendant une journée, interrogez consciemment tout ce que vous supposez être réel. Demandez-vous : « *Est-ce que je crois cela parce que je l'ai vécu ou parce qu'on me l'a dit ?* »

3. Pratique Quotidienne De Visualisation : Chaque matin, fermez les yeux pendant cinq minutes et visualisez un monde entièrement créé par vous. Voyez-le clairement, plongez-y et ressentez sa réalité.

4. Écrivez Votre Propre Définition De « *Dieu* » : Définissez ce que vous pensez être Dieu (ou la force créatrice ultime). Puis, réécrivez-la en remplaçant « *Dieu* » par « *Je suis* ». Relisez cette déclaration chaque jour.

5. Affirmez : « *Je Suis Le Créateur* » : Répétez cette affirmation à haute voix chaque matin et chaque soir : « *Je suis le créateur de ma réalité. Ce que j'imagine, je le fais exister.* »

6. Observez Où Va Votre Attention : Emportez un petit carnet et notez sur quoi vous vous concentrez tout au long de la journée. Imaginez-vous votre réalité idéale ou renforcez-vous des limitations ? Ajustez votre at-

tention en conséquence.

7. Expérimentez Le Changement De Réalité : Avant de dormir, imaginez avec intensité une expérience souhaitée comme si elle se produisait en ce moment-même. Endormez-vous dans cet état en croyant qu'elle est réelle.

8. Transformez Les Pensées Négatives En Opportunités De Création : Chaque fois que vous vous surprenez à penser : « *C'est juste comme ça* », arrêtez-vous et demandez : « *Et si ce n'était pas le cas ?* » Puis, imaginez une autre réalité.

9. Jouez : Consacrez au moins 15 minutes par jour à une activité ludique : raconter une histoire, dessiner, créer un monde imaginaire ou simplement faire semblant. Ressentez la joie d'une imagination sans limites.

10. Décidez De Ce Que Vous Voulez Et Appropriez-le Vous : Notez une réalité que vous désirez profondément. Déclarez-la comme étant déjà vraie. Chaque fois que le doute s'installe, revenez à cette déclaration.

2
Vous Devez Être Discipliné

« Que votre 'Oui' soit 'Oui',
et que votre 'Non' soit 'Non'.
Car ce qui est plus que cela
vient du malin. » — Matthieu
5:37

***

Sois honnête avec toi-même, mon cher lecteur : quand as-tu accompli quelque chose en utilisant une approche désordonnée, précipitée ou désespérée ? As-tu déjà réalisé le plein potentiel de tes objectifs sans une méthode rigoureuse et structurée ? Crois-tu avoir la discipline nécessaire pour t'engager, persévérer et tenir bon jusqu'à ce que tu atteignes tes désirs ?

DONNEL DELVA

Comprends Le Véritable Coût De Ton État Désiré

Dans *Principles*, Ray Dalio partage sa vision sur le véritable coût d'une entreprise réussie. Il explique que la plupart des efforts qui valent la peine d'être réalisés de manière excellente nécessitent une fois et demie le coût initialement estimé et environ une fois et demie plus de temps pour être atteints que prévu au départ. Par conséquent, il est crucial de planifier en conséquence.[1] Dalio a parfaitement raison, mais sa vision n'est que la pointe de l'iceberg.

La plupart des efforts qui valent la peine d'être réalisés de manière excellente nécessitent une *version de vous-même* qui dépasse d'une fois et demie celle que vous estimiez au départ. Cela ne devrait pas vous surprendre, car vous cherchez littéralement à augmenter votre existence. Avant de vous lancer dans la réalisation de vos rêves ambitieux dans cette réalité, réfléchissez aux véritables coûts de votre style de vie souhaité : pas seulement l'argent et le temps, mais aussi les valeurs, les vertus, les dispositions de caractère et les attitudes que vous devez cultiver.[2] Si vous souhaitez vous multiplier d'une fois et demie, de deux fois, de trois fois, etc., alors votre énergie psychologique, émotionnelle et spirituelle doit également se multiplier.[3] Il n'y a pas de moyen de contourner ce fait ; c'est le pivot et le point de départ de toutes les entreprises.

Comprenez véritablement ce qui est requis de vous intérieurement et ce qu'il vous faut pour devenir la personne qui reflète vos idéaux les plus élevés, afin de ne pas vous saboter ou vous préparer à un échec inévitable.[4]

Souvent, les gens ne comprennent pas ce qui est requis intérieurement et poursuivent faussement leurs désirs externes sans savoir d'abord qui ils doivent devenir avant de les obtenir.[5] Je crois que les gens ne comprennent pas cela parce qu'ils ont peur de devenir la personne qui possède les mentalités, les vertus, les dispositions de caractère et les attitudes nécessaires avant d'avoir obtenu leur désir extérieur. Pour eux, ne pas voir leur désir extérieur signifie qu'ils sont un échec, un imposteur, stupides, fous ou indignes — tout cela est faux et loin de la réalité. Cela indique probablement qu'ils n'ont pas encore véritablement cultivé leurs idéaux les plus élevés en eux-mêmes. Alors qu'ils devraient se réjouir d'avoir établi leurs idéaux les plus élevés et attendre joyeusement leur désir, ils se lamentent et se plaignent, salissant finalement leurs bénédictions. Ces types de personnes découragées vivent dans l'extérieur — et comme je le discuterai dans les chapitres à venir, ceux qui vivent dans l'extérieur mettent en danger les autres.[6]

Avant de continuer, je vais aborder un exemple simple qui illustre la bonne approche pour comprendre le véritable coût de vos désirs.

Disons que vous avez l'habitude de dormir tard, et que cela commence à avoir un impact négatif sur des domaines non négociables de votre vie. En conséquence, vous souhaitez vous lever plus tôt le matin pour commencer votre journée. Comment vous y prendriez-vous pour changer votre mode de vie ?

DONNEL DELVA

Ce que la plupart des gens diraient, c'est : « *Facile, commence à te coucher plus tôt pour pouvoir te lever plus tôt.* » Faux. Ce raisonnement est une erreur. Pour comprendre la véritable cause du problème et le vrai coût de ton désir, tu dois d'abord te demander : *Qu'est-ce que j'ai valorisé tout ce temps en dormant tard ?* Identifier la valeur que tu as suivie te révélera le type de personne que tu es actuellement. Ce raisonnement ressemblera à quelque chose comme : *J'ai valorisé la facilité et le confort tout ce temps ; par conséquent, je suis paresseux et faible.*

Après avoir identifié la personne que tu es en fonction des valeurs par lesquelles tu agis, la prochaine étape est de te demander : *Qu'est-ce qui est exactement requis de moi sur le plan psychologique, émotionnel et spirituel pour obtenir le mode de vie que je désire ?* Encore une fois, ton attention doit être interne. La question n'est pas « *Que dois-je faire pour obtenir mon mode de vie désiré ?* » car ce que tu fais reflète les valeurs, les vertus, les dispositions de caractère et les attitudes que tu possèdes. La réponse à cette question ressemblera à ceci : *Je dois valoriser la restauration et la productivité tout en ressentant à la fois du bonheur en me reposant et en produisant, et du dédain pour toutes les activités qui entravent ma restauration et ma productivité. Enfin, je dois croire que la meilleure version de moi-même, celle qui exige l'adhésion à mes idéaux les plus élevés, me conduira à la terre promise. En agissant ainsi, je suis bienveillant et génératif.*

Enfin, après avoir identifié ton idéal le plus élevé, pose-toi une simple question à réponse par oui ou par non : *Puis-je vraiment le faire ? Est-ce dans ma capacité de cultiver une nouvelle valeur saine à la place d'une valeur toxique ?* Si la réponse est non, alors ferme mon livre dès maintenant parce qu'honnêtement, les pages restantes ne feront que te faire te sentir pire. (Et ce n'est ni mon rôle ni ma passion de te donner un coup de pied quand tu es à terre.) Si la réponse est oui, alors félicitations — la partie difficile est en cours.

Ce que je veux que tu retiennes finalement en comprenant le véritable coût de ton état désiré, c'est ceci : tout se résume à un *sacrifice*. La plupart des gens entendent *sacrifice* et pensent : *Mais je veux mon gâteau et le manger aussi !* Pour ceux qui cherchent à réaliser leurs rêves dans ce monde tridimensionnel, le sacrifice n'est rien d'autre qu'une monnaie — de l'énergie — un échange. De la même manière que ta voiture a besoin d'essence et d'électricité ou que ton gâteau a besoin de farine et d'œufs, ton état désiré nécessite que tu vibrates à la même fréquence que lui — et que tu vibrates de manière invariable.[7]

Comment Vous Faites Quoi Que Ce Soit Est Comment Vous Faites Tout

Pendant les séries éliminatoires de la NBA 2023, mes amis ont essayé de me convaincre de parier sur les matchs. Leurs encouragements n'étaient jamais malveillants — au contraire, ils voulaient sincèrement que je partage leur succès. Ils avaient gagné des paris avec un retour de un à trente et étaient impatients que je participe à leurs gains. Encore et encore, ils m'envoyaient des captures d'écran de leurs gains, se vantant de centaines de dollars de profit en ne risquant qu'une fraction de cette somme.

Chaque fois qu'ils me demandaient si je voulais les rejoindre, ma réponse restait inébranlable : *« Je ne joue pas avec ma vie, alors pourquoi le ferais-je maintenant ? »* La façon dont vous

23

abordez quoi que ce soit reflète la façon dont vous abordez tout.

Ma décision de m'abstenir des paris sportifs est venue naturellement, façonnée par mon état d'esprit, mes vertus, mon caractère et mes attitudes. Cependant, maintenir ma position a été bien plus difficile. Chaque fois que je refusais, mes amis répliquaient par la même phrase : *« Je suppose, mais l'argent de peur ne rapporte rien. »* Je rigolais et leur laissais le dernier mot, mais intérieurement, je luttais contre la tentation. Comme l'explique Howard Marks dans *The Most Important Thing*, il est extrêmement difficile de résister à l'impulsion psychologique d'investir dans une action surévaluée, particulièrement lorsque d'autres semblent faire de l'argent facilement.[8] De manière similaire, la Bible capture cette lutte de manière poignante : « Vous n'avez pas encore résisté jusqu'au sang, luttant contre le péché » (Hébreux 12:4).

Il était clair que je ne compromettrais pas mes valeurs pour les gains fugaces des paris sportifs, mais mes amis n'avaient pas totalement tort — j'avais, en fait, peur. Cependant, ce que je redoutais était crucial. Alors qu'ils voyaient ma réticence comme une peur de perdre de l'argent, je savais que le véritable danger était de perdre contact avec mon état désiré — la personne que je devais devenir pour maintenir la vie que j'imaginais.

Puisque vous ne pouvez pas servir deux maîtres, si une manière de vivre inférieure sabote une manière de vivre supérieure, vous devez abandonner l'inférieure. Avant de développer mon état d'esprit, mes vertus, mon caractère et mes attitudes, j'avais du mal à laisser mon « Oui » être « Oui » et mon « Non » être « Non ». La moindre tentation pouvait me faire fléchir, un peu comme l'arôme d'une tarte fraîchement cuite me conduisant à l'indulgence. Je croyais que mon problème venait d'une volonté faible combinée à un appétit insatiable. Je pensais que si je résistais suffisamment fort, je pourrais échapper à mon état indésirable. Cependant, comme je l'ai réalisé plus tard, cette croyance était erronée.

Toutes mes suppositions sur la volonté, l'appétit et la résistance avaient été façonnées par le même état d'esprit qui me maintenait attaché à ma version inférieure. Cet état d'esprit m'avait amené à croire que je pouvais convoiter le nectar dégoulinant de chaque tarte succulente tout en maintenant la discipline nécessaire pour une manière de vivre supérieure. Comme l'a si bien dit Albert Einstein : « Nous ne pouvons pas résoudre nos problèmes avec le même mode de pensée que celui qui les a créés. »[9] Mon approche devait changer — mais vers quoi ? Cette question a persisté jusqu'à ce que, finalement, la racine de mes luttes devienne claire. La solution que j'ai découverte s'est révélée inestimable, servant de principe directeur dans la manifestation de mon état désiré.

Ne Succombez Pas À La Gratification Instantanée — Progressez Pas À Pas

Le 24 avril 2023, j'ai participé (plus précisément : j'ai regardé distraitement sur mon téléphone depuis un fauteuil Adirondack, entre de brèves parenthèses d'auto-affirmation et d'auto-admission) à un livestream YouTube de plus de six heures animé par Matthew McConaughey, intitulé *The Art of Livin'*. Au cours de cette diffusion, il a abordé son livre *Green-*

lights et a accueilli des invités venus partager leur sagesse avec des millions de spectateurs. Parmi eux se trouvait la rayonnante et captivante Marie Forleo. Elle m'a introduit à un concept d'une simplicité éclatante qui, associé à mes valeurs déjà solidement ancrées, a accéléré de manière exponentielle ma croissance intérieure. Son éclairage a renforcé la réponse à ma question précédente.

Marie a recommandé à ceux qui cherchent à se libérer des anciennes habitudes et schémas qui ne servent plus leur état désiré d'adopter la phrase : « *Je ne fais pas___ (remplissez l'espace avec quelque chose qui ne vous sert plus).* » Pour illustrer comment elle a mis en pratique cette formule de transformation, elle a partagé l'anecdote suivante :

Un jour, elle est rentrée chez elle après une journée épuisante à être l'incroyable battante qu'elle est et a regardé son canapé. Tout comme l'effet qu'une tarte chaude et prête à refroidir sur un rebord de fenêtre a sur moi, le canapé l'appelait pour une pause bien méritée. Cependant, une voix dans sa tête lui a rappelé qu'elle ne pouvait pas se permettre de s'arrêter — elle était une battante avec un emploi du temps chargé. Alors, elle s'est poussée un peu plus loin. Par la suite, elle a commencé à se sentir submergée, et son esprit est devenu agité. Au milieu de l'ouragan de pensées, Marie a finalement entendu la voix au centre de la tempête. Elle lui a simplement dit : « *Hé — je ne fais pas d'accablement.* » Et, tout d'un coup, la tempête s'est entièrement apaisée. Avec ces simples mots, Marie était de nouveau libre et dans son état de fluidité.[10]

Je t'invite maintenant, mon cher lecteur, à adopter les mots de Marie—ces mots qui ont renforcé mon changement de perspective mentale — et à dire à voix haute : « *Je ne fais pas*

___. » Le mot que tu choisis pour remplir le blanc représente bien plus qu'une branche desséchée jetée au feu ; il crée ta nouvelle croyance, une croyance qui dynamise et donne vie à ta déclaration de mission. Cette déclaration de mission apportera de la joie, de l'autorité et de la responsabilité dans ta vie, tout comme commander ton steak préféré, tes œufs ou ton café te procure un sourire, une assurance et un sentiment de satisfaction — alors sois-en fier de la même manière.

La solution à la racine de mes problèmes a trouvé une nouvelle vie grâce à une phrase simple : *Je ne fais pas de gratification instantanée !* Je taille, je taille, et je taille encore jusqu'à voir le résultat final — pas le résultat naissant après quelques tentatives dans mon projet, mais le résultat mûr portant des fruits magnifiquement succulents au terme approprié de la récolte. Ne te leurre pas en pensant qu'opérer dans le domaine de la gratification différée exige beaucoup plus de volonté que la gratification instantanée pour résister à l'envie d'abandonner, qui, soit dit en passant, surgit à chaque début de projet. Ce que tu dois vraiment comprendre, c'est ceci : rejeter la gratification instantanée découle d'une adhésion totale à ton nouvel état d'esprit, tes vertus, tes dispositions de caractère et tes attitudes. Ce n'est qu'à travers cette nouvelle manière de penser que le rejet de la gratification instantanée peut véritablement s'aligner avec qui tu es.[11]

Tu ne devrais pas avoir besoin d'utiliser ta volonté simplement pour exister — sûrement, tu n'exerces pas de volonté pour respirer, cligner des yeux ou faire battre ton cœur. Ces fonctions se produisent inconsciemment. En adoptant une valeur de gratification différée, ton état d'esprit, tes vertus, tes dispositions de caractère et tes attitudes devraient ressembler à ce qui suit :

- Tu devrais avoir un état d'esprit qui pense : *Je ne fais pas de gratification instantanée ; je fais de la gratification différée, ce qui signifie que je mène toutes les tâches (tout) à terme.*

- Tu devrais cultiver les vertus de la patience, de la persévérance et de la foi ; puisque tu es patient, persévérant et fidèle, tu t'exprimeras avec des phrases comme : *Je n'ai aucun mal à attendre ni à échouer, car je sais qu'en poursuivant mes efforts, j'accomplirai inévitablement mon objectif et obtiendrai l'état désiré.*

- Tu devrais posséder les dispositions de caractère de conscienciosité, d'intégrité et d'optimisme ; puisque tu es consciencieux, intègre et optimiste, tu t'exprimeras avec des phrases comme : *Je suivrai les étapes nécessaires pour obtenir mon état désiré et ne mettrai pas en péril ni ne souillerai le chemin de l'accomplissement en prenant des raccourcis ou en permettant des lacunes, car je crois qu'une action désintéressée mène infailliblement à une réalisation exceptionnelle.*

- Enfin, tu devrais maintenir une attitude positive, inébranlable et reconnaissante ; en combinant ces attitudes, tu t'exprimeras avec des phrases comme : *N'est-ce pas merveilleux ? — ce voyage long et méthodique, rempli de bosses, de virages et de recoins, me menant tous vers mon prix — MERCI, DIEU !*

Je terminerai cette section par une remarque finale sur le rejet de la gratification instantanée et la préférence pour

la gratification différée : Si tu ne pratiques pas la gratification différée pour une autre raison, fais-le simplement
parce que les autres ne le *font pas*. Comme le dit Warren
Buffett : « Moins les autres font preuve de prudence dans la
gestion de leurs affaires, plus grande doit être la prudence
avec laquelle nous gérons les nôtres. »[12] Dans cette généra-
tion, des millions, voire des milliards, de personnes défilent
pendant des heures sur les réseaux sociaux, recherchant
la libération de dopamine qui découle de la gratification
instantanée obtenue par le mouvement de leur pouce et les
tapotements de leurs doigts. Si tu m'as suivi tout au long de
ce chapitre, il ne te surprendra probablement pas lorsque je
dis que j'ai supprimé tous mes réseaux sociaux en décembre
2020. Plus précisément, j'ai supprimé Facebook, Instagram
(*insta*, comme dans *instant*, étant littéralement dans le nom),
Snapchat et Twitter de tous mes appareils, mais j'ai gardé
les comptes actifs pour pouvoir profiter de la commodité de
me connecter à des jeux comme *Clash of Clans* — encore une
fois, il n'est pas surprenant de voir un jeu comme celui-ci
sur le téléphone de quelqu'un d'aussi patient, fidèle, consciencieux, optimiste et inébranlable que moi — grâce à
mes identifiants de réseaux sociaux.[13] Les avantages que j'ai
expérimentés après les avoir supprimés ont été sans équiv-
oque — je dirai plus à ce sujet dans un chapitre ultérieur.

Bien que je n'aie rencontré même pas un pour cent des
utilisateurs du web mondial, encore moins la population
mondiale, je peux garantir sans l'ombre d'un doute que la
personne qui pratique la gratification différée dépassera
toujours la personne dépendante de la gratification instantanée — sans échec. La raison pour laquelle je suis aus-

si confiant dans ce fait est simple : cette dernière abandonne, tandis que la première ne le fait pas. Peu importe que vous abandonniez une tâche après un pour cent ou quatre-vingt-dix-neuf pour cent de son accomplissement — si vous abandonnez, vous n'obtenez aucun résultat. En d'autres termes, vous ne obtenez des résultats *qu'après* avoir achevé la tâche, à cent pour cent. Ceux qui pratiquent la gratification différée maîtrisent l'art d'accomplir des tâches, tandis que ceux qui poursuivent la gratification instantanée n'obtiennent qu'une brève décharge de dopamine. En conséquence, lorsque ces deux archétypes s'affrontent, le vainqueur est toujours celui qui est prêt pour le long terme. De plus, la capacité à persévérer place presque toujours quelqu'un en position de leader, car les autres peuvent compter sur lui pour rester engagé dans l'obtention de résultats. Avec un pourcentage significatif de la population mondiale qui fait défiler sa vie, vous vous devez de développer une compétence que certains regretteront de n'avoir jamais tenté.

Devenez Compétent Dans La Manière Dont Cela Devrait Être Fait

Une erreur que j'ai souvent observée chez les personnes qui commencent de nouvelles initiatives est leur volonté de négliger les méthodes que leurs objectifs exigent et de plutôt procéder « à leur manière ».

Avant d'élaborer, ne vous méprenez pas — je dépouille un chat d'une manière bien différente de celle de la personne à côté de moi, mais c'est parce qu'il existe plusieurs façons de le faire. Cependant, les gens ont tendance à aborder des ambitions irréductibles « à leur manière », souvent au détriment de résultats de haute qualité. Je suis tout à fait pour l'autonomie si votre stratégie génère des victoires, mais si votre stratégie de vie conduit constamment à des défaites — et que vous vous sentez toujours bien parce qu'au moins vous avez échoué « à votre manière » — alors vous devez vous réconcilier avec la source de cette compensation excessive. Si vous trouvez normal de gaspiller à plusieurs reprises le temps de votre légende personnelle, alors soyons vraiment sérieux. La raison pour laquelle vous échouez constamment en faisant les choses « à votre manière », c'est que vous ne voulez pas réellement réussir. Vous avez peur. Je n'ai aucune idée de pourquoi, mais admettez-le, car c'est la première étape pour surmonter votre peur.[14]

Cette erreur — faire obstinément les choses « à votre manière » au détriment du succès — se manifeste dans les activités quotidiennes. J'espère qu'en présentant ce concept à travers une analogie, cela éclairera la manière de bien faire les choses en fonction des exigences de vos ambitions.

Imaginez que vous entrez dans une pizzeria avec votre amant(e) irrésistiblement sexy. Vous vous asseyez, la pizzeria sert du pain, et vous commandez quelques boissons (idéalement un Malibu Bay Breeze). Entre votre conversation joyeusement enivrante, votre serveur séduit en prenant votre commande. Vous commandez une grande pizza margherita et un autre tour de boissons. Votre serveur revient rapidement avec les boissons et plus tard vous apporte ce qui semble être un tas de spaghetti nappés de marinara et de basilic. Confus, vous demandez poliment au serveur s'il y a eu une erreur, car vous n'avez pas commandé des spaghetti, mais une pizza margherita. Votre serveur s'excuse abondamment, emporte les spaghetti et vous apporte des boissons gratuites en guise de compensation.

Plus tard, le serveur revient avec une autre assiette fumante — de spaghetti nappés de marinara et de basilic. À ce stade, l'alcool et la faim commencent à parler d'eux-mêmes, et vous criez au serveur d'arrêter de jouer à des jeux et de vous apporter enfin votre pizza, sinon. Le serveur s'excuse profondément, emporte les spaghetti et vous apporte encore une autre tournée de boissons en guise de compensation. Finalement, le serveur revient, apparemment confiant que le plat en main vous satisfera tous les deux. Cependant, de votre siège, ivre et affamé, vous ne voyez qu'une autre pile de spaghetti avec marinara et basilic. C'est la goutte d'eau. Vous et votre amant(e) vous levez et vous précipitez dans la cuisine, exigeant de parler au chef responsable. Le chef se présente et demande quel est le problème. Vous expliquez que vous avez commandé une pizza margherita, mais que trois fois le serveur est revenu avec des spaghetti. Le chef, d'une calme absolue, sourit comme Bouddha et explique que ce n'est pas la pizza qui était en erreur — c'était simplement « la façon » dont ils font les choses.

Le chef explique comment sa version supérieure de la pizza a vu le jour : il dit que, depuis qu'il a commencé à cuisiner, il n'a jamais compris pourquoi les gens écrasaient et contorsionnaient la farine jusqu'à ce qu'elle devienne plate, alors qu'il pouvait l'écraser et la contorsionner « à sa façon », pour qu'elle devienne cordée et cylindrique. Le chef vous assure que sa méthode a toujours abouti à des clients heureux. Enragés par cette réponse, vous criez au chef, lui expliquant que sa soi-disant pizza est en réalité des spaghetti et qu'il devrait écraser la farine jusqu'à ce qu'elle soit plate, puis étaler la marinara par-dessus, et enfin mettre le basilic. Vous voyez alors une ampoule s'allumer dans la tête du chef. Avec un clin d'œil, il vous dit qu'il peut absolument préparer un burrito — « à sa façon ». (Vous tombez tous les deux dans les pommes.)

Vous pouvez appliquer cet exemple absurde à presque toute activité, et il illustre comment les gens sacrifient des résultats appropriés pour « leur manière » de faire les choses. Comme le chef, les gens croient souvent que « leur manière » améliore non seulement les résultats, mais se demandent aussi pourquoi les autres suivent la méthode conventionnelle. Pour réitérer ma position sur l'autonomie, je crois que des résultats non conventionnels nécessitent des actions non conventionnelles. Si vous voulez être exceptionnel, alors vous devez être l'exception aux méthodes conventionnelles. Cependant, si votre méthode non conventionnelle — votre stratégie de vie — échoue constamment au lieu de réussir, alors il vous sera extrêmement utile de bien maîtriser, exceller et réussir dans la méthode conventionnelle — la manière dont cela doit être fait.

Parce qu'avouons-le — c'est la méthode qui donne réellement des résultats de haute qualité.[15] Si je cherchais à fabriquer des marteaux supérieurs mais que je croyais qu'il serait préférable de remplacer la tête par celle d'un pic, et qu'en plus je décidais d'améliorer le manche en le rendant plus grand pour s'adapter à la nouvelle tête, je ne fabriquerais pas des marteaux supérieurs ; je fabriquerais des piques médiocres. Maintenant, quand quelqu'un essaiera d'utiliser mon « marteau » pour enfoncer un clou, il ne pourra pas. Je ne parviendrais pas à obtenir le résultat voulu et je nuirais à tous ceux qui comptent sur moi à cause de mon arrogance et de ma surestimation.[16]

Un Touche-À-Tout N'est Maître En Rien

Dans *Walden*, Henry David Thoreau écrit : « Notre vie est gaspillée par les détails. Simplifiez, simplifiez, simplifiez ! Je dis, que vos affaires soient comme deux ou trois, et non pas cent ou mille ; au lieu d'un million, comptez une demi-douzaine, et gardez vos comptes sur votre ongle de pouce. »[17]

Nous vivons dans un monde où des phrases comme « plus on est de fous, plus on rit » gouvernent nos décisions. Des magasins comme Costco, Sam's Club et BJ's vendent des stocks à vie d'ingrédients par portion. Avec cet état d'esprit ancré dans la conscience collective, il n'est pas surprenant que maintenir la discipline et se concentrer sur un seul métier soit devenu de plus en plus difficile. Bien qu'avoir plus puisse être bénéfique lorsqu'il s'agit de servir et de bénir les autres, je soutiens que « plus, c'est la misère » s'applique lorsqu'il s'agit de maîtriser des compétences nécessaires.

Il faut une quantité stupéfiante de maîtrise de soi pour persévérer dans une seule discipline. Considérons l'analogie du chef mentionnée plus tôt. Maintenant, imaginez si les conditions étaient encore plus extrêmes — au point que le chef, au lieu de servir des spaghettis, servait des marteaux, pensant qu'il serait doublement bénéfique d'être à la fois un chef et un forgeron. Cette absurdité met en lumière une vérité essentielle : lorsque l'excellence est requise (et vous devriez toujours viser l'excellence dans ce que vous faites), moins c'est plus. Par « moins », j'entends se concentrer sur, maîtriser et perfectionner une compétence ou un métier à la fois. Par « plus », j'entends obtenir des résultats de haute qualité. En d'autres termes, se concentrer profondément sur une discipline donne des résultats supérieurs.

Il est vrai que certaines compétences se traduisent bien d'une discipline à l'autre, mais les disciplines elles-mêmes ne se prêtent pas toujours à toutes les compétences. Par exemple, de solides compétences d'écoute peuvent faire de quelqu'un à la fois un bon musicien et un bon thérapeute, car les deux nécessitent une grande capacité à interpréter et à répondre au son et au sens.[18] Cependant, être un bon auditeur ne se traduit pas nécessairement par être un bon peintre, car la peinture repose davantage sur l'observation visuelle que sur la perception auditive. De même, un observateur talentueux — quelqu'un qui excelle à remarquer les détails — s'épanouirait en tant que peintre ou critique de cinéma, mais cette même capacité d'observation ne ferait pas nécessairement de lui un bon musicien, car il lui manque la formation auditive essentielle à cet art.[19]

Le niveau de maîtrise de soi requis pour réussir dans une seule discipline peut être déconcertant, car il oblige les gens à confronter à la fois leurs forces et leurs limitations. Beaucoup croient que la maîtrise d'une compétence équivaut à une expertise dans tous les métiers, ce qui est une idée fausse compréhensible, étant donné l'expression courante : « La manière dont vous faites quoi que ce soit est la manière dont vous faites tout ». Cependant, ce que les gens développent véritablement grâce à la maîtrise, c'est une *méthode* affinée — une approche disciplinée qui *peut* se transférer entre des domaines nécessitant des compétences similaires, mais pas nécessairement la compétence elle-même.[20] Revenons aux exemples précédents, la manière dont un bon auditeur ou un bon observateur affine son art peut être applicable dans plusieurs domaines, mais la compétence fondamentale reste confinée à son domaine pertinent.

C'est pourquoi il est bien plus efficace de maîtriser deux ou trois compétences, ou mieux encore, de devenir l'autorité principale dans un domaine, afin de pouvoir l'appliquer avec succès à quelque chose que vous aimez, que ce soit une profession, un hobby ou un sport.[21] Évitez à tout prix le « vaporiser et prier ». La maîtrise ne consiste pas à tout faire, mais à faire ce qui importe le plus avec précision.

Pragmatisme Avant Futilité

Dans mon parcours vers l'état désiré, je me suis parfois posé la question : *Quel est le but ?* À ce stade du livre, j'ai fait une pause assez longue pour chercher une véritable réponse — une réponse qui consolerait à la fois vous, mon cher lecteur, et moi-même. Après une période de réflexion, je suis arrivé à une conclusion : voici précisément le but — le pragmatisme avant la futilité. Permettez-moi de vous expliquer.

Le pragmatisme est une approche qui consiste à traiter les situations de manière sensée et réaliste, en se basant sur des considérations pratiques plutôt que théoriques.

LA FIN AMÈRE

Les personnes pragmatiques sont souvent caractérisées par leur stoïcisme, leur rationalité et leur intelligence émotion nelle.[22] D'autre part, l'inutilité désigne un état de manque de but ou de sentiment qu'une action ne vaut pas la peine d'être accomplie. Ceux qui éprouvent le sentiment d'inutil-ité décrivent souvent leur vie ou leur travail comme futile, infructueux, inefficace ou vide.[23]

Lorsque j'ai commencé à voir ma vie à travers le prisme du pragmatisme, j'ai retrouvé ma confiance et mon élan en lui accordant la priorité sur l'inutilité. Ce que je veux dire par « avant », c'est ceci : j'ai appris à concentrer mon énergie émotionnelle et mon attention divine sur le pragmatisme, surtout pendant les projets de longue durée, en le plaçant *devant* l'inutilité.[24] Pensez à « avant » comme à « se tenir devant la meilleure version de soi-même ». Cette perspective est devenue mon mantra durant les périodes difficiles : le pragmatisme en présence de l'inutilité.

Lorsque vous placez le pragmatisme avant l'inutilité, cette dernière se soumet — elle cède jusqu'à ce qu'elle dis-paraisse complètement. L'inutilité apporte souvent avec elle un sentiment de désespoir, car l'effort déployé ne semble pas immédiatement porter ses fruits. Mais je vous pose cette question : n'est-ce pas ce que vous faites qui ne portera pas de fruits, mais simplement qu'il ne portera pas de fruits immédiatement ? Je soutiens que le problème réside dans ce dernier point.[25]

L'inutilité survient généralement au milieu d'un projet lorsque la gratification est retardée. Si les récompenses étaient immédiates, l'inutilité n'existerait pas, car vous vous sentiriez instantanément satisfait.[26] Cependant, lorsque vous travaillez assidûment pour réaliser votre vision, la façonner en réalité, et que l'inutilité commence à s'infiltrer sous la forme de ce murmure de doute — *« à quoi bon ?* » — je vous exhorte à le contrer. Levez les mains en l'air et proclamez *« MERCI, MON DIEU »* de toute votre voix. Récupérez la puissance du but et étouffez la voix du doute. Placer le pragmatisme avant l'inutilité nécessite de l'intelligence émotionnelle.[27] Ne tombez pas dans le piège de croire que les individus pragmatiques, parce qu'ils sont souvent décrits comme stoïques, manquent d'émotions. C'est faux. Ils, comme tout le monde, éprouvent toute une gamme d'émotions. Cependant, ils ont cultivé la maîtrise émotionnelle, l'intégrant dans leur intelligence émotionnelle et atteignant ainsi la maîtrise de soi.[28]

Considérez-vous chanceux de vivre et de surmonter la futilité dans votre parcours vers l'état désiré. En faisant cela, vous ne progressez pas seulement vers votre objectif, mais vous vous prouvez également digne de celui-ci, vous vous alignez vibratoirement avec lui.[29] Parce qu'honnêtement, la meilleure version de vous-même a déjà maîtrisé l'autodiscipline. Pour devenir cette version de vous-même, vous devez incarner ses actions, son état d'esprit et son comportement. Marchez et parlez comme votre moi supérieur, et bientôt, vous serez devenu cette personne.

Le sentiment de futilité apparaîtra inévitablement sur votre chemin — parfait, c'est exactement le signal que vous attendiez, car maintenant vous savez que vous êtes sur la bonne voie. J'ai une fois entendu une phrase, bien que je ne me souvienne pas d'où : *Évitez de salir quelque chose que vous êtes sur le point de nettoyer.* Cette phrase résume le processus de surmonter la futilité. Lorsque le doute survient, ne compliquez pas le problème en aggravant votre état d'esprit. Au lieu de cela, élevez-vous en affinant vos pensées et vos émotions. Ce n'est qu'après avoir maîtrisé vous-même que vous pourrez véritablement maîtriser n'importe quelle discipline.

Abandonner Avant D'avoir Vu Les Résultats Ne Donne Aucun Résultat

Je dois attribuer tout le crédit de la découverte de ce concept à Hooman Mardox, mon mentor et fondateur de « Zero to App Academy », un programme pratique de création d'applications qui fournit le cadre inestimable pour créer des applications rentables à partir de zéro. C'est véritablement un phénomène à mes yeux, offrant une approche étape par étape et des conseils avisés non seulement pour un développement d'applications sans accroc, mais aussi en servant de phare pour un mode de vie qui peut instantanément changer la façon dont vous voyez le monde.

Lors de ma participation à l'Academy de Hooman, il a partagé une réflexion qui a considérablement amélioré la manière dont j'exécute mes projets : « Si vous abandonnez à n'importe quel moment de votre parcours avant d'obtenir des résultats, alors vous obtenez zéro résultat. »

Comme mon esprit le fait souvent, il a synthétisé cette information avec mon côté gauche du cerveau, tandis que mon côté droit l'a reformulée en un proverbe qui résonne plus avec mes propres mots : *peu importe si vous abandonnez à un pour cent du projet ou à quatre-vingt-dix-neuf pour cent du projet — si vous abandonnez, alors vous n'obtenez pas de résultats.*

DONNEL DELVA

Je compare ce concept à la tragédie grecque d'Orphée. Si vous n'êtes pas familier avec l'histoire, je vais vous en donner un bref aperçu tel que décrit par Bernard Evslin.

L'épouse d'Orphée, Eurydice, mourut, et Orphée s'aventura dans les Enfers pour la ramener d'Hadès. Hadès conclut un accord avec lui, disant :

> « Vous pouvez avoir votre femme. Elle vous sera confiée, et vous la conduirez vous-même de Tartare à la lumière supérieure. Mais si, au cours de votre voyage, vous vous retournez ne serait-ce qu'une seule fois — si, pour une raison quelconque, vous détournez les yeux de votre chemin et regardez en arrière, vers l'endroit d'où vous venez — alors ma clémence est révoquée, et Eurydice vous sera enlevée de nouveau, et pour toujours. Allez... »
>
> Bernard Evslin

Ainsi, Orphée se dirigea vers la sortie, Eurydice le suivant à quelques pas derrière lui. Malgré les doutes qui grandissaient en lui, l'angoisse de ne pas la voir tout au long du trajet, il arriva enfin à la sortie. Pourtant, tragiquement, le doute fit naître une frénésie dans son esprit, et il décida de vérifier si elle était vraiment là — pour confirmer que Hadès ne l'avait pas trompé. Et ainsi, enfin :

> « Il se tourna rapidement et regarda en arrière. Elle était là. C'était elle. Il tendit la main pour la prendre et la tirer vers la lumière — mais la main

se transforma en fumée. Le bras se transforma en fumée. Le corps devint de la brume, un jet de brume. Et le visage fondit. Le dernier à disparaître fut la bouche avec son sourire d'accueil. Puis elle fondit. La brillante vapeur s'évada dans le courant d'air frais qui soufflait à travers la fissure venant du monde supérieur. »[30]

Bernard Evslin

La tragédie déchirante d'Orphée reflète le destin de nombreux abandonneurs. Ces abandonneurs sont Orphée ; leurs états désirés, Eurydice ; leur opportunité de réussir, l'accord de Hadès ; leur échec, se retourner. Comme trop d'autres, Orphée a abandonné son engagement à avancer sans hésitation — juste au bord du succès, à quatre-vingt-dix-neuf pour cent de son voyage. Que lui reste-t-il à montrer pour son périple dans les Enfers en tant que mortel ?

Rien.

Aucun résultat.

Zéro.

Vous avez l'opportunité, mon cher lecteur, d'apprendre de l'erreur d'Orphée dès maintenant. Que vous soyez à un pour cent de votre voyage et que le doute soit déjà installé, ou à un pour cent du nirvana, je vous en prie et vous encourage : NE REGARDEZ PAS EN ARRIÈRE ! VOUS POUVEZ LE FAIRE ! ALLEZ DE L'AVANT ! Vous pouvez être le héros — Orphée, champion de sa femme et de tout le monde — ayant ressuscité son amour des griffes du royaume d'Hadès, jouant de la musique éternelle, chantant à l'infini. *Vous le pouvez.*

De plus, comme Hooman l'a enseigné, lorsque vous allez jusqu'au bout du succès, vous reprogrammez votre esprit, votre corps et votre âme pour accomplir les tâches jusqu'à des résultats désirables. Souvenez-vous : la manière dont vous faites quoi que ce soit est la manière dont vous faites tout. Si vous terminez toujours les tâches que vous commencez — qu'elles soient grandes ou petites — alors vous terminez toujours et obtenez des résultats.

Enfin, permettez-moi de reformuler ce concept dans l'espoir d'éclaircir ce qui pourrait être déroutant : vous n'obtenez des résultats qu'après avoir terminé. Imaginez brièvement un monde où vous ne terminez jamais ce que vous commencez : vous prenez un verre d'eau de votre bouteille et laissez le bouchon à moitié dévissé ; vous ouvrez votre ordinateur portable pour écrire et le laissez entrouvert ; vous soulevez votre chapeau pour le mettre sur votre tête et le laissez tomber par terre. Qu'auriez-vous à montrer de ce type de vie ? Une soif extrême, un clavier poussiéreux, une tête non couverte.

Bien que ces trois images soient des exemples mineurs, elles offrent des aperçus symboliques profonds. Quelle soif a laissé en vous votre manque de discipline ? Qu'est-ce qui dans votre vie s'est ratatiné et transformé en poussière à cause de vos manquements ? Combien d'oiseaux doivent-ils vous faire leurs besoins sur la tête pour que vous réalisiez que vous ne pouvez devenir votre meilleure version que lorsque vous assumez la responsabilité de votre propre maîtrise ? Le succès — atteindre votre état désiré

LA FIN AMÈRE

— commence tout d'abord par le système régimenté en vous-même. Cultiver ce système bénira tous les aspects de votre vie bien au-delà de votre plus grande imagination. L'épanouissement ne demande que de la discipline.

Étapes d'Action Immédiates

1. Auditez Votre État Désiré : Écrivez votre plus grand objectif de vie. Dressez la liste de tout ce que vous croyez qu'il vous en coûtera — pas seulement du temps et de l'argent, mais aussi des valeurs, des vertus, des habitudes et des changements d'état d'esprit que vous devrez adopter.

2. Identifiez Le Coût Interne Du Changement : Pensez à une habitude majeure que vous souhaitez changer. Au lieu de vous concentrer sur ce que vous devez faire, demandez-vous : *Qu'est-ce que j'ai valorisé en conservant cette habitude ?* Identifiez le changement interne nécessaire — quelles nouvelles valeurs, vertus et attitudes doivent remplacer les anciennes ?

3. Définissez Votre Standard Personnel : Créez votre propre déclaration du genre « Je ne fais pas ___ » pour une habitude ou un état d'esprit qui ne vous sert plus. Dites-la à voix haute. Écrivez-la. Répétez-la tous les jours.

4. Adoptez L'état D'esprit « Grignoter » : Choisissez un objectif que vous avez remis à plus tard parce qu'il vous semble accablant. Décomposez-le en tâches quotidiennes et simples. Engagez-vous à « grignoter » chaque jour, même si ce n'est que pendant 5 minutes.

5. Alignez Vos Décisions Avec Votre Identité : Chaque fois que vous êtes confronté à un choix, demandez-vous : *Est-ce que cette décision reflète la personne que je deviens ?* Si la réponse est non, ajustez votre décision en conséquence.

6. Tenez Un Journal De Votre Transformation : Suivez vos progrès avec une réflexion quotidienne ou hebdomadaire : Qu'avez-vous fait aujourd'hui qui correspond à vos nouvelles valeurs ? Où avez-vous eu des difficultés et qu'avez-vous appris de cela ?

3

NOUS VIVONS DANS LA DIMENSION DU PARADOXE

« Car celui qui voudra
sauver sa vie la perdra, mais
celui qui perdra sa vie à
cause de moi la trouvera. »
—Matthieu 16:25

***

Avez-vous déjà pris le temps de remarquer — non pas simplement en passant, mais en examinant sincèrement — les anomalies de ce monde, de cette dimension ? Combien d'entre elles écartez-vous sans cesse, et combien acceptez-vous aveuglément ?

Il Existe Une Infinité De Vérités Paradoxales

Un jour, j'ai fait quelque chose d'inhabituel et j'ai emprunté une rue voisine pour une promenade. Cette marche était sans but. Il n'y avait ni distance précise à atteindre, ni rythme particulier à maintenir. Tout ce que je savais, c'était qu'un sentiment persistant de malaise m'habitait, un problème que je ne parvenais pas à définir, et je ressentais qu'une promenade en pleine conscience pourrait en révéler la nature. J'avais l'habitude de me promener à Lake Mohegan, un magnifique espace naturel que j'adore, où je méditais souvent sur l'accomplissement de mes états désirés. Mais cette fois-ci, c'était différent. Je ne voulais pas me concentrer sur mon état désiré — je voulais identifier la source de mon malaise. C'était comme percevoir le parfum persistant de quelqu'un que j'avais oublié ; au moment où son effluve me revenait, je me sentais contraint de tout arrêter pour me souvenir de qui il s'agissait, souhaitant désespérément pouvoir suivre cette fragrance jusqu'à cette personne.

Il en allait de même pour mon désir d'emprunter cette rue voisine — trouver en moi ce problème non reconnu qui avait laissé une empreinte si marquante.

Éteignant mon téléphone, j'avançai. À l'époque, j'étais à l'université et je luttais — je luttais pour maintenir une relation à distance, je luttais pour équilibrer la sobriété avec une intoxication constante, et je luttais avec mon sens du but dans l'immensité du cosmos. Je voulais changer le monde, laisser une empreinte durable. Pourtant, malgré toute mon ambition, je restais dans mon état non désiré. *Comment puis-je encore être dans mon état non désiré ?* Pensais-je. *Comment puis-je encore être malheureux alors que j'ai une petite amie ? Pourquoi toute l'herbe que je fume ne me fait-elle pas me sentir mieux ? Quel est mon but sur cette planète ? Pourquoi suis-je ici ?*

Avant même de m'en rendre compte, j'avais parcouru deux miles. Juste devant une maison de retraite — un bâtiment que je n'avais jamais remarqué malgré mes innombrables trajets sur cette route — je fus frappé par un sentiment écrasant d'amour inconditionnel. Au milieu de mon ouragan de pensées, j'entendis enfin la voix au cœur de la tempête. Elle m'arrêta net et murmura : *Tu ne vas pas changer le monde — tu l'as déjà changé. Sois qui tu veux être, et tu seras libre.* À cet instant, je fondis en larmes — le barrage en moi avait enfin cédé. (Avec du recul, je me demande si les passants ont cru que je pleurais un proche devant une maison de retraite.)

Cette réalisation avait un sens parfait. Je n'allais *pas changer* le monde parce que le monde était *déjà* en train de changer — avec ou sans moi. Comme l'a dit Ray Dalio : « La seule chose constante, c'est le changement. »[1] La pression que je m'étais imposée, le poids d'une obligation imaginaire de *transformer* le monde, s'était envolée. À cet instant, j'étais libre. Je comprenais, simultanément, la nature des vérités paradoxales — des vérités qui définissent cette dimension. Parce que je n'avais aucun but *prédestiné* sur cette planète, je n'avais droit à rien. Et cela signifiait, paradoxalement, que j'étais libre de tout choisir.

Le sentiment d'être en droit de quelque chose avait été la racine de mon malaise — cette fausse croyance selon laquelle j'étais censé changer le monde m'avait piégé dans un cycle de déception inévitable. Je m'étais enchaîné à une attente impossible, et le poids de mes échecs répétés m'écrasait. Mais à présent, je voyais la vérité avec clarté :

La force ne vient pas des choses que nous portons, mais des choses que nous laissons aller.

Avec cette nouvelle compréhension, je suis rentré chez moi — renouvelé, vivant et libre. Et à mesure que mon esprit a intégré cette révélation, elle a illuminé d'innombrables autres vérités paradoxales.

Je me tourne souvent vers Mère Nature comme guide pour découvrir des vérités cachées. À travers elle, j'ai compris à quel point cette dimension est anormale — ou peut-être, à quel point elle est parfaitement normale. Considérons la chaîne alimentaire : les vers mangent les feuilles, les oiseaux mangent les vers, et dans certains endroits (comme la terre cauchemardesque de l'Australie), les araignées mangent les oiseaux.[2] *Comment cela peut-il être injuste*, pensais-je, *que chaque être vivant s'accroche à la vie pour finalement être inévitablement consommé par un autre.* Mais ensuite, je me suis posé la question : *Est-ce vraiment injuste ?* Les gens se lamentent sur l'injustice de la vie—mais si la vie est injuste pour *tout le monde*, cela ne la rend-il pas *juste* ? Si la mer est agitée pour tous ceux qui naviguent, ne sommes-nous pas tous dans le même bateau ?

Les gens accordent trop d'importance aux différences extérieures—statut, richesse, pouvoir—croyant que certains ont un avantage sur d'autres. Mais pour moi, peu importe si quelqu'un navigue sur un yacht tandis qu'un autre flotte sur un radeau ; l'océan peut les renverser tous les deux en un instant. C'est la nature de cette dimension : plus on cherche à tout contrôler, plus on le perd. Tout comme les plantes prospèrent lorsqu'elles sont taillées, ou que les cheveux repoussent plus épais après avoir été coupés, la force naît aussi de l'abandon.[3] Messieurs, si vous voulez une barbe épaisse — taillez-la. Mesdames, si vous n'en voulez pas — laissez-la tranquille. Encore une fois, le paradoxe se dévoile.

Je compare ce paradoxe à l'histoire de l'homme de Song, telle que décrite par Mengzi dans *L'Essentiel de Mengzi* :

> « Il faut y travailler, mais ne pas viser directement le but. Que le cœur n'oublie pas, mais ne l'aide pas à grandir. Ne soyez pas comme l'homme de Song. Parmi les habitants de l'État de Song, il y en avait un qui, inquiet que son grain ne pousse pas, le tira vers le haut. Épuisé, il rentra chez lui et dit à sa famille : 'Aujourd'hui, je suis exténué. J'ai aidé le grain à pousser.' Son fils se précipita pour voir, et le grain était desséché. Ceux qui, dans ce monde, n'aident pas le grain à pousser sont rares. Ceux qui l'abandonnent, pensant que cela ne sert à rien, sont ceux qui ne désherbent pas leur champ. Ceux qui l'aident à pousser sont ceux qui tirent dessus. Non seulement cela n'aide pas, mais cela nuit même à sa croissance. »[4]
>
> Mengzi

Mon Ami aussi a parlé de ce paradoxe dans *Jean 15:2* et *Matthieu 20:16*, respectivement :

51

« Tout sarment en moi qui ne porte pas de fruit,
Il l'enlève ; et tout sarment qui porte du fruit, Il
l'émonde, afin qu'il en porte davantage. »
« Ainsi les derniers seront les premiers, et les
premiers seront les derniers. Car beaucoup sont
appelés, mais peu sont choisis. »

Mon Ami et Mengzi comprenaient tous deux la nature
contre-intuitive de ce monde. Et moi aussi, je finirais par
la comprendre — non par l'intellect, mais par l'expérience.
Cette expérience ? Apprendre à nager.

Le Pouvoir De l'Abandon

En grandissant, mes parents avaient décrété que toutes
les activités aquatiques étaient interdites ; en conséquence,
personne dans ma famille ne savait nager. Étant le fils in-
trépide et sans limites, j'ai pris sur moi d'apprendre. D'abord,
je suis entré dans l'océan depuis le rivage et j'ai attendu de
voir si un quelconque instinct se déclencherait. Il ne s'est rien
passé. J'ai échoué misérablement et j'ai failli me noyer.

J'ai donc essayé une approche différente : j'ai demandé
à mon amie si je pouvais m'entraîner dans sa piscine pour
apprendre quelques bases. Elle a accepté, et j'y suis allé plus
souvent que je ne le jugeais approprié — environ une semaine — avant de partir comme moniteur dans un camp de
vacances sur Shelter Island, NY. Là-bas, tous les moniteurs et
campeurs devaient réussir un test de natation. Malgré mon
manque de compétences, je suis entré dans l'océan et, hon-
teusement, j'ai fini par être sauvé par les sauveteurs. Cette

expérience a certainement ébranlé ma confiance, mais en tant que moniteur le plus cool du camp, je l'ai utilisée pour enseigner à mes campeurs — surtout à ceux qui avaient également échoué—que même les « cool kids » trébuchent parfois. Et qu'il n'y a aucune honte à cela. Mon été en tant que moniteur a marqué ma dernière tentative d'apprentissage de la natation ; c'était l'été 2021.

Mais étant résilient, j'ai réessayé en 2023. Cette fois, je l'ai abordé différemment. Je suis retourné dans l'océan avec une nouvelle perspective, intégrant ma nature active à ma nature passive. Alors que je me débattais, donnais des coups de pied et faisais trop d'efforts, je me suis souvenu de la sagesse de Mengzi et de mon Ami : *Ne l'aide pas à grandir ; élague-le.*[5] Alors, contre toute la peur dans mon corps, j'ai pris une grande inspiration, me suis abandonné et me suis relâché. À ma grande surprise, j'ai flotté — face contre l'eau, les bras et les jambes écartés comme une étoile de mer. *Du progrès*, ai-je pensé.

Voir que je pouvais flotter — que je ne coulerais pas et ne serais pas entraîné vers les profondeurs par quelque pieuvre tapie dans l'ombre — a changé mon état d'esprit. Si je pouvais flotter, chose que j'avais autrefois crue impossible, alors *je pouvais* nager. Des recherches suggèrent que surmonter la peur par la visualisation et la conviction reprogramme les circuits neuronaux du cerveau, renforçant ainsi la confiance et les capacités.[6] Ainsi, tel un homme accro à l'océan, je conduisais dix minutes jusqu'à la plage chaque jour, me garais dans une rue secondaire pour éviter de payer le stationnement de plage comme un imbécile, et marchais encore quinze minutes avec un livre et une serviette en main, pensant : *Aujourd'hui est le jour où je vais y arriver.* Chaque jour, je m'améliorais. Chaque jour, je me mettais au défi et prenais plus de risques. Finalement, je pouvais flotter sur le ventre, nager à la brasse en battant des jambes comme un chiot, et faire une brasse submergée. Mais je suis resté stagnant. J'avais peur de nager sur place, peur de flotter sur le dos. Et en conséquence, j'ai arrêté de pratiquer. La vie a pris le dessus, et avant longtemps, je me suis fait un tatouage, ce qui m'a éloigné de l'eau pendant un certain temps. Mais je n'ai jamais abandonné mon désir de nager.

Des mois plus tard, je suis devenu professeur d'anglais dans la tradition jésuite à Fairfield Prep, mon alma mater. Avec mon objectif toujours vivant, j'ai acheté un abonnement au complexe récréatif du campus et j'ai repris ma pratique dans leur piscine.

Lors de mon premier jour, j'ai pris la deuxième ligne — un vieil homme nageant sans effort d'un bout à l'autre de la première — et j'ai révisé tout ce que j'avais appris. Après environ trente minutes de répétition, une pensée m'a frappé avec l'autorité sévère d'un coach : *À quel point penses-tu que flotter sur le dos est important pour nager ?* Sans hésiter, je me suis répondu : *Je suppose aussi important que les lettres le sont pour les livres.* À cet instant, toute peur s'est envolée. Si flotter sur le dos était fondamental, alors pourquoi perdais-je mon temps à l'éviter ?

J'ai pris une profonde inspiration, rejeté ma tête en arrière, écarté mes membres comme une étoile de mer et me suis laissé aller. La sensation était terrifiante. J'avais l'impression d'être submergé, sentais le sang chaud affluer à ma tête. Mais j'ai refusé de bouger. *Cette fois, je dois y arriver. Je ne partirai pas tant que je ne saurai pas nager.*

Je suis resté. Et *j'ai flotté.* La même grâce qui maintient les canards et les cygnes paisiblement à la surface m'était enfin parvenue, comme une mère berçant son nouveau-né. Des études montrent que les personnes ayant un état d'esprit de croissance sont plus enclines à persévérer face aux défis, convaincues que leurs capacités peuvent se développer grâce à l'effort.[7] Si le niveau de l'eau de la piscine avait été mesuré ce jour-là, il aurait augmenté avec les larmes qui glissaient sur mon visage tandis que je restais allongé, fixant le grand ventilateur au plafond. Quand j'ai fermé les yeux, je me suis senti partout à la fois — suspendu dans le vide, infini, libre de toute attache. J'ai pris une autre profonde inspiration, j'ai donné une légère impulsion sur l'eau, j'ai plaqué mes mains contre mes cuisses et j'ai donné un coup de pied. Enfin, moi, Donnel Delva, j'avais appris à nager.

Rayonnant, j'ai attiré l'attention du vieil homme dans la première ligne. Faisant enfin une pause dans son marathon aquatique, il m'a dit qu'il avait quelques conseils à me donner. J'ai accepté avec enthousiasme. Avec le temps, il m'a appris à faire la planche, a amélioré ma brasse, puis a prononcé les mots que j'attendais depuis toujours : *Tout part de la flottaison. Tant que tu peux flotter, tous les styles de nage ne sont que des expressions. Après tout, on pourrait presque marcher sur l'eau, à condition de remplir tout son corps de cette légèreté.*

Je ne me souciais plus qu'il me voie pleurer à ce stade—de toute façon, il ne s'en rendrait probablement pas compte. Lorsqu'il sortit de l'eau, je remarquai quelque chose d'incroyable. *Le vieil homme n'avait qu'une jambe !*

Quand je lui demandai ce qui s'était passé, il répondit avec légèreté que l'autre avait été amputée, simplement, sans plus de détails. Je ne posai pas davantage de questions. Je le remerciai chaleureusement, et il me sourit.

Avant de quitter le bord du bassin, il me lança ces derniers mots :

Si un vieux type amputé comme moi peut nager, alors j'aimerais être là le jour où un grand et solide garçon comme toi commencera à faire des longueurs. Même si je ne peux plus aller me promener, je peux toujours aller nager—et ça, personne ne pourra jamais me l'enlever.

Alors qu'il rassemblait ses béquilles et s'éloignait, je ne pus m'empêcher de penser à quel point il ressemblait à un triton avec sa seule jambe dans l'eau. C'était une créature mythique, sans aucun doute.

Et ainsi, j'ai appris à nager — non par la force, mais par l'abandon. Les recherches sur les biais cognitifs expliquent que nous compliquons souvent l'apprentissage en résistant à l'adaptation naturelle, ce qui retarde les progrès.[8] Une fois de plus, la nature paradoxale de cette dimension s'est révélée à moi. L'abandon avait été la clé de ma maîtrise. Des études sur l'auto-efficacité soulignent que la croyance en ses propres capacités influence directement la performance et la réussite.[9] En utilisant la nature de cette réalité à mon avantage, j'ai changé. Et toi aussi, mon cher lecteur, tu peux le faire.

Dans les sections suivantes, je m'inspirerai directement du *Kybalion* pour explorer les Sept Principes Hermétiques énoncés par Hermès Trismégiste, l'ancien scribe des dieux. Ses enseignements prouvent encore la nature paradoxale de cette dimension, et en les comprenant, tu pourras ma-

nipuler la réalité elle-même pour ta croissance transfor
mative..[10] De plus, des recherches sur la perception et la
croyance suggèrent que nos attentes façonnent nos expériences, renforçant ainsi le pouvoir de l'imagination.[11]

Mentalisme

Le premier des sept principes hermétiques est le
principe du mentalisme. Il stipule : « TOUT EST ESPRIT ;
L'univers est mental. »

> « Ce principe incarne la vérité selon laquelle «
> Tout est Esprit ». Il explique que LE TOUT (qui est
> la Réalité Substantielle sous-jacente à toutes les
> manifestations extérieures et apparences que
> nous connaissons sous les termes de « L'Univers
> Matériel » ; les « Phénomènes de la Vie » ; «
> Matière » ; « Énergie » ; et, en bref, tout ce qui
> est apparent à nos sens matériels) est l'ESPRIT
> qui, en soi, est INCONNAISSABLE et INDÉFINISS-
> ABLE, mais qui peut être considéré et pensé
> comme un ESPRIT UNIVERSEL, INFINI, VIVANT.
> »[12]

Trois Initiés

Je voudrais attirer votre attention divine sur les implications paradoxales de ce premier principe. Rappelez-vous
dans *Comment Tout Fonctionne* quand j'ai dit : « Votre imagination existe dans une autre dimension et doit faire son
chemin vers cette dimension. » (Je dois l'admettre – c'est

plutôt agréable de me citer.) Avec le premier principe hermétique en tête (jeu de mots voulu), mon explication sur la manière dont vos états désirés imaginés se manifestent dans ce plan tridimensionnel révèle la nature paradoxale de la réalité.

Toutes les plaisanteries mises de côté, considérez « L'INFINI » comme votre propre imagination. Vous ne pouvez jamais pleinement connaître ni définir votre propre imagination — tout comme vous ne pouvez pas imaginer l'imagination elle-même. Cependant, c'est quelque chose que vous faites automatiquement, évidemment. Pourquoi ? Parce que, comme je l'ai dit auparavant, votre imagination est Dieu ; elle est L'INFINI. Le paradoxe réside dans le fait que, bien que vous ne puissiez pas vraiment connaître votre imagination (Dieu, L'INFINI), vous pouvez toujours l'interroger, la contempler et, comme décrit dans *Tu Es Ce Que Tu Crois Que Dieu Est — Et Vice Versa*, lui attribuer une identité qui vous permet de devenir la personne que vous aimeriez être dans l'état désiré.

Les philosophes et les mystiques ont exploré ce paradoxe pendant des siècles. Le travail de Carl Jung sur l'inconscient collectif suggère que l'esprit n'est pas une entité isolée, mais plutôt interconnecté avec toute l'expérience humaine, façonné et étant façonné par des archétypes et des symboles au-delà de la compréhension consciente.[13] De même, les physiciens quantiques ont découvert que l'observation joue un rôle dans la détermination de la réalité, impliquant une connexion profonde entre la conscience et l'existence matérielle.[14]

LA FIN AMÈRE

En attribuant une nouvelle identité à LE TOUT, vous vous familiarisez essentiellement avec — ou, en d'autres termes, vous « connaissez » — une entité incognoscible et indéfinissable. Cela s'aligne avec les enseignements de Neville Goddard sur l'imagination comme force créatrice derrière la réalité[15] et les recherches de Joe Dispenza sur la neuroplasticité, qui montrent comment la concentration mentale peut remodeler les voies neuronales pour s'aligner avec les résultats désirés.[16]

En vous engageant avec LE TOUT à travers cette approche réductionniste (la seule approche que nos cerveaux humains puissent jamais espérer traiter), vous pouvez désormais utiliser cette nouvelle compréhension pour élever, motiver et, en fin de compte, entreprendre les actions nécessaires pour obtenir sans aucun doute votre état désiré. Ce processus reflète les anciens enseignements hermétiques sur la transmutation mentale — l'idée qu'en modifiant la perception que l'on a de la réalité, on peut transformer son expérience extérieure.[17]

Correspondance

Le deuxième des sept principes hermétiques est le principe de la Correspondance. Il stipule : « Comme en haut, ainsi en bas ; comme en bas, ainsi en haut. »

> « Ce principe incarne la vérité selon laquelle il existe toujours une correspondance entre les lois et les phénomènes des différents plans de l'Être et de la Vie ... Et la compréhension de ce

principe donne à l'individu les moyens de résoudre de nombreux paradoxes obscurs et secrets cachés de la nature. Il existe des plans au-delà de notre connaissance, mais lorsque nous appliquons le principe de correspondance à ceux-ci, nous sommes capables de comprendre beaucoup de choses qui, autrement, nous seraient inconnaissables. Ce principe est d'application et de manifestation universelles sur les différents plans de l'univers matériel, mental et spirituel — c'est une loi universelle. »[18]

Trois Initiés

Ce deuxième principe relie la nature paradoxale de cette dimension aux autres dimensions où nos états désirés sont nourris. Rappelez-vous dans *Comprends Le Véritable Coût De Ton État Désiré* quand j'ai dit : « Identifiez la valeur selon laquelle vous avez agi, et cela vous révélera le type de personne que vous êtes actuellement. » Comme ce principe l'indique, il existe une connexion directe entre la façon dont vous pensez mentalement, ressentez spirituellement, et agissez matériellement.

La psychologie moderne soutient ce principe à travers le concept de la cognition incarnée — l'idée que nos pensées, émotions et états corporels sont profondément interconnectés et s'influencent mutuellement.[19] Les études neurologiques suggèrent également que la façon dont nous pensons affecte notre régulation émotionnelle et nos actions physiques, renforçant la relation interdépendante entre l'esprit, le corps et l'âme.[20]

LA FIN AMÈRE

Nos esprits, corps et âmes sont interconnectés et interdépendants. Chacun façonne et guide l'autre. Cette interrelation est observée dans les recherches sur la neuroplasticité, où le fait de changer ses pensées peut entraîner des changements mesurables dans le fonctionnement du cerveau, influençant ainsi les émotions et le comportement.[21]

Grâce à la compréhension de ce principe, vous pouvez utiliser sa nature paradoxale pour améliorer votre vie — passant d'un état indésirable à un état désiré. Cela se fait en vous immergeant dans l'état d'esprit de la personne que vous souhaitez devenir. En vous concentrant sur qui vous seriez une fois que vous aurez obtenu votre état désiré, en alignant vos émotions pour ressentir comme si vous l'aviez déjà atteint, et en agissant de manière à refléter cette version la plus élevée de vous-même, vous alignez vos réalités internes et externes. Des études sur l'effet placebo montrent que la seule croyance peut produire des changements physiologiques, soulignant davantage le pouvoir d'aligner pensées et émotions avec les résultats désirés.[22]

Les traditions philosophiques anciennes et les cadres psychologiques modernes soulignent toutes l'importance d'aligner les pensées, les émotions et les actions. Ce principe se reflète dans la thérapie cognitivo-comportementale, qui repose sur le postulat que changer les schémas de pensée entraîne des changements dans les réponses émotionnelles et comportementales.[23] En comprenant et en appliquant ce principe, vous acquérez la capacité de remodeler votre vie et de faire émerger votre réalité idéale.

DONNEL DELVA

Vibration

Le troisième des sept principes hermétiques est le Principe de la Vibration. Il stipule que « Rien ne repose ; tout bouge ; tout vibre. »

> « Ce Principe explique que les différences entre les diverses manifestations de la Matière, de l'Énergie, de l'Esprit et même de l'Esprit, résultent en grande partie des différents taux de Vibration. De LE TOUT, qui est l'Esprit Pur, jusqu'à la forme la plus grossière de la Matière, tout est en vibration — plus la vibration est élevée, plus la position dans l'échelle est haute. »[24]
>
> Trois Initiés

Bien que ce troisième principe puisse sembler simple au premier abord, il est essentiel pour comprendre et utiliser la nature paradoxale de cette dimension à notre avantage. La science reconnaît largement que tout est en mouvement constant, bien que notre perception nous trompe souvent en nous faisant croire le contraire.[25] Par exemple, lorsque nous observons une voiture garée sur un plateau sans vent, elle semble être complètement immobile. De même, lorsque nous voyons une personne dans un état indésirable — qu'il soit émotionnel, physique ou mental—il peut sembler qu'elle a toujours été ainsi. Cela conduit souvent à des affirmations telles que : « C'est juste comme ça qu'ils sont », renforçant l'illusion de permanence de leur condition.[26]

LA FIN AMÈRE

Cependant, selon le Principe de Vibration, rien n'est réellement au repos. Chaque objet, chaque être et même nos pensées sont dans un état de mouvement constant, vibrant à des fréquences alignées avec leur condition présente.[27] Tout comme la recherche scientifique en mécanique quantique révèle que les particules restent en vibration continue au niveau subatomique, les êtres humains sont également soumis à des variations vibratoires influencées par leurs pensées, leurs émotions et leur environnement.[28]

Cette perspective nous permet de mieux comprendre pourquoi les individus traversent des états d'être fluctuants. Lorsqu'une personne dégage de « bonnes ondes » (abréviation de vibrations), elle fonctionne à une fréquence vibratoire élevée, ce qui correspond à des émotions élevées telles que la joie, la gratitude et l'amour.[29] À l'inverse, lorsqu'une personne dégage de « mauvaises ondes », elle résonne à une fréquence vibratoire plus basse, souvent caractérisée par des émotions telles que la peur, la tristesse et l'apathie. Les recherches en neurosciences soutiennent cette idée, montrant que les états émotionnels peuvent être associés à des schémas neuronaux et vibratoires distincts dans le cerveau.[30]

Reconnaître que tous les états d'être sont en mouvement signifie qu'aucune condition n'est véritablement figée. De la même manière qu'un objet en mouvement peut changer de direction, un individu peut modifier sa fréquence vibratoire en ajustant ses pensées, ses émotions et ses actions. Cette compréhension est puissante — elle implique que, peu importe à quel point une situation peut sembler stagnante,

la transformation est toujours possible grâce à un changement de vibration.

Polarité

Venant en quatrième position, voici le Principe de Polarité. Il affirme que :

> « Tout est double ; tout a des pôles ; tout a
> son opposé ; semblable et dissemblable sont
> la même chose ; les opposés sont identiques
> dans leur nature, mais différents en degré ; les
> extrêmes se rejoignent ; toutes les vérités ne
> sont que des demi-vérités ; tous les paradoxes
> peuvent être réconciliés. »[31]
>
> Trois Initiés

Je trouve que ce principe est le plus ésotérique de tous.
Il soutient l'idée que toutes choses sont et ne sont pas en
même temps. Pour la plupart des gens, ce concept semblera
non seulement paradoxal et illogique, mais, malheureuse-
ment, impossible. Cependant, celui qui comprend véritablement ce concept possède la capacité de se transformer d'un
état indésirable à un état désiré.

Par exemple, imaginez que votre état indésirable soit «
froid » et que votre état désiré soit « chaud ». À quel moment,
sur l'échelle d'un thermomètre, diriez-vous que vous quittez
le « froid » pour entrer dans le « chaud » ? « Froid » et « chaud
» sont identiques ; ils représentent tous deux des degrés de
température. Comme l'explique Neville Goddard, la réalité

est façonnée par la perception, et notre capacité à passer d'un état à un autre réside dans notre conscience de cette transition.[32]

Comme je l'ai dit dans *Votre Imagination Est Dieu — Le Créateur*, « rien dans ce monde matériel et tridimensionnel n'existe objectivement. » Des études en mécanique quantique ont appuyé cette affirmation, suggérant que la réalité existe dans un état de potentialité jusqu'à ce qu'elle soit observée, moment où elle s'effondre en un état définitif.[33] Par conséquent, « froid » et « chaud » existent comme des identiques mais diffèrent en degré après votre observation subjective.

La même idée s'applique à vos états indésirables et désirés. Tous deux sont des états d'être ; cependant, une fois que vous déterminez celui dans lequel vous préférez vous trouver, vous pouvez ajuster les degrés de cet état pour qu'ils correspondent à vos valeurs, à vos mentalités et à vos dispositions de caractère. Les psychologues étudiant la restructuration cognitive soulignent que modifier sa perception des circonstances — plutôt que les circonstances elles-mêmes — peut mener à une transformation personnelle radicale.[34] En reconnaissant que les états opposés font partie du même continuum, vous reprenez le contrôle de votre réalité. Vous réalisez que vous n'êtes pas en train d'emprunter un nouveau chemin — vous êtes déjà sur ce chemin — c'est juste que vous êtes encore un peu éloigné de l'endroit où vous souhaitez vous trouver.

Rythme

DONNEL DELVA

Le cinquième principe, le Principe de Rythme, est de loin mon préféré des sept. Il stipule que :

> « Tout coule, va et vient ; tout a ses marées ; toutes choses montent et descendent ; le balancement du pendule se manifeste dans tout ; la mesure du balancement vers la droite est égale à la mesure du balancement vers la gauche ; le rythme compense. »[35]
>
> Trois Initiés

J'adore ce principe parce qu'il offre l'échappatoire nécessaire d'un extrême du pendule à l'autre, nous permettant de rester dans nos états désirés. Puisque tout a ses hauts et ses bas naturels, il est universel que nous oscillions inconsciemment entre des états non désirés et désirés. Cependant, ce n'est pas parce que le pendule oscille que vous devez nécessairement suivre son mouvement.

Considérez ceci : je suis certain que vous avez déjà vécu l'exaltation d'un moment heureux, suivi de la tristesse d'un moment triste, et vice versa. Ce qui se passe souvent pendant ces moments de tristesse, c'est que les gens les laissent effacer les effets de leur bonheur précédent, réinitialisant ainsi leur progression. Cette tendance est comparable au mythe de Sisyphe, condamné à pousser un rocher en haut d'une colline, pour le voir redescendre aussitôt.[36] Mais contrairement à Sisyphe, nous ne sommes pas condamnés à ce cycle.

Il est possible de maintenir les effets des moments heureux même pendant les périodes de tristesse. Imaginez symboliquement placer un bouchon sous le rocher — quelque chose qui empêche le rocher de redescendre complètement lorsque des difficultés surviennent. Ce « bouchon » mental vous permet de vivre pleinement la tristesse de manière saine sans annuler la joie qui l'a précédée. Les recherches sur la résilience émotionnelle suggèrent que les individus qui reconnaissent et traitent les émotions négatives sans les réprimer sont mieux équipés pour maintenir leur bien-être général et leur bonheur.[37]

Ensuite, à mesure que le pendule revient vers des moments positifs et que la lune métaphorique commence à croître, vous pouvez recommencer à pousser votre rocher en avant, en construisant sur vos progrès plutôt qu'en les effaçant. Ce principe s'aligne avec les études psychologiques sur les points de réglage émotionnels, qui indiquent que les gens peuvent développer des stratégies pour maintenir leur bonheur de base malgré les fluctuations des circonstances extérieures.[38] Apprendre à travailler avec le Principe du Rythme, plutôt que contre lui, est essentiel pour maintenir un succès à long terme dans toute poursuite, qu'elle soit personnelle, professionnelle ou spirituelle.

Cause Et Effet

Le sixième principe est le Principe de Cause et d'Effet. Il stipule que :

> « Chaque Cause a son Effet ; chaque Effet a sa Cause ; tout se produit selon la Loi ; le Hasard n'est qu'un nom donné à une Loi non reconnue

; il existe de nombreux plans de causalité, mais rien n'échappe à la Loi. »[39]

Trois Initiés

Comme la troisième principe, ce sixième principe semble également évident au premier abord. Cependant, après une réflexion plus approfondie, il offre la compréhension nécessaire pour utiliser la nature paradoxale de cette dimension à notre avantage. Il devrait être évident que chaque cause a un effet et chaque effet a une cause, car tout ce qui se produit résulte d'une certaine conséquence, et chacune de ces conséquences provient d'un événement antérieur. Cette loi fondamentale s'aligne avec la compréhension philosophique et scientifique de la causalité, qui a été largement explorée en métaphysique et en physique.[40]

Lorsqu'il s'agit d'atteindre notre état désiré, cependant, les causes et les effets ne sont pas toujours aussi évidents. Rappelez-vous comment il faut tailler les plantes pour les aider à croître et, inversement, comment arracher prématurément les pousses peut les faner. Ces deux actions produisent des effets qui peuvent initialement sembler contre-intuitifs. Cette relation paradoxale reflète le principe psychologique de la gratification différée — où les sacrifices à court terme mènent à des gains à long terme, un concept soutenu par des études en sciences comportementales.[41]

Par conséquent, pour atteindre l'effet désiré, nous devons d'abord comprendre la nature paradoxale de cette dimension et ensuite accomplir la cause correcte. Souvent, la cause correcte peut ne pas être ce que nous avions initialement supposé. Les recherches psychologiques suggèrent que la cognition humaine est sujette à des biais, ce qui nous amène souvent à mal juger la relation entre la cause et l'effet.[42] Ce phénomène a été exploré par des philosophes tels que David Hume, qui remettait en question la nature de la causalité et se demandait si elle était quelque chose que nous percevons ou simplement une inférence tirée d'observations répétées.[43] De même, Immanuel Kant a soutenu que la causalité est un cadre essentiel à travers lequel les humains comprennent le monde.[44] Il est donc crucial de pratiquer le discernement avant d'agir.

Genre

Enfin, le septième principe est le Principe du Genre. Il stipule :

> « Le genre est en tout ; tout a ses principes Masculin et Féminin ; le genre se manifeste sur tous les plans. »[45]
>
> Trois Initiés

Je trouve que ce principe est le plus créatif. Annihilez l'idée que le genre ne concerne que des constructions sociales ! Ce type de pensée est bas et restrictif — sans parler du fait qu'il a été instauré pour la manipulation de masse et l'endoctrinement.[46] Ce principe offre une libération des constructions et contraintes imposées, permettant à ceux qui comprennent sa signification de façonner à la fois eux-mêmes et leur réalité extérieure.

Une mauvaise compréhension de ce principe a donné naissance à la masculinité toxique et à la féminité toxique, qui résultent d'un rejet des aspects équilibrants et stimulants de leur équivalent de genre.[47] Je constate que cette conception plus profonde du genre déroute souvent ceux qui s'identifient rigidement à une seule polarité. Ils croient, à tort, que l'intégration des aspects du genre opposé—que ce soit la féminité dans la masculinité ou la masculinité dans la féminité — diminue d'une manière ou d'une autre leur identité. Rien ne pourrait être plus éloigné de la vérité.

En réalité, embrasser les deux principes conduit à l'équilibre et à la créativité. De la même manière que la nature prospère grâce à l'interaction des forces opposées — lumière et obscurité, chaud et froid, expansion et contraction — l'esprit humain s'épanouit lorsqu'il harmonise les énergies masculine et féminine.[48] L'idée que l'équilibre favorise la croissance n'est pas nouvelle ; les traditions spirituelles anciennes, du Yin et du Yang du taoïsme aux enseignements hermétiques, ont depuis longtemps souligné la nécessité des forces duales travaillant de concert.[49]

Ce concept paradoxal peut sembler contre-intuitif, mais il reflète l'essence même de l'existence. De la même manière que la procréation nécessite l'union des forces masculines et féminines dans le monde physique, le processus créatif, dans tous les domaines — mental, émotionnel et spirituel—requiert également cette harmonisation.[50] En reconnaissant et en intégrant ces deux principes en soi, on accède à une gamme plus vaste d'expression, de compréhension et de puissance. C'est par cet équilibre que la véritable création prend vie.

LA FIN AMÈRE

Cela N'a Pas Besoin D'être Logique Pour Être Vrai

Je vais conclure ce chapitre avec une conviction qui m'a permis de m'épanouir dans mon état désiré après avoir surmonté mon état indésirable : il n'a pas besoin d'être logique pour être vrai.

Si je ne l'ai pas encore clairement exprimé, notre dimension est composée de paradoxes. Elle est également composée de personnes. Par conséquent, les êtres humains sont eux-mêmes de nature paradoxale.

Parmi les personnes que j'ai rencontrées, avec qui j'ai interagi et que j'ai observées, j'ai constaté un schéma si constant que je le crois universel : la plupart, sinon toutes, agissent sous l'influence de leurs émotions, tout en dissimulant leurs motivations émotionnelles sous une poupée russe de logique. Je ne crois pas que les êtres humains soient rationnels par nature, car nous sommes tissés dans la trame même de cette dimension paradoxale. Notre raisonnement logique en surface repose souvent sur des énoncés conditionnels du type « si-alors », qui constituent la base des lois et de la gouvernance. Pourtant, d'innombrables cas hypothétiques brisent ces directives prétendument strictes — au point que ces soi-disant exceptions deviennent la norme et même des attentes courantes (pensez à la façon dont les gens conduisent aux États-Unis ou à la manière dont les tribunaux américains acquittent des criminels qui, selon toute logique, devraient être condamnés).[51] Ces incohérences découlent de notre nature émotionnelle et de la réalité paradoxale dans laquelle nous vivons. En acceptant notre nature émotionnelle et la réalité paradoxale que nous habitons, nous pouvons mieux exploiter nos forces inhérentes pour atteindre nos états désirés.

J'ai constaté que les gens échouent à accepter leur nature émotionnelle pour deux raisons principales. Premièrement, la logique a été proclamée comme une approche objective et infaillible pour résoudre les problèmes de la vie et prendre des décisions, les partisans affirmant que le raisonnement logique élimine les « barrières » émotionnelles. Deuxièmement, les émotions ont été socialement construites comme un signe de faiblesse.[52] Ces deux suppositions ne pourraient être plus éloignées de la vérité.

Pensez-y, mon cher lecteur, à toutes les fois où vous avez suivi le cours logique ou imposé de l'action, seulement pour vous sentir terrible par la suite. Inversement, rappelez-vous des moments où vous avez défié la logique ou la convention et vous vous êtes senti profondément satisfait de l'avoir fait. Maintenant, réfléchissez à ce qui était vrai à ces moments-là. Beaucoup supposent que la logique est synonyme de vérité, tandis que l'illogique équivaut à la fausseté. Cependant, comme je l'ai expliqué tout au long de ce chapitre, cette dimension est composée d'infinies phénomènes apparemment illogiques qui servent de lois et principes inébranlablement vrais.

L'essence des principes apparemment illogiques et paradoxaux qui régissent cette dimension est la vérité — et c'est ce qui compte le plus. Il n'y a rien de faible dans nos émotions. En fait, embrasser notre nature émotionnelle est l'une des choses les plus libératrices et stimulantes que nous puissions faire pour notre croissance personnelle et notre bien-être global.[53] Ceux qui sacrifient leurs émotions au profit d'une logique pure se trompent dangereusement eux-mêmes. Non seulement la raison logique parfaite n'existe pas, mais sa quête peut créer un détachement toxique qui favorise l'insensibilité émotionnelle, la négligence et, plus dangereusement encore, l'auto-tromperie.[54]

En fin de compte, il n'y a rien d'inherently vrai dans la logique si elle n'est pas en accord avec notre nature émotionnelle et paradoxale en tant qu'êtres dans une dimension paradoxale. Notre intuition et notre imagination nous disent pourquoi nous pouvons savoir quelque chose simplement en en ressentant l'essence. Ces facultés—souvent prises pour des faiblesses—sont en réalité nos plus grands outils pour atteindre nos états désirés.[55]

Étapes d'Action Immédiates

1. Réfléchissez Aux Paradoxes De Votre Vie : Prenez cinq minutes aujourd'hui pour réfléchir aux paradoxes dans votre vie. Identifiez des situations où des contradictions apparentes coexistent. Par exemple, pensez à des domaines où une grande persévérance a conduit à l'épuisement ou à la déception, et où l'abandon ou le lâcher-prise pourrait apporter de la liberté. Notez ces situations et réfléchissez à la manière dont elles pourraient être reformatées.

2. Pratiquez La Non-action : Lors de moments de stress ou de pensées accablantes, choisissez une tâche que vous allez consciemment « ne pas aider à grandir ». Cela peut être quelque chose de petit, comme prendre du recul par rapport à un problème relationnel ou faire une pause dans une échéance urgente de travail. Observez comment cette « taille » affecte votre état intérieur. Cela apporte-t-il de la clarté ou du soulagement ?

3. Engagez-vous Dans Une Pratique De Pleine Conscience Quotidienne : Mettez en œuvre la pleine conscience pour cultiver la conscience des paradoxes que vous vivez au quotidien. Chaque fois que vous rencontrez une situation qui vous semble « injuste » ou « déséquilibrée », faites une pause un instant. Reformulez la situation : « Si cela est vrai pour tous, comment est-ce juste ? » Voyez quelles idées surgis-

sent lorsque vous reconnaissez le paradoxe qui s'y cache.

4. Exploitez Le Pouvoir De La Surrender : Choisissez un domaine de votre vie où vous vous sentez bloqué. Pensez à un paradoxe que vous avez remarqué dans cette situation, peut-être que plus vous poussez, plus vous ressentez de résistance. Prenez une action aujourd'hui qui incarne l'opposé de votre approche habituelle : lâchez prise, abandonnez ou changez de perspective. Suivez les résultats et observez comment cela affecte votre progression.

5. Pratiquez La Visualisation Et La Reprogrammation De Votre Cerveau : Réfléchissez à une peur ou un défi que vous avez évité. Visualisez-vous en train de surmonter cette peur. Imaginez les étapes, la victoire et les émotions que vous ressentirez lorsque vous la surmonterez. Notez les étapes de cette visualisation et répétez cet exercice chaque jour pour renforcer votre confiance.

6. Intégrez L'esprit, Le Corps Et L'âme : Choisissez une pratique chaque jour qui engage votre esprit, votre corps et votre âme. Par exemple, méditez (esprit), faites un léger entraînement (corps) et connectez-vous avec la nature ou tenez un journal (âme). Observez comment chaque aspect influence les autres.

7. Acceptez L'imperfection : Identifiez un domaine où vous avez évité quelque chose par peur ou échec

passé. Fixez-vous un petit objectif atteignable et rappelez-vous qu'il est normal de trébucher. Célébrez chaque petite victoire en cours de route.

4

ÉLARGISSEZ VOTRE DOMAINE DE CONSCIENCE

« Mais cherchez d'abord
le royaume de Dieu et
sa justice, et toutes ces
choses vous seront données
par-dessus. » — Matthieu
6:33

***

Vous êtes-vous déjà demandé pourquoi certaines personnes semblent prospérer, peu importe leurs circonstances, tandis que d'autres restent coincées, malgré des efforts incessants ? Qu'est-ce qui sépare ceux qui transforment leur vie de ceux qui restent coincés dans des cycles d'insatisfaction ? La réponse ne réside pas dans les conditions extérieures, mais dans l'expansion de la conscience intérieure de chacun.

DONNEL DELVA

Interne Contre Externe

Pendant toute ma vie, ma mère a souffert d'une forme grave de schizophrénie. J'ai observé son cycle de prise et d'arrêt de médicaments psychiatriques qui provoquaient des effets secondaires douloureux, ses entrées et sorties d'hôpitaux pendant des mois, et, plus gravement, sa perte complète du contact avec la réalité, créant de nouvelles perceptions déformées du monde. Quand j'étais enfant, vers trois heures du matin, elle nous installait, mon petit frère et moi, sur le canapé pendant qu'elle criait en réponse aux voix dans sa tête, s'assurant que nous serions là au cas où les menaces dans son esprit tenteraient de la tuer. Je restais là, hébété et confus, en face d'elle, avec mon frère cadet, endormi sur mon épaule, jusqu'à ce que le soleil se lève. Je l'écoutais pendant des heures, cette femme si perdue dans sa propre réalité, et j'essayais désespérément de comprendre son expérience, de connecter des points. Lorsque je pensais avoir trouvé un schéma compréhensible, je lui donnais mes conseils — toujours reçus avec une extrême paranoïa et une demande immédiate de rester silencieux et écouter, de peur que je devienne l'un de ses fantômes.

Les jours devinrent des semaines; les semaines, des mois; et avant que je ne m'en rende compte, j'avais passé toute mon enfance assis avec ma mère qui criait et mon frère endormi. Cela devint une routine. Ce n'est que lorsque je grandis que je fis la paix avec la puissance du *monde intérieur contre le monde extérieur* — et seulement aujourd'hui, en

LA FIN AMÈRE

réfléchissant avec plus de recul, puis-je dire que je comprends véritablement ma chère et troublée mère.

Ce que j'ai appris en vivant avec ma mère, c'est ceci : le domaine de l'intérieur est *ta* juridiction, *ton* domaine souverain, tandis que le domaine de l'extérieur échappe à ton contrôle.[1] C'est un cliché (et reconnaître que c'est un cliché est aussi un cliché) que la vie ne dépend pas de ce qui t'arrive, mais de la manière dont tu y réagis. Bien que souvent répété, cela reste vrai. Tu ne contrôles pas les événements de cette dimension, mais tu contrôles tes réactions, tes perspectives et tes attitudes.[2] Plus important encore, en changeant tes réactions, tes perspectives et tes attitudes — *c'est-à-dire en élargissant ton domaine de conscience* — tu peux transformer non seulement tes circonstances, mais aussi le monde autour de toi.[3]

Alors, comment élargir ton domaine de conscience ? J'ai distillé la réponse en un principe simple : *si tu peux le voir avec tes yeux ou le toucher avec tes mains, cela ne te rendra pas heureux.* (J'ai eu cette révélation d'un ami qui l'a entendue d'un ministre en ligne, mais elle reste précieuse néanmoins.) Souviens-toi de ce que j'ai dit dans *Ne Succombez Pas À La Gratification Instantanée — Progressez Pas À Pas* : « *Ce que tu dois vraiment comprendre, c'est ceci : ne pas céder à la gratification instantanée découle de l'adoption totale de ton nouveau mindset, de tes vertus, de tes dispositions de caractère et de tes attitudes.* » Il en va de même pour l'expansion de ton domaine de conscience. La manière dont tu élargis ta conscience détermine, avec le temps, ce qui t'apporte l'épanouissement. La plupart des gens coincés dans des états indésirables se tournent vers la gratification instantanée, tandis que ceux qui aspirent à leurs états désirés pratiquent la cultivation de leur monde intérieur, sachant que les plaisirs extérieurs ne fournissent qu'un soulagement éphémère de la misère.[4]

Alors, pourquoi cette approche fonctionne-t-elle ? Parce que, mon cher lecteur, si tu n'as pas d'ennemis à l'intérieur, les ennemis à l'extérieur ne peuvent pas te nuire. (Comme pour la révélation précédente, j'ai aussi emprunté celle-ci — cette fois, d'un proverbe africain. C'est ironique que beaucoup de mes insights viennent de l'extérieur, n'est-ce pas ?) En surmontant les croyances limitantes, tu débloques une énergie dormante déjà présente en toi. Tout ce que tu avais à faire était de mettre ces réservoirs d'énergie de ton côté au lieu de les laisser t'opposer. Ton domaine de conscience s'étend lorsque tu reconnais les croyances limitantes qui te maintiennent piégé dans ton état indésirable et que tu travailles activement à les démanteler.[5] Ce n'est que lorsque ton esprit, ton corps et ton âme fonctionnent en harmonie que tu peux véritablement élargir ta conscience.

Alors, que gagnes-tu en étant conscient de ton énergie interne et en élargissant ta citadelle intérieure ? Tout simplement : tout ce que tu as toujours voulu. Là où ton attention va, ton énergie coule. Une fois que tu te concentres entièrement sur ton domaine intérieur, des opportunités et des solutions — à travers les gens, les lieux et les expériences — se présenteront naturellement. Bien sûr, elles étaient toujours là, mais maintenant tu as élargi ta conscience, ce que tu perçois. À ce stade, tant que tu restes suffisamment prêt et imaginatif pour manifester ton état désiré, tu peux triompher.[6]

Pour conclure, considère-toi comme l'une des personnes les plus chanceuses de savoir que tout ce sur quoi tu dois concentrer ton attention, ton énergie et tes efforts, c'est ton monde intérieur. Peux-tu même imaginer l'épuisante surcharge qui viendrait de devoir décider où faire tomber la pluie ou quand envoyer le vent ? Je suis sûr que tu as déjà complètement paniqué sur quel parfum de glace choisir, où te garer au supermarché, ou si tu devais envoyer ce message risqué « *Tu es là ?* » à 2 heures du matin. Chacun de ces dilemmes appartient à l'externe, à l'incontrôlable. Il n'y a rien que toi ni moi puissions faire pour changer l'externe, sauf en changeant d'abord l'interne — notre seul domaine souverain. Alors, lève les mains et crie : « *MERCI, DIEU !* » pour la simple grâce de n'avoir à gérer que le royaume de l'intérieur. Lorsque tu maîtrises l'interne, ton monde extérieur se transforme en conséquence. Les portes qui étaient toujours présentes — mais auparavant hors de ta conscience — commenceront à s'ouvrir sans effort, comme par magie.[7]

Interpréter Les Paraboles Comme Ton Autobiographie

J'ai initialement découvert ce concept en lisant le livre mystique de Neville Goddard, *Infinite Potential*.[8] Dans ce travail transformateur, il expliquait que chaque parabole dans la Bible est, en essence, votre propre autobiographie. Neville a parfaitement cerné l'idée, mais j'aimerais aller encore plus loin.

Toutes les paraboles, qu'elles soient religieuses ou séculaires, servent d'autobiographie. Neville explique qu'en les interprétant ainsi, vous devenez tous les personnages. En d'autres termes, chaque figure d'une parabole représente un aspect de vous-même interagissant avec un autre aspect de votre être. Les tribulations, les victoires et les leçons vécues par ces personnages deviennent alors des occasions d'apprendre sur vous-même.[9] De plus, Neville souligne qu'en interprétant les paraboles de manière auto-biographique, nous apprenons à les percevoir de manière mystique. Ainsi, nous devenons des mystiques — des personnes qui croient en l'appréhension spirituelle de vérités transcendant la logique (rappelez-vous mes réflexions tirées de *Cela N'a Pas Besoin D'être Logique Pour Être Vrai*). Après avoir réalisé que toutes les paraboles reflétaient ma propre vie, chaque texte que je lisais est devenu une clé pour déverrouiller les portes qui me séparaient de mon état désiré.[10]

Presque toutes les paraboles que j'ai rencontrées après avoir intégré les enseignements de Neville ont transformé ma façon de penser et m'ont propulsé vers la meilleure version de moi-même. Deux paraboles, en particulier, m'ont énormément servi : la parabole du Blé et de l'Ivraie dans la Bible et la parabole du Bœuf et du Mouton tirée du Mengzi.

Dans *Matthieu 13:24-30*, mon Ami présenta cette parabole :

> « Le royaume des cieux est semblable à un homme qui avait semé de la bonne semence dans son champ. Mais, pendant que les hommes dormaient, son ennemi vint, sema de l'ivraie parmi le blé et s'en alla. Lorsque l'herbe eut poussé et produit du fruit, alors l'ivraie parut aussi. Les serviteurs du maître de la maison vinrent lui dire : 'Seigneur, n'as-tu pas semé de

la bonne semence dans ton champ ? D'où vient donc qu'il y ait de l'ivraie ?' Il leur répondit : 'C'est un ennemi qui a fait cela.' Les serviteurs lui dirent : 'Veux-tu que nous allions l'arracher ?' Il répondit : 'Non, de peur qu'en arrachant l'ivraie, vous ne déraciniez en même temps le blé. Laissez-les croître ensemble jusqu'à la moisson, et au temps de la moisson, je dirai aux moissonneurs : Ramassez d'abord l'ivraie, liez-la en bottes pour la brûler, mais amassez le blé dans mon grenier.' »

À première vue, cette parabole décrit comment, malgré la présence de l'ivraie parmi le blé, le maître du champ choisit de laisser les deux croître ensemble afin d'éviter d'endommager le blé. Cependant, il prévoit finalement de rassembler l'ivraie pour la brûler et de stocker le blé dans son grenier. Lorsqu'on la lit de manière mystique, cette parabole se transforme en une leçon autobiographique, mettant en lumière notre parcours personnel vers nos états désirés.

Tout d'abord, dans ce cadre, vous êtes tous les personnages, chacun représentant différents aspects de vous-même. La parabole se traduit alors ainsi : vous avez planté une bonne graine — une idée ou un objectif — dans votre esprit. Alors que vous travaillez à atteindre cet objectif, vous remarquez l'apparition de mauvaises habitudes ou de doutes. Vous envisagez de les éliminer, mais hésitez, craignant que cela ne perturbe votre progression. Par conséquent, vous poursuivez votre objectif en portant à la fois de bonnes et de mauvaises habitudes. Enfin, une fois votre état désiré atteint, vous séparez et éliminez les habitudes négatives tout en renforçant les traits positifs qui vous ont permis de réussir.[11] (J'ai versé des larmes devant la simplicité de cette histoire — je prie pour que ceux qui ne pouvaient pas entendre auparavant, entendent maintenant.)

Dans *L'Essentiel de Mengzi*, le philosophe présente la parabole suivante :

> « Alors que le roi était assis dans sa salle, un bœuf fut conduit devant lui. Le roi le vit et demanda : 'Où emmène-t-on ce bœuf ?' Hu He répondit : 'Nous nous apprêtons à oindre rituellement une cloche avec son sang.' Le roi dit : 'Épargnez-le. Je ne peux supporter son apparence effrayée, semblable à celle d'un innocent allant à l'échafaud.' Hu He répondit : 'Devons-nous donc renoncer à l'onction de la cloche ?' Le roi dit : 'Comment pourrait-on y renoncer ? Remplacez-le par un mouton.' »[12]
>
> Mengzi

À première vue, cette parabole décrit un roi qui ordonne qu'un bœuf sacrificiel soit remplacé par un mouton, car il ne peut supporter de voir la terreur du bœuf. Mais lorsqu'on la lit de manière mystique, elle devient également un reflet de soi-même.

Encore une fois, vous êtes tous les personnages, représentant différents aspects de votre monde intérieur. La parabole se traduit alors comme suit : Vous reconnaissez une habitude nuisible que vous êtes sur le point d'éliminer car elle ne sert plus votre état désiré. Cependant, vous reconnaissez également le plaisir ou le confort que cette mauvaise habitude procure et vous vous trouvez réticent à l'abandonner. En conséquence, au lieu d'éliminer l'habitude principale, vous optez pour éliminer une habitude plus petite et moins significative à la place.[13] (Encore une fois, la simplicité pure de ces Maîtres est remarquable — je prie pour que ceux qui ne pouvaient pas voir auparavant, voient maintenant.)

Toutes les paraboles — qu'elles soient religieuses ou non — fonctionnent de la même manière que celles que nous venons d'examiner. La plupart des gens échouent à les reconnaître parce qu'ils n'ont pas encore élargi leur champ de conscience. Cependant, élargir votre conscience multiplie votre monde par cent ! Prenez ces paraboles comme de simples exemples. Peut-être que, tout à l'heure, elles semblaient ésotériques. Pourtant, avec juste un léger élargissement de notre conscience, une extension de notre attention et une augmentation de notre vigilance, nous avons découvert des aperçus profonds sous leurs lignes.

Maintenant, imaginez les trésors cachés qui se trouvent tout autour de vous — dissimulés dans les textes, les expériences et les rencontres — attendant d'être découverts par ceux qui savent qu'ils existent.[14]

Attribuer La Bonne Intention

Lorsque ma mère vivait ses délires schizophréniques déconcertants, elle avait toujours l'habitude de dire que certaines expériences lui arrivaient. Les voix qu'elle entendait ne venaient pas des déséquilibres chimiques et neurologiques dans son cerveau, mais des bouches d'aération, des télévisions éteintes et des pièces voisines. De plus, elle croyait tellement profondément en sa réalité perçue qu'elle rationalisait des raisons pour lesquelles les voix choisissaient de l'ennuyer. *« Elles me font ça à cause de mon mari ! Elles ne me laissent pas tranquille parce que je suis immigrée et c'est facile de m'embêter. Elles me font souffrir pendant des décennies parce que je ne peux pas expliquer aux médecins ce qui se passe ! »* Inutile de dire que ma chère mère attribuait la mauvaise intention lorsqu'elle affrontait ses démons. Les études sur la schizophrénie et les hallucinations auditives confirment que les individus vivant ces délires ont souvent tendance à externaliser leurs symptômes, les attribuant à des forces extérieures plutôt qu'à des origines neurobiologiques.[15]

Les gens disent souvent qu'il ne faut pas attribuer d'intention du tout, mais soyons honnêtes — nous le faisons toujours. Attribuer une intention signifie prendre quelque chose que quelqu'un dit ou fait et lui attribuer un sens basé sur votre perception, plutôt que sur leurs véritables intentions. En d'autres termes, vous supposez (et vous savez ce qui se passe quand vous et moi supposons, âne). En conséquence, la plupart des gens essaient d'éviter d'attribuer une intention, croyant qu'il vaut mieux ne rien supposer du tout. Pratiquer ce genre de raisonnement ressemble souvent à ceci : quelqu'un vous bouscule tout en regardant son téléphone et ne s'excuse pas ; vous pensez, « .... » C'est ça, vous n'avez aucune pensée à ce sujet, dans un sens ou dans l'autre. Zéro. Rien. ... Comme si ! Votre cerveau magique ne vous permettra tout simplement pas de le faire — en fait, vos instincts de base non plus. La psychologie cognitive suggère que nos cerveaux sont câblés pour attribuer une cause et une intention, un trait évolutif conçu pour évaluer les menaces et les dynamiques sociales.[16] Vous n'avez pas nié toutes les suppositions lorsque vous avez ouvert ce livre ; vous avez supposé qu'il s'ouvrirait et ne se transformerait pas en flammes ou en larmes à cause de votre prise cruelle. Le même principe s'applique à tout le reste. Alors, au lieu d'essayer de supprimer toutes les pensées actives ou intrusives, gérez-les. Régulez-les afin de devenir le maître de votre perception sacrée — et, en fin de compte, de votre état désiré.

Au lieu d'attribuer une intention inappropriée et de supposer le pire, ou d'anesthésier nos esprits pour ne rien attribuer du tout et vivre dans la confusion, nous devrions plutôt *attribuer une intention appropriée*. Cela signifie parvenir à une conclusion aussi proche de la vérité que possible. Pour paraphraser Ray Dalio, la personne qui peut discerner ce qui est le plus proche de la réalité sera celle qui en profitera le plus.[17] Je détesterais simplifier cela à l'excès, car, ne vous méprenez pas, c'est très difficile. C'est presque impossible de discerner exactement pourquoi quelqu'un a dit ou fait quelque chose. Cependant, il existe des moyens de se rapprocher de la vérité.

Tout d'abord, vous pouvez toujours demander. Cela est évidemment plus difficile avec des inconnus, mais pour les amis et les connaissances, je le recommande vivement. Demander élimine toutes les suppositions et conjectures. Si la personne est honnête, cela crée un dialogue clair. Dans l'exemple de quelqu'un qui vous heurte sans s'excuser, vous pourriez demander : « *Hé, as-tu remarqué que tu m'as heurté ?* » — ce qui leur donne l'occasion de clarifier leur intention plutôt que de laisser votre imagination en décider.

Ensuite, si poser la question n'est pas une option, voici comment vous pouvez attribuer une intention correcte : examinez-vous pour comprendre pourquoi vous avez réagi de la manière dont vous l'avez fait. Tournez le regard vers l'intérieur. Rappelez-vous, nous ne pouvons pas contrôler l'extérieur ; nous pouvons seulement gouverner notre royaume intérieur. Si quelqu'un vous heurte sans s'excuser, ne vous demandez pas : « *Pourquoi ont-ils fait ça ?* » Demandez-vous plutôt : « *Pourquoi ai-je été si offensé ?* » Des études psychologiques sur la régulation émotionnelle soulignent que nos réactions sont profondément influencées par nos états internes et nos émotions non résolues, souvent plus que par les stimuli externes eux-mêmes.[18] *Quelles graines dormantes viennent d'être arrosées et ont germé sous forme de mauvaise réaction ? Comment puis-je m'améliorer pour qu'un simple coup d'épaule ne me mette pas en rage ?* Assumer la responsabilité de tout ce qui se passe dans votre vie équilibre votre perception de ce qui vous arrive par rapport à ce qui se passe en *tant que* vous. Ce changement de perception n'est pas seulement responsabilisant, mais il a été lié à une meilleure santé mentale et à une plus grande résilience.[19]

Ralentissez

Pour clôturer ce chapitre, permettez-moi de souligner l'importance de ralentir. Vous savez déjà que ce monde fonctionne de manière paradoxale. Comme résultat prévisible, plus vous ralentissez, plus vous allez vite. De plus, ralentir agit comme un catalyseur pour élargir votre domaine de conscience et finalement obtenir l'état désiré, car vous percevrez le monde de manière plus complète, sans négliger ni précipiter quoi que ce soit. Des recherches en psychologie cognitive suggèrent que la pleine conscience et le ralentissement délibéré des processus mentaux améliorent la prise de décision et la conscience.[20]

Lorsque vous ralentissez le rythme auquel vous percevez et agissez, la hâte devient le Diable. Le Diable ne remporte pas la victoire seulement par la tentation et l'affliction. En réalité, la stratégie du Diable est la distraction. En vous distrayant, vous ne remarquerez pas la paresse qui s'est installée lorsque vous avez cessé d'aller à la salle de sport, vous n'entendrez pas les mensonges que vous vous dites concernant le travail sur vos rêves, ni ne ressentirez la responsabilité du pouvoir que vous avez négligé d'utiliser à votre avantage. Le Diable veut vous maintenir dans un état constant de précipitation, car la hâte engendre l'oubli et le désespoir. Des études neuroscientifiques sur le stress confirment que l'urgence chronique diminue la fonction cognitive, réduisant ainsi la conscience et l'atteinte des objectifs à long terme.[21]

L'oubli et le désespoir limitent votre champ de conscience car ils empêchent une vue d'ensemble du monde. Dans un état de précipitation, tout ce que vous pouvez percevoir ce sont des problèmes, pas des progrès ; des obstacles, pas des opportunités. Je compare vivre dans un état constant de précipitation à jouer à un jeu de *Où est Charlie ?*

tout en secouant la page — comment diable êtes-vous censé le trouver dans un flou ? Comment êtes-vous censé trouver votre état désiré dans un flou ? Des études sur l'attention indiquent que le désordre mental bloque la résolution créative de problèmes, renforçant l'importance de ralentir pour gagner en clarté.[22]

Enfin, souvenez-vous de ceci : *Kairos* est plus grand que *Chronos*. *Chronos* fait référence au temps quantitatif et mesurable — une séquence exacte de minutes et d'heures. Par exemple, vous avez cinq minutes pour attraper le train qui vous emmènera passer huit heures de votre vie dans un environnement qui épuise votre énergie. *Kairos*, en revanche, est le temps qualitatif — des moments plutôt que des minutes. Par exemple, manger une collation sous les étoiles avec elle semblait durer une éternité. Une vie gouvernée par la précipitation du Diable est asservie par *Chronos* — un tic-tac implacable de l'horloge. Mais une vie gouvernée par *Kairos* — voilà qui est fait de rêves et de succès abondants ! Les recherches psychologiques suggèrent que les personnes qui structurent leur vie autour de *Kairos* — en valorisant la signification plutôt que des horaires rigides — éprouvent un plus grand épanouissement et succès.[23]

Vivez la vie à travers *Kairos*, et vous ne connaîtrez que l'instant présent — le moment toujours opportun, le berceau de la meilleure version de vous-même.

LA FIN AMÈRE

Étapes d'Action Immédiates

1. Cultivez La Pleine Conscience Et La Conscience De Soi : Commencez votre journée par 5 à 10 minutes de réflexion silencieuse, en vous concentrant sur votre état intérieur. Soyez attentif à vos pensées, émotions et sensations physiques. Programmez un rappel pour faire une pause et faire le point sur vous-même toutes les quelques heures. Comment vous sentez-vous ? Sur quoi votre esprit est-il concentré ? Recentrez-vous lorsque vous remarquez qu'il s'égare.

2. Pratiquez La Reformulation Des Événements Externes : Lorsque vous êtes confronté à une situation difficile, reformulez-la consciemment. Au lieu de la voir comme quelque chose qui vous arrive, demandez-vous : « *Comment puis-je contrôler ma réaction face à cette situation ?* » Lors de votre prochain moment de stress, prenez une grande respiration et demandez-vous : « *Qu'est-ce que je contrôle ici ? Comment puis-je changer ma réponse à cette situation ?* »

3. Élargissez Votre Conscience En Vous Détachant De La Validation Externe : Mettez-vous au défi de vous détacher des sources externes de validation. Pendant une semaine, limitez votre consommation de validation externe (comme les réseaux sociaux ou la recherche d'approbation des autres). Remplacez ce temps par des pratiques qui nourrissent votre

monde intérieur, comme l'écriture dans un journal ou l'expression créative de soi.

4. Démanteler Les Croyances Limitantes : Écrivez une croyance limitante et les preuves qui la soutiennent. Ensuite, énumérez les preuves qui la contredisent. Engagez-vous à affirmer la nouvelle croyance habilitante chaque jour.

5. Interprétez Les Paraboles Comme Des Aperçus Personnels : Choisissez une parabole aujourd'hui et réécrivez-la comme si vous étiez le personnage principal. Quelle partie de vous-même ce personnage représente-t-il, et quelle leçon l'histoire vous offre-t-elle en ce moment ?

6. Ralentissez Et Observez : Choisissez une activité aujourd'hui (par exemple, manger, marcher ou travailler) et ralentissez consciemment. Portez attention à chaque détail : goût, texture, sons et sensations, sans vous précipiter. Remarquez comment cela affecte votre état mental et votre perception.

7. Revisitez Votre Passé Pour Voir La Vision D'ensemble : Réfléchissez à une période difficile de votre vie. En quoi des croyances limitantes ou des pressions extérieures vous ont-elles affecté ? Comment avez-vous réagi à l'époque ? Qu'auriez-vous pu contrôler différemment ? Qu'avez-vous appris qui vous sert aujourd'hui ? Reformulez cette expérience en reconnaissant la croissance intérieure ou les leçons que vous en avez tirées.

8. Appliquez Le Principe De « Pas D'ennemis À L'intérieur » : Identifiez un domaine de conflit intérieur (par exemple, une peur ou une insécurité) et prenez une action cette semaine pour y faire face, que ce soit par l'auto-compassion, en confrontant la source de la peur, ou en cherchant du soutien.

5
LES MOTS SONT ENVOÛTÉS

« Ce n'est pas ce qui en-
tre dans la bouche qui rend
l'homme impur, mais ce qui
sort de la bouche, voilà ce
qui rend l'homme impur. » —
Matthieu 15:11

***

Si vos pensées non exprimées façonnent vos actions, combien de votre vie est influencée par ce que vous refusez
de dire à voix haute ? Quel impact les mots que vous vous
répétez constamment ont-ils sur votre réalité ? Êtes-vous la
personne que vous prétendez être, ou celle façonnée par les
mots que vous n'osez jamais prononcer ?

DONNEL DELVA

Tout Ce Que Vous Dites Est Un Sort

Il est communément admis que les actions parlent plus fort que les mots. Cependant, toutes les actions proviennent d'une série de mots ou de récits internes auxquels on croit en soi.[1] J'entrerai dans les détails plus tard sur la façon dont nos mots nous affectent et comment vous pouvez les utiliser pour attirer votre état désiré (car tel est bien sûr le but de ce livre). Mais pour l'instant, considérez les « mots » et les « récits » que même des objets apparemment inanimés incarnent.

Si une roche n'affirmait pas continuellement son identité — *roche, roche, roche* — elle ne s'exprimerait pas comme une roche dans le monde extérieur. De même, si l'eau cessait de renforcer son essence — *eau, eau, eau* — et adoptait à la place un nouveau discours intérieur disant *feu, feu, feu*, alors notre planète et tout ce qui s'y trouve s'embraseraient instantanément. Cette analogie, bien que métaphorique, s'aligne avec les principes scientifiques concernant les fréquences vibratoires et la structure de la matière.[2]

Les mots possèdent le pouvoir de changer l'univers, car ils sont le médium fondamental par lequel Dieu a imaginé toute la création. Bien que nous ne puissions pas pleinement comprendre l'auto-expression interne de Dieu, nous savons que tout ce que Dieu déclare devient réalité. La trame même de l'existence résonne avec la capacité créatrice de Dieu. Comme Nikola Tesla l'a si justement dit : « Si vous voulez trouver les secrets de l'univers, pensez en termes d'énergie, de fréquence et de vibration. »[3] Cela suggère que toute la création, issue du Verbe, vibre perpétuellement avec le potentiel créatif de l'univers. Ainsi, pour que quelque chose se manifeste, il suffit que les mots justes soient prononcés — que le sort soit jeté.

Considérez les sorts comme des champs gravitationnels agissant sur l'énergie créative de l'univers, attirant à eux des réalités similaires. Un mot ou une phrase émet une fréquence particulière qui résonne en sympathie avec les fréquences correspondantes dans l'univers.[4] Ainsi, ce qu'une roche, l'eau ou tout objet inanimé « dit » est, en essence, sa fréquence vibratoire. L'interconnexion de l'univers est une tapisserie stratifiée de fréquences, chaque pièce s'imbriquant pour créer le monde tel que nous l'expérimentons. Lorsque vous contemplez une rive montagneuse avec des cascades dévalantes, des arcs-en-ciel scintillants, des oiseaux chantant et des abeilles bourdonnant, vous assistez à une symphonie complexe de vibrations en harmonie. Cette même scène ne se manifesterait ni dans le Sahara ni dans l'Arctique, car ces environnements résonnent avec des fréquences totalement différentes, qui se traduisent par des paysages, une faune et des phénomènes naturels distincts.

Maintenant que nous avons établi comment les sorts émergent des vibrations intégrées à toutes choses, examinons comment nous pouvons consciemment utiliser nos mots pour lancer des sorts qui nous renforcent. Avant tout, vous êtes toujours sous un sort—toujours. La question n'est pas de savoir si vous êtes sous un sort, mais plutôt sous *quel* sort vous êtes. Puisque vous vibrez en permanence, vous émettez continuellement une fréquence qui attire des fréquences similaires à vous. Des recherches en physique quantique et en études sur la conscience suggèrent que l'intention focalisée et la croyance peuvent influencer la réalité physique, renforçant ainsi l'idée que nos récits internes façonnent notre monde extérieur.[5]

La seule différence entre ce que vous attirez réside dans la fréquence spécifique que vous décidez d'émettre. Si vous commencez à orienter votre identité vers l'état désiré, alors votre dialogue intérieur doit d'abord changer. Vous devez remplacer le récit intérieur répété de l'échec non désiré — *perdant, perdant, perdant* — par le récit de votre succès choisi — *gagnant, gagnant, gagnant*. Plus vous maintenez cette fréquence de manière cohérente à l'intérieur, plus vous attirerez et maintiendrez votre état désiré. Les recherches neurologiques le soutiennent, montrant que les affirmations répétées et la restructuration cognitive peuvent réorganiser les circuits neuronaux pour aligner les pensées avec les résultats désirés.[6]

Lorsqu'elle est pratiquée avec constance et intention, ce changement de fréquence peut même influencer le comportement des personnes autour de vous. La conscience humaine fonctionne en résonance avec les champs d'énergie collectifs, ce qui signifie que vos vibrations peuvent subtilement modifier la manière dont les autres vous perçoivent et réagissent à vous.[7] Enfin, lorsque vous influencez de manière constante le monde extérieur grâce à votre maîtrise interne, vous aurez véritablement maîtrisé l'art de jeter des sorts — une forme d'art profondément respectueuse envers le Créateur ultime.

LA FIN AMÈRE

Choisissez Vos Mots Avec Intention

Je commencerai cette section par un changement de perspective radical : il est un privilège de parler, pas un droit. (Je sais ce que dit la Constitution des États-Unis !). Défiez-vous et adoptez cet état d'esprit axé sur l'agence lorsque vous choisissez les mots que vous exprimez. Les mots que vous choisissez doivent passer par vous avant d'entrer dans le monde. Par conséquent, l'énergie contenue dans vos mots se construit à l'intérieur de vous, vous affectant avant de pénétrer dans le monde. Des études en psycholinguistique ont montré que les mots que nous utilisons façonnent non seulement notre manière de communiquer, mais aussi la façon dont nous percevons la réalité.[8] Le fait que vos mots doivent passer par vous signifie que toutes les énergies positives et négatives vous impactent avant d'influencer quoi que ce soit d'autre. Alors, choisissez vos mots comme un videur dans un club ou le gardien d'une prison — c'est-à-dire, avec de l'agence.

Vous dictez finalement ce qui sort de votre bouche. Les mots que vous êtes capable de dire n'ont pas le droit d'exister dans ce monde ; au contraire, ils ont le *privilège* distinct d'être prononcés en existence. En d'autres termes, vous offrez la vie à vos mots lorsque vous les prononcez. Ce concept a éclairé mon monde. Maintenant, je tolère uniquement l'énergie édifiante et vivifiante qui coule de ma bouche vers mon état désiré. Avant de dire quoi que ce soit à haute voix, je dis à mes mots : *Si vous voulez sortir dans le monde, vous devez passer par moi d'abord !* C'est ce genre de disposition dont vous avez besoin avec vos mots pour favoriser votre état désiré —

une posture héroïque qui protège la véritable signification de ce que vous voulez des énergies parasitaires.
Les études sur la théorie de l'auto-affirmation confirment
que les mots que nous choisissons, en particulier dans le
discours intérieur, renforcent nos croyances et comportements.[9]

Avouons-le — nous devons admettre cela à propos de
nous-mêmes — les humains sont pratiquement débor-
dants d'énergie parasitaire qui cherche désespérément à
affaiblir le monde. Ces forces parasites vivent en chacun
de nous et surgissent dès qu'elles en ont l'occasion pour
répandre la négativité. Des recherches en neurosciences
suggèrent que les schémas de discours négatifs activent
la réponse au stress du cerveau, renforçant les cycles
de peur et de pessimisme.[10] Ces graines parasitaires demeurent en dormance en nous et s'éveillent lorsqu'elles
sont stimulées. Notre tâche est de protéger la porte entre
ces parasites et nos états désirés. Demandez-vous : *Vais-je
vraiment laisser n'importe qui entrer à ma fête somptueuse ? Est-ce qu'un
simple parasite mérite vraiment votre attention divine ?*

C'est votre devoir d'être discernant avec vos paroles,
en vous assurant qu'elles contribuent à la réalité que vous
souhaitez créer. Comme les Écritures nous rappellent : «
Qu'aucune parole corrompue ne sorte de votre bouche,
mais seulement celle qui est bonne pour l'édification nécessaire, afin qu'elle accorde de la grâce à ceux qui écoutent.
Que toute amertume, colère, fureur, clameur et malveillance
soient éloignées de vous » (Éphésiens 4:29, 31). La sagesse
des Écritures et de la psychologie moderne s'accorde : les
mots que nous permettons de se manifester façonnent non

seulement notre monde extérieur, mais aussi notre état in
térieur.[11]

Ne Partagez Pas Un Plan Que Vous N'êtes Pas À L'aise De Révéler

Dans votre quête de l'état désiré, vous élaborerez inévitablement de nombreux plans. Si vous avez suivi jusqu'ici,
vous aurez remarqué que la planification est un facteur clé
pour devenir la personne qui atteint constamment ses états
désirés. Les plans sont essentiels, car sans une approche
structurée pour orienter vos décisions futures, l'atteinte de
votre état désiré serait laissée au hasard.[12] Bien que la planification soit nécessaire — même lorsque les choses tournent
mal — partager ces plans avec les autres ne l'est pas. En fait,
révéler vos plans trop tôt peut souvent se retourner contre
vous.

Lorsque j'ai commencé ma vie en tant que coach de vie
pour étudiants, j'ai failli tomber dans le piège de raconter mes plans à tout le monde. Comme ma passion était
déjà d'enseigner l'anglais aux lycéens (et d'entraîner une
équipe de football), j'ai décidé d'élargir mon influence en me
connectant avec des étudiants en ligne — ceux que je ne
pouvais pas atteindre en classe ou sur le terrain. Ainsi, j'ai
commencé à publier des TikToks visant à aider les étudiants
à s'épanouir. Au début de mon parcours de coaching, je suis
tombé sur un conseil avisé provenant d'une source en ligne,
qui disait quelque chose comme : *Vos cent premières vidéos ne seront
pas vues — concentrez-vous simplement sur l'amélioration d'un élément à
chaque vidéo, et à la cent-unième, vous aurez quelque chose.*

En entendant ce conseil, tout mon stress et mon sentiment d'accablement ont immédiatement disparu. Pourquoi
? Parce que je ne ressentais plus le poids de devoir parler
de mes plans de coaching aux autres avant d'être déjà devenu plus prolifique. En gardant mes plans pour moi, j'ai
pu me concentrer sur le processus, affiner mon savoir-faire
et, au final, obtenir de meilleurs résultats au moment où
les autres avaient le plus besoin de moi. Des recherches
en psychologie suggèrent que partager ses objectifs trop
tôt peut créer une fausse impression d'accomplissement,
réduisant ainsi la motivation à les concrétiser.[13] Aborder le
succès de cette manière permet une croissance organique,
sans les pressions extérieures des attentes.

Ne divulguez aucun plan que vous n'êtes pas à l'aise
de partager, car toute thèse (votre état désiré) appelle
inévitablement son antithèse (votre état indésirable).[14] Lorsque vous partagez vos plans avec les autres, vous
permettez d'abord à certaines énergies de circuler à travers
vous et de se manifester dans le monde par les mots. Dès
l'instant où ces mots prennent forme, leurs énergies sont
immédiatement contrebalancées afin de rétablir l'équilibre
— l'état naturel de l'univers. Des études en psychologie sur
l'intention des objectifs suggèrent que verbaliser ses aspirations peut mener à une auto-sabotage involontaire, car
la validation externe remplace la motivation interne nécessaire à leur accomplissement.[15]

Ce qui contrebalance l'énergie que vous libérez dans
le monde, c'est le scepticisme et le doute qui surgissent
inévitablement dans l'esprit de ceux à qui vous vous con-
fiez. Lorsque vous dites à quelqu'un : *Je vais réussir*, il ne peut

s'empêcher — malgré ses félicitations et sa bienveillance — d'imaginer un monde dans lequel vous échouez. C'est une réaction cognitive automatique, tout comme lorsque quelqu'un dit : *Ne pense pas à un éléphant rose* — vous en visualisez immédiatement un.

Créez Des Mantras

L'un des aspects les plus importants de la création d'un mantra est de comprendre que toutes les choses répètent constamment des mantras ; en conséquence, les mantras façonnent la réalité qu'ils manifestent. Comme je l'ai mentionné précédemment, chaque objet apparemment inanimé répète en lui-même son sort inhérent — l'énergie qui définit son existence. Les mantras fonctionnent de manière presque identique. Ils prennent la fréquence ou la vibration d'un état d'être et transforment cette énergie en mots qui conviennent le mieux à l'individu.[16]

En raison de cette spécificité, certains mantras seront particulièrement efficaces pour certaines personnes, tandis qu'ils auront peu ou pas d'effet sur d'autres. Par exemple, un mantra qui a été particulièrement transformateur pour moi dans ma quête de mon état désiré est celui que j'ai découvert pour la première fois en lisant *La Maîtrise de Soi par l'Autosuggestion Consciente* d'Émile Coué : « *Chaque jour, à tous points de vue, je vais de mieux en mieux.* »[17] Rien qu'en lisant ce mantra, je me sens rempli d'une énergie que j'ai du mal à exprimer avec des mots. Cependant, lorsque j'ai conseillé à mon ami de l'université d'adopter ce même mantra pour briser son habitude de paresse, il a constaté que le répéter était totalement inefficace. Cela s'explique par le fait que différents mantras résonnent différemment chez différentes personnes.

Trouver le bon mantra est un processus profondément personnel. Certains peuvent répondre à de longues phrases affirmatives, tandis que d'autres peuvent trouver de la puissance dans un seul mot — ou même une seule lettre. Lorsque je fais des planches à la fin de mon entraînement, parfois simplement répéter mon nom me permet de rester concentré et clair, ce qui me permet de tenir bon. La recherche en neurosciences soutient cela — répéter des mantras personnalisés peut activer des régions du cerveau associées à l'autorégulation et à la résilience, renforçant ainsi l'endurance et la force mentale.[18]

Quelle que soit la façon dont votre mantra est adapté à vous, assurez-vous qu'il soit porteur de vie. Trop souvent, les personnes piégées dans leurs états indésirés se concentrent sur les aspects négatifs de leur situation plutôt que d'imaginer une vie où elles ont atteint leur état désiré. Cette fixation sur le négatif ne fait que renforcer leur condition actuelle, les enfonçant davantage dans leur souffrance. Les recherches en thérapie cognitive comportementale ont montré que l'autodialogue négatif perpétue des états mentaux indésirés, rendant plus difficile le passage à de nouveaux schémas de pensée constructifs.[19] Par exemple, un mantra faible pourrait ressembler à ceci : *Un jour, d'une manière ou d'une autre, je pourrai m'améliorer.* Un mantra comme celui-ci ne place pas votre état désiré au premier plan — il le garde à distance, renforçant le doute plutôt que la transformation.

Au lieu de répéter des mots qui se concentrent sur l'éloignement de la douleur, concentrez-vous sur des mots qui mettent l'accent sur le mouvement vers le plaisir. Ce changement de langage est crucial. Les études en psychologie positive soulignent l'impact des affirmations et des déclarations orientées vers l'avenir sur la réalisation de la croissance personnelle et du succès.[20] C'est pourquoi j'ai adapté le mantra de Coué pour qu'il me convienne davantage : *Jour après jour, à tous points de vue, je vais de mieux en mieux—et je m'améliore* ! Cette version ne se contente pas de renforcer ma progression constante, elle me donne également l'ordre de ne rien attendre de moins qu'une amélioration continue.

Ma Règle De Bronze

Vous avez probablement déjà entendu le vieux proverbe : « Si vous n'avez rien de gentil à dire, ne dites rien du tout. » Parmi les règles de vie qui existent (souvent attribuées aux métaux), j'appelle ce proverbe la Règle de Bronze, car, bien qu'il donne des conseils cruciaux pour, disons, les enfants et/ou les présidents des États-Unis, il se révèle souvent inefficace lorsqu'il s'agit d'exprimer vos croyances honnêtes — une caractéristique nécessaire pour obtenir votre état désiré.[21] Néanmoins, cette règle soutient toujours l'essence de ce que signifie choisir ses mots avec autorité, comme un videur à l'entrée d'une boîte de nuit, se tenant à la porte de votre réalité, décidant de ce qui entre et de ce qui reste dehors.

Ma variation de la Règle de Bronze suit la même logique, et je me le rappelle chaque jour : *Si ce que vous dites n'est pas inspirant, aimant, utile, ou même généralement important, alors gardez le silence* ! Des études sur le pouvoir des mots et leur impact psychologique montrent que le langage n'influence pas seulement les autres, mais façonne également les pensées et l'état émotionnel de celui qui parle.[22] Pour réitérer, les mots que vous permettez d'entrer dans ce monde n'ont pas le droit d'exister ; ils ont plutôt le privilège d'être ici. Maintenant, examinez les mots qui supplient d'entrer dans ce monde. Demandez-leur : *Qui et quoi inspirez-vous ? Allez-vous aimer ou être aimé ? Quelle est votre utilité ? Pour qui ? Êtes-vous même important ?* Si l'énergie que vos mots véhiculent ne réussit pas votre examen avec brio, alors vous avez le droit de garder le silence. Des études en neurosciences indiquent que les pensées et expressions verbalisées créent des voies neuronales qui renforcent soit des états émotionnels positifs, soit des états négatifs.[23] Je ne peux pas vous dire combien de douleur j'ai évitée simplement par le silence. Bénissez-vous et tous ceux qui vous entourent avec ce même cadeau de « l'ajout par la soustraction. »

Maintenant, allez encore plus loin dans votre processus de vérification et de filtrage : ne vous contentez pas d'appliquer la Règle de Bronze aux autres — appliquez-la à vous-même. L'énergie véhiculée par vos mots vous affecte toujours en premier, avant d'avoir un effet subséquent sur le monde.[24] Alors posez-vous ces questions mentionnées précédemment dans votre cœur-esprit, car c'est vous qui devez d'abord en faire face. Les recherches psychologiques sur l'autodialogue et la thérapie cognitive comportementale (TCC) confirment que les mots que nous nous disons façonnent directement notre comportement, notre résilience émotionnelle et notre concept de soi.[25] Alors ne vous contentez pas de vérifier vos mots et de les repousser — créez un environnement où ils n'ont même pas envie d'entrer. Qu'est-ce qu'une mauvaise vibration pourrait bien vouloir dans une fête de bonnes vibrations ? En soignant soigneusement vos paroles et vos pensées, vous vous assurez que la négativité n'a pas d'espace pour prospérer dans votre réalité.

L'autodialogue Est Tout-Parole — Et Vice Versa

Pour clore ce chapitre, j'aimerais partager une vision de la vie que j'ai adoptée lorsque j'ai véritablement compris que mes mots sont magiques. C'est-à-dire : l'autodialogue et le dialogue extérieur sont la même chose. Ce que vous vous dites à vous-même est ce que vous dites aux autres, et inversement, ce que vous dites aux autres reflète ce que vous vous dites à vous-même. Ce concept s'aligne avec la théorie de la perception de soi, qui suggère que nos comportements et nos paroles renforcent notre concept de soi au fil du temps.[26]

J'ai une amie nommée Jen qui m'a un jour dit que j'avais l'habitude de « pulvériser et prier ». J'ai immédiatement été offensé, pour deux raisons. Premièrement, je ne suis jamais désespéré. Deuxièmement, elle attribuait à tort mon penchant pour les compliments — quelque chose que je fais comme une forme d'autodialogue positif—à une tentative désespérée de séduire des filles. Sa mauvaise interprétation m'a rappelé à quel point les gens peuvent facilement mal comprendre le pouvoir des mots et des intentions. En conséquence, je lui ai expliqué ce qui suit, ce qui incarne l'essence même de ce que cela signifie non seulement comprendre que les mots sont magiques, mais aussi exercer cette responsabilité avec la plus grande autorité :

Pensez-vous que je donne des compliments aux gens, en leur disant qu'ils sont beaux et adorables, juste pour me retourner ensuite vers le miroir et dire : *Donnel, espèce de salaud, espèce de pourriture inutile* ? Absolument pas ! Je fais des compliments aux gens parce que je me complimente constamment, et par conséquent, je ne peux m'empêcher d'étendre cette énergie aux autres. Les recherches sur les affirmations positives montrent que le discours positif dirigé vers soi a le pouvoir de réorganiser le cerveau, renforçant la confiance et le bien-être émotionnel.[27] J'ai créé un environnement où le discours positif prospère. Comme un videur à l'entrée d'une boîte de nuit ou un conseiller en admissions universitaires, je ne permets d'entrer dans mon monde que les mots et les énergies qui favorisent l'amour, l'utilité et le bonheur.

Ainsi, j'ai conclu ma conversation avec Jen de cette manière : *Lorsque je choisis de ne dire que des choses qui élèvent et aident, alors peut-être, d'une certaine manière, je fais du « pulvériser et prier ». Mais qu'est-ce que je pulvérise et pour quoi prier ? Je projette mon être vers l'extérieur — je prie pour mon état désiré.* Des études sur la loi de l'attraction et la psychologie des affirmations verbalisées suggèrent que les intentions exprimées façonnent l'esprit subconscient, renforçant des schémas de croyances qui mènent à des manifestations dans le monde réel.[28] Lorsque je pense à quelque chose de gentil à dire à quelqu'un et que je ne le dis pas, je me rends un énorme tort, ainsi qu'au monde qui m'entoure.

Les gens laissent si souvent leurs mots leur échapper et ne font pas attention à leur langage lorsqu'il s'agit de négativité et d'énergies dévalorisantes. Ils n'hésitent pas à critiquer quelqu'un — ou, plus souvent, eux-mêmes. Mais étrangement, ils hésitent à se féliciter, ainsi que les autres. Pourquoi est-il si beaucoup plus facile d'être négatif que positif, craintif plutôt que fidèle, haineux au lieu d'aimer ? Des études en psychologie cognitive indiquent que le cerveau humain a un biais de négativité, ce qui signifie qu'il est câblé pour se concentrer sur les expériences négatives plus que sur les positives.[29] Les personnes qui trouvent plus facile de se détester que de s'aimer ont accumulé une pile pourrie d'énergies dans leur environnement — en d'autres termes, en elles-mêmes. Et cette pile pourrie s'est principalement manifestée à travers les mots.

En nettoyant les mots que vous prononcez, vous influencez directement l'énergie que vous émettez dans ce monde et l'énergie qui façonne inévitablement votre état désiré. Les recherches en neurosciences sur le langage et la cognition suggèrent que les mots que nous utilisons répétitivement façonnent nos voies neuronales, renforçant les schémas émotionnels et comportementaux au fil du temps.[30] Ainsi, maîtriser l'autodialogue ne consiste pas seulement à s'affirmer personnellement — il s'agit de façonner la réalité elle-même.

Étapes d'Action Immédiates

1. Observez Votre Dialogue Intérieur : Passez une journée à prêter une attention particulière à vos conversations intérieures. Quelles narratives remarquez-vous ? Sont-elles motivantes, ou vous freinent-elles ? Notez quelques exemples et réfléchissez à la manière dont elles pourraient façonner votre réalité.

2. Créez Votre Propre Mantra Personnel : En fonction de ce qui résonne en vous, créez un mantra qui incarne votre état désiré. Cela pourrait être un mot, une phrase, ou une affirmation qui vous motive et vous dynamise. Par exemple : *« Chaque jour, de toutes les manières, je deviens meilleur et meilleur »* ou quelque chose de plus personnel. Répétez ce mantra chaque jour.

3. Parlez Avec Autorité : Exercez-vous à parler avec intention. Avant de parler, demandez-vous : *« Quelle énergie suis-je sur le point de projeter dans le monde ? »* Prenez un moment pour vérifier si vos mots sont en accord avec l'énergie que vous souhaitez créer. Sinon, reformulez-les pour refléter la positivité, l'intention et l'agence.

4. Limitez Les Pensées Négatives : Aujourd'hui, engagez-vous à reformuler ou éliminer les mots négatifs que vous vous dites. Si vous vous surprenez à penser quelque chose de limitant ou de dur envers

vous-même, faites une pause et remplacez-le par quelque chose de positif ou constructif.

5. Protégez Vos Mots Dans Vos Conversations : Faites attention à la manière dont vous parlez aux autres. Exercez-vous à donner des compliments, à offrir des retours positifs et à parler avec intention. Quelle énergie partagez-vous avec le monde à travers vos interactions ? Engagez-vous à ne laisser sortir de vos lèvres que des mots qui soutiennent et élèvent.

6. Ne Partagez Pas De Plans Non Testés : Réfléchissez à vos objectifs et plans actuels. Demandez-vous : *Suis-je prêt à les partager avec les autres, ou ai-je besoin de continuer à les affiner ?* Si vous n'êtes pas encore à l'aise pour les partager, faites une pause, concentrez-vous sur le processus et travaillez à améliorer votre art avant de dévoiler vos ambitions aux autres.

7. Affirmez Vos Progrès : Chaque soir, écrivez une ou deux choses que vous avez accomplies ce jour-là en direction de votre état désiré, peu importe leur taille. Reconnaissez vos progrès et célébrez-les.

8. Soyez Attentif À L'énergie Que Vous Laissez Entrer : Comme un videur à l'entrée d'une boîte de nuit, surveillez les mots, les personnes et les énergies que vous laissez entrer dans votre espace. Si quelque chose vous semble déséquilibré, retirez-le gentiment de votre environnement. Cela pourrait signifier dire non à des conversations négatives ou limiter le temps passé avec des personnes drainant

votre énergie.

Partie II : Transformation

6

LA SOLITUDE FORGE UNE FORCE QUI DEVIENT POUVOIR

« Mais toi, lorsque tu pries,
entre dans ta chambre, et
lorsque tu as fermé ta porte,
prie ton Père qui est dans
le secret; et ton Père qui
voit dans le secret te récom-
pensera publiquement. » —
Matthieu 6:6

***

Qui es-tu lorsque tu es seul avec toi-même ? Peux-tu t'asseoir dans le silence sans inconfort ? Sans personne pour te
valider, te sentirais-tu invisible, ou plus présent que jamais ?

Fort Et Impuissant

Je suis prêt à affirmer que la plupart des gens échouent souvent à agir par eux-mêmes. D'après mes observations, cet échec découle de deux raisons principales : soit ils ne s'aiment pas et recherchent une compagnie constante avec d'autres qui ressentent probablement la même chose à leur sujet, soit ils ont peur de confronter leur propre inadéquation. Des recherches en psychologie sociale suggèrent que les gens comptent souvent sur la validation sociale pour réguler leur estime de soi et éviter l'inconfort de l'auto-réflexion.[1]

Après avoir remarqué ces tendances chez les personnes que j'ai eu la chance de rencontrer, j'ai commencé à croire que la solitude pourrait être le bien le plus précieux lorsqu'il s'agit de force intérieure. Les êtres humains ont évolué au sein de communautés, tout comme tout le reste qui considère la Terre comme son domicile. Par conséquent, la solitude a tendance à sembler naturellement contre-intuitive. Des études neuroscientifiques montrent que nos cerveaux sont câblés pour la connexion sociale, ce qui rend la solitude prolongée difficile pour beaucoup.[2] Cependant, ceux qui embrassent la solitude démontrent une force exceptionnelle — une force nécessaire pour atteindre l'état désiré.

J'ai commencé à mettre en pratique ma conviction que la solitude est une force lorsque j'ai commencé à aller voir des films seul au cinéma. La première fois que ce concept m'a été suggéré, c'était lorsque je n'arrêtais pas de demander à mon frère cadet, Carl, de venir avec moi voir un film. Après l'avoir sollicité à plusieurs reprises, je me suis finalement demandé pourquoi j'avais besoin de quelqu'un pour m'accompagner. À ce moment-là, une révélation m'a frappé : *je n'en ai pas besoin*. Depuis ce jour, j'ai vu au moins dix films seul. Que ce soit en regardant un film seul ou en marchant à travers une forêt déserte, j'ai découvert que l'acceptation de ma solitude a été l'une des pratiques les plus émancipatrices pour atteindre mon état désiré.

Être, et vraiment juste *être* — exister — avec moi-même m'a permis de synthétiser tous les principes de ce livre en un mélange fluide de croissance et de succès. Je n'ai plus besoin de validation pour agir, et je ne me compare plus aux autres. Je ne pourrais même pas vous dire la dernière fois où j'ai ressenti la peur de manquer quelque chose. Je ne poursuis rien ni personne ; je laisse l'univers m'apporter des bénédictions comme un aimant. Les recherches psychologiques sur la théorie de l'autodétermination suggèrent que les personnes qui développent une motivation intrinsèque — agir en fonction de valeurs personnelles plutôt que de validation extérieure — éprouvent un épanouissement plus profond et durable.[3]

Je ne suis jamais entouré de personnes insincères avec une énergie négative ; si je ne suis pas seul, alors je suis avec mes proches. La solitude, pour moi, est devenue ma plus grande addition par soustraction. Cela s'aligne avec les enseignements spirituels et philosophiques qui soulignent la solitude comme un chemin vers l'illumination et la maîtrise de soi.[4]

Cependant, bien que l'on puisse cultiver la force à travers la solitude, cette force signifie peu si elle n'est pas convertie en pouvoir. Lorsque mon Ami a été baptisé, Il s'est retiré dans le désert pour être tenté par le Diable pendant quarante jours et quarante nuits. Mais, comme Il le fait souvent, Il est revenu. *Revenir vers* les autres, c'est ce qui transforme la force en pouvoir.

Si, pour une raison quelconque, vous vous trouvez fort dans votre solitude mais incapable de supporter les autres et leurs énergies en général, alors vous êtes fort — mais sans pouvoir. Vous avez tempéré votre esprit non seulement pour tolérer la solitude mais aussi pour y prendre plaisir. Cependant, en vous concentrant uniquement sur cela — sur l'amour que vous ressentez avec vous-même seul — vous risquez de vous isoler complètement. Cela, à son tour, conduit à l'impuissance. Les études sur l'intelligence émotionnelle suggèrent que le véritable pouvoir personnel réside dans la capacité à équilibrer la conscience de soi avec l'adaptabilité sociale.[5]

Faible Et Puissant

D'un autre côté, vous pouvez être à la fois faible et puissant. Cette combinaison paradoxale signifie que, bien que vous luttiez avec la solitude, vous possédez une capacité étrange à influencer les autres. Je plains le plus ces types de personnes parce qu'à première vue, elles semblent prospérer en groupe et dans les foules, mais elles ont du mal à se confronter à leur propre reflet dans le miroir.

Si vous êtes à la fois faible et puissant, alors vous êtes, franchement, une anomalie pour moi. Comment se fait-il que vous vous sentiez plus vivant en présence des autres qu'en votre propre compagnie ? La réponse est simple : vous prospérez en dépensant toute votre énergie vers l'extérieur. Alors que vous ne vous feriez jamais surprendre à regarder un film seul dans un cinéma, vous êtes plus que capable de persuader un groupe de regarder un film auquel ils n'avaient aucun intérêt au départ. Ce phénomène est une anomalie parce que, généralement, c'est la force intérieure et l'amour de soi qui permettent aux gens d'influencer les autres. Cependant, dans votre cas, c'est la faiblesse intérieure qui vous pousse à compenser et à exercer de l'influence.

Exister dans cet état rend presque impossible l'alignement ou l'atteinte de votre réalité désirée. Sans force intérieure et imagination, vous manquez du pouvoir créatif nécessaire pour manifester votre état idéal dans cette dimension. Des recherches psychologiques suggèrent que ceux qui dépendent fortement de la validation externe ont souvent du mal à s'actualiser, car leur sens de l'identité est façonné par des forces externes plutôt que par des convictions internes.[6] Vous devenez sujet aux caprices de la validation externe, au besoin de plaire aux autres et aux attentes sans cesse changeantes de ceux qui vous entourent. Lorsque les désirs collectifs entrent en conflit, vous êtes tiré dans plusieurs directions, vous laissant fragmenté et insatisfait. Cela correspond aux découvertes en psychologie sociale, où les individus ayant une forte dépendance sociale ont tendance à éprouver une faible estime de soi et une augmentation de l'épuisement émotionnel.[7]

Malgré cela, vous conservez toujours le pouvoir de diriger le groupe. La différence est que votre pouvoir provient d'un lieu de manque plutôt que d'abondance. Plutôt que de diriger avec conviction intérieure, vous manipulez les forces extérieures pour maintenir votre pertinence. Des études en psychologie du leadership indiquent que ceux qui dirigent par besoin de validation ont souvent du mal à maintenir la cohérence de leur influence, car leur autorité dépend des dynamiques sociales fluctuant plutôt que d'un compas interne stable.[8]

Bien que cet état vous permette d'exercer une influence, il vous rend finalement impuissant sur vous-même. Le véritable pouvoir ne provient pas du contrôle des autres, mais de la maîtrise de ses propres pensées et désirs. Sans cette maîtrise, vous restez à la merci du monde qui vous entoure, vous adaptant constamment, sans jamais vraiment devenir.

Fort Et Puissant

La plupart, sinon toutes, les personnes qui ont atteint leur état désiré sont à la fois fortes et puissantes. Être dans cet état est synonyme d'être dans la zone ou de vivre un état de flux.[9] Les recherches psychologiques suggèrent que les états de flux se produisent lorsqu'un individu est pleinement immergé dans une activité, équilibrant habileté et défi de manière fluide, ce qui conduit à une performance optimale et un épanouissement.[10] Si vous êtes à la fois fort et puissant, vous pouvez à la fois aimer votre solitude et influencer les autres.

Les personnes dans cet état ne compensent presque jamais parce qu'elles ne dépendent pas de la validation externe, mais elles attirent naturellement les autres à les suivre. Ce phénomène s'aligne avec les recherches sur la théorie de l'autodétermination, qui postule que la motivation intrinsèque et l'authenticité personnelle mènent à une plus grande satisfaction de vie et à une influence.[11] Ironiquement, ce qui alimente leur capacité à attirer les autres, c'est leur talent pour rester indépendants. Puisqu'ils ne se plient pas sous la pression des croyances et des valeurs contradictoires, ils dégagent de la sincérité, ce qui attire à son tour de nouvelles opportunités. La plupart des personnes qui cherchent un « état désiré » au départ ont tendance à afficher des caractéristiques de leadership, il n'est donc pas surprenant que les individus forts et puissants se retrouvent souvent dans des positions d'influence.

Si vous êtes fort et puissant, vous avez alors la responsabilité d'aider les autres à atteindre leur meilleur soi. Tout le monde ne cherche pas activement à devenir la meilleure version de soi-même, et c'est une réalité frappante. Les études psychologiques sur l'auto-actualisation, en particulier dans la hiérarchie des besoins de Maslow, suggèrent que seule une petite proportion d'individus atteint leur plein potentiel en raison de croyances limitantes et de facteurs environnementaux.[12] Cependant, ceux qui sont à la fois assez forts pour embrasser la solitude et assez puissants pour influencer les autres doivent servir de phare pour ceux qui cherchent encore. Un aspect important de la force et du pouvoir est un engagement inébranlable envers la justice.

La meilleure indication que vous prospérez dans votre état désiré est votre capacité à guider les autres vers le leur. Il est une chose d'être fort, mais l'aspect « puissant » émerge lorsque vous éclairez la lumière en vous-même pour guider les autres. Comme le suggèrent les recherches sur le leadership, le véritable pouvoir n'est pas la domination, mais la capacité à inspirer et élever.[13] Le monde a besoin de plus de personnes fortes et puissantes — des individus qui se sont maîtrisés et, ce faisant, ont un impact positif sur la vie des autres.

Faible Et Impuissant

Je vais garder cette section brève : ces types de personnes sont dans une situation sérieuse. Étant donné qu'elles manquent de la force intérieure pour être seules, elles prennent rarement le temps de réfléchir à ce qu'elles désirent vraiment. Sans introspection, elles restent déconnectées de leurs propres objectifs et aspirations, dérivant sans but dans la vie. La recherche en psychologie suggère que les individus qui ont du mal avec la solitude éprouvent souvent une anxiété accrue et des difficultés à former des identités indépendantes.[14]

De même, leur manque d'influence sur les autres les empêche de jamais entrer sous les projecteurs. Ils évitent les actions qui attireraient l'attention parce qu'ils ont peur du jugement et manquent de la confiance nécessaire pour s'affirmer. Des études sur l'anxiété sociale et l'auto-efficacité confirment que ceux ayant une faible agence personnelle ont tendance à éviter les situations nécessitant du leadership ou de la détermination.[15]

Je me sens complètement justifié de critiquer ces personnes parasitaires car je sais qu'elles ne liront jamais ce livre. Les personnes qui manquent de pouvoir personnel évitent souvent les matériaux stimulants, car cela les oblige à affronter des vérités inconfortables sur elles-mê mes.[16] Leur aversion à la croissance les maintient coincés dans des cycles de médiocrité.

Évitez ces types de personnes à tout prix. Elles ne contribuent pas à votre croissance ; elles ne font que consommer et ternir votre énergie. La recherche en psychologie comportementale indique que s'entourer de personnes démotivées peut avoir un impact néfaste sur vos propres ambitions et état d'esprit.[17]

Découvrez Ce Que Vous Valorisez — Puis Protégez-le

Lorsque vous continuez à aimer votre solitude, vous serez béni par la découverte de ce que vous valorisez vraiment. Non seulement vous gagnerez la clarté qui accompagne l'isolement, mais vous développerez également une foi inébranlable dans ces valeurs.[18]

Au cours de ma quête de mon état désiré, j'ai appris que l'appréciation en deux volets de mes valeurs — la découverte et la foi — est primordiale. Avant de pouvoir croire pleinement en ce que je tiens cher, j'ai d'abord dû savoir quelles étaient ces valeurs. À ce stade de ma vie, en tant qu'enseignant d'anglais de vingt-quatre ans, auteur, frère et ami, je tiens cette conviction : la Liberté et la Vérité sont identiques — elles sont le même mot, possèdent la même essence, et toutes deux m'emplissent de la même passion et de l'amour pour moi-même, Dieu et les autres dans le monde.[19]

Cette réalisation n'est pas survenue par hasard ; je l'ai découverte à travers une sévère addition par soustraction — la solitude. Lorsque j'ai commencé à embrasser ma solitude, en me donnant des rendez-vous solo au cinéma et en mangeant seul lors de dîners en tête-à-tête, mon esprit était comme des rapides d'eau vive, courant sans cesse, ayant peur de manquer des expériences et des souvenirs avec les autres. Maintenant, alors que je tape ces mots dans le coin partagé d'un bureau au fond d'une cafétéria de lycée, mon esprit est aussi clair et calme que les eaux du Walden Pond — ce miroir poli que Thoreau a décrit en 1854, proclamant que « Le ciel est sous nos pieds aussi bien qu'au-dessus de nos têtes. »[20]

Alors, quelle serait la réponse naturelle à la découverte de quelque chose d'une valeur immense ? La protection, la défense, la conservation. Je compare la sauvegarde de ses valeurs à un coffre-fort. Imaginez ceci : devant vous se trouvent deux coffres-forts identiques — tous deux ornés de coffres au trésor finement brodés, leurs bords bordés d'or et de diamants. Ils sont mystérieusement attirants, mais en quelque sorte déjà satisfaisants. Cependant, à l'intérieur de l'un des coffres-forts réside votre état non désiré, tandis qu'à l'intérieur de l'autre repose votre état désiré. Le premier mène à la ruine, ou pire — à la complaisance. Le second mène à la terre promise de votre imagination inébranlable. Pourtant, dans ce scénario, vous ne savez pas lequel est lequel. Le seul indice que l'on vous donne est le suivant : un coffre-fort reste sans garde, tandis que l'autre est encerclé par l'équipe Seal Team Six — ou mieux encore, les Straw Hat

Pirates — armés, alertes et inébranlables dans leur défens
e.[21]

Traitez vos valeurs comme le deuxième coffre-fort dans
ce scénario — avec le plus grand soin. Réfléchissez-y :
il n'est pas surprenant que vous ne protégiez pas vos
valeurs lorsque vous êtes dans votre état non désiré. Ce
serait comme défendre un coffre-fort sans rien de précieux
à l'intérieur. Cependant, lorsque vous découvrez ce que
vous valorisez le plus, votre foi en ces valeurs vous conduira naturellement à les protéger, tout comme quelqu'un
défendrait un coffre-fort rempli de richesses inestimables.
Les êtres humains sont programmés pour jouer en défense
plutôt qu'en attaque — nous avons souvent plus tendance
à nous protéger de la douleur qu'à poursuivre le plaisir.[22]
Alors, pourquoi ne pas utiliser cet instinct à votre avantage
? Puisque vous êtes déjà en train de protéger quelque chose
— que ce soit vos intérêts personnels ou vos croyances
limitantes — autant découvrir ce que vous avez défendu
tout ce temps. Ensuite, dans le silence bienheureux de la
solitude, faites le travail intérieur nécessaire pour clarifier
vos valeurs, renforcer votre foi en elles, et établir comment
vous les protégerez contre toute tentative de les diminuer.[23]

La Façon Dont Vous Vous Traitez Définit La Norme De La Manière Dont Les Autres Vous Traiteront

À mesure que vous continuez à vous renforcer grâce à
votre relation avec la solitude et à influencer les autres par la
puissance qui découle de la découverte de vos valeurs, vous
commencerez naturellement à vous traiter avec tendresse

et le plus grand respect. Lorsque vous commencerez à dire « non » aux modes de vie qui ne vous servent pas et « oui » à la croissance personnelle, les gens le remarqueront et ajusteront leur comportement en conséquence. Comme je l'ai dit au début de ce livre, lorsque vous utilisez votre imagination pour visualiser et amplifier votre état désiré, ceux qui font partie de votre vie s'aligneront naturellement avec les rôles qu'ils sont censés jouer.[24]

Cependant, amener les gens à jouer leur rôle dans votre vie commence par la façon dont vous vous traitez vous-même. J'aimerais pouvoir dire qu'en allant seul au cinéma et en appréciant des dîners en solitaire, les gens ont magiquement remarqué et ont pris les rôles de partenaire ou d'ami dans ma vie. Petit rappel : cela ne s'est pas produit du tout. Mais ce qui s'est passé a été au-delà de ce que j'avais imaginé (comme c'est souvent le cas) et bien mieux.

Puisque les gens voient combien je chéris mon temps et que je n'attends pas leur approbation pour profiter de mes expériences personnelles, ils ont appris à chérir mon temps également. Ils voient à quel point je prends soin de mon corps de manière inébranlable et cultive ma relation avec Dieu, et en retour, ils respectent ces aspects de ma vie.[25] Parce que j'ai établi des limites fermes et que je dis constamment « non » aux événements et aux lieux qui ne me servent pas, les gens se sont adaptés sans que j'aie besoin de leur dire explicitement. Ils ne m'invitent plus à des activités qui ne sont pas en accord avec mes valeurs, non pas par ressentiment, mais parce qu'ils reconnaissent que j'ai établi une norme claire pour la façon dont je passe mon temps.

LA FIN AMÈRE

De plus, ceux qui m'invitaient autrefois à de tels événements, sentant la constance de mes choix, se sont retirés de ma vie complètement. Puisqu'ils perçoivent mon absence comme un rejet, ils ne me cherchent plus comme compagnon. Ce processus de sélection naturelle affine mes relations, ne laissant que ceux qui s'alignent avec mes valeurs et mon énergie.[26]

Vous arrêtez de tolérer un traitement médiocre des autres au moment où vous cessez de le tolérer de vous-même. Soyons honnêtes : qui, dans votre vie, vous a déçu le plus ? Vous a trompé le plus ? Abandonné le plus ? Vous a menti et n'a pas tenu ses promesses le plus ?

Vous, vous-même.

Le moment où vous décidez que ça suffit, votre identité change — de passive à intentionnelle, de tiède à enflammée — et l'univers entier le remarque .[27] Souvenez-vous de ce que j'ai dit à propos du discours intérieur et de comment c'est juste des paroles : pensez-vous que je sois là à élever les autres pour ensuite me démolir devant le miroir ? Bien sûr que non. Je construis les autres et je les aime parce que je me construis et je m'aime en premier.

Ce type de relation respectueuse de soi crée un cycle de croissance et de bénédiction perpétuels. Parce que j'aime les gens comme une extension de mon propre amour de soi, les gens m'aiment. Maintenant, pourquoi m'aiment-ils ? Je ne sais pas toujours. J'aime penser que c'est parce qu'ils s'aiment eux-mêmes aussi. Mais peut-être aiment-ils simplement être aimés par moi. Quoi qu'il en soit, ce cycle nous bénéficie à tous.

Puisque les gens — ces manifestations autonomes de l'univers — m'aiment, ils me pardonnent aussi lorsque j'ai besoin de temps pour moi-même au lieu de surcharger mon énergie pour des choses qui ne me vivifient pas. Ils me soutiennent quand ils voient que je lutte. En fin de compte, ils endossent les rôles dont j'ai besoin qu'ils jouent dans ma vie, sans effort et en timing divin.

Tout au long de ma vie, j'ai eu besoin d'un amoureux, d'un ami, d'un mentor, d'un guérisseur, d'un auditeur. Bien que je n'aie jamais su qui seraient ces personnes, j'ai toujours trouvé quelqu'un pour remplir chaque rôle précisément quand j'en avais besoin. Et ce n'est pas une coïncidence. C'est le résultat direct de l'élévation de ma propre norme quant à la façon dont je veux être traité.[28]

La Force Réside Dans Ce Que Vous Laissez Partir — Pas Dans Ce Que Vous Portez

J'ai entendu parler de ce concept pour la première fois en regardant un YouTuber incroyablement influent qui m'a vraiment aidé à me propulser vers ma meilleure version : Infinite Waters, anciennement connu sous le nom de Ralph Smart.

J'étais à l'université à l'époque et je croyais que la force venait de ce que je pouvais porter et accomplir. En une seule journée, je faisais de l'exercice à la salle de sport, j'allais en cours, je faisais mes devoirs, je rencontrais mes résidents en tant qu'RA (assistant résident), je traînais avec des amis, je jouais à des jeux vidéo auxquels je me sentais obligé de jouer, et parfois je partais en excursion hors du campus.

LA FIN AMÈRE

Bien sûr, je n'arrivais jamais à tout faire, et j'avais du mal à accepter cette réalité. Le soir, quand je m'agenouillais pour prier, je demandais à mon Ami la force de supporter les responsabilités que je devais remplir — pas de les enlever, mais de m'aider à en supporter le poids. Puis, un jour, quand mon cœur se sentait particulièrement lourd, j'ai regardé l'une des vidéos de Ralph Smart où il semblait me parler directement : « *La force n'est pas ce que tu peux porter, mais ce que tu peux lâcher — lâche prise !* »[29]

Cette demande simple m'a fait fondre en larmes. Je me sentais coupable de ne pas accomplir les centaines de choses que je voulais faire chaque jour. Et maintenant, voici un mentor très réussi me disant que je devrais, en fait, en faire moins. Une partie de moi a été libérée à ce moment-là. En conséquence, j'ai réduit ma liste aux seules choses essentielles : la salle de sport, les cours/devoirs, et les responsabilités d'RA. Mes amis et mes professeurs ont remarqué ce changement, car je me suis concentré de manière plus profonde sur ces quelques tâches simples. La recherche sur la théorie de la charge cognitive suggère que réduire l'encombrement mental améliore la productivité et le bien-être, car le cerveau fonctionne mieux lorsqu'il n'est pas submergé par des tâches excessives.[30]

En tant que professeur d'anglais et auteur de vingt-quatre ans, mon approche est restée la même, bien que les essentiels aient évolué : lire un livre, écrire mon livre, et élargir mes connaissances. L'exercice à la salle de sport fait désormais partie de moi — au point que je n'ai plus besoin de le lister comme une priorité intentionnelle. Cette philosophie s'aligne avec les études sur la formation des habitudes, qui indiquent que les comportements profondément ancrés nécessitent peu de prise de décision active et deviennent au contraire automatiques, libérant ainsi des ressources cognitives pour d'autres activités.[31]

J'ai aussi réalisé que ce même concept — la force venant de ce que l'on lâche plutôt que de ce que l'on porte — s'applique à la solitude. Lors de l'atteinte de votre état désiré, votre force ne provient pas de ceux que vous pouvez emmener dans votre nouveau mode de vie, mais de ceux que vous pouvez laisser partir. Des études sur la croissance personnelle et la transformation soulignent que des changements significatifs de mode de vie impliquent souvent des changements dans les cercles sociaux, car les relations doivent s'aligner sur de nouvelles valeurs et priorités pour être durables.[32]

Paradoxalement, il y a un lourd fardeau qui accompagne l'isolement pour l'amélioration de soi. Vous pouvez vous sentir coupable et commencer à douter de savoir si vous êtes même autorisé à vivre une telle croissance et liberté. Laissez-moi vous dire maintenant, mon cher, cher lecteur : VOUS ÊTES DÉMÉRITÉ ! VOUS ÊTES ASSEZ ! Des recherches psychologiques sur le syndrome de l'imposteur et l'estime de soi confirment que de nombreuses personnes ont du mal à se sentir dignes de succès, surtout lorsqu'il s'agit de se distancer de certaines influences du passé.[33]

Vous n'avez pas besoin d'être entouré de personnes qui ne vous aident pas à donner le meilleur de vous-même. Non seulement vous pouvez rechercher l'isolement au nom de l'état désiré, mais vous devriez le faire. Votre état désiré — et la meilleure version de vous-même — existent du côté plus clair de ce que vous avez laissé derrière. Les théories psychologiques sur l'auto-actualisation, en particulier la hiérarchie des besoins de Maslow, soulignent la nécessité d'éliminer les distractions et les croyances limitantes pour atteindre des niveaux supérieurs de satisfaction.[34]

Il Y A Deux Fois Plus De Vices Que De Vertus

Toutes les vertus existent comme une médiane parfaite entre deux extrêmes. J'ai rencontré cette idée pour la première fois pendant mes études de philosophie à l'université, et cette simple mais profonde prise de conscience a transformé ma compréhension de la solitude. Avec cette nouvelle connaissance, j'ai commencé à pratiquer la solitude avec plus d'intentionnalité, reconnaissant sa valeur dans un monde assombri par le vice.

Je me souviens encore clairement du jour où cette réalisation a réellement résonné dans mon esprit. Je venais de recevoir une nouvelle décourageante concernant une altercation entre deux amis à moi, que j'admirais profondément. Apparemment, l'un des amis avait harcelé sexuellement l'autre, brisant l'image que j'avais de l'agresseur et endommageant irréparablement ma relation avec lui. Lorsque je rapportais cette information au département de la vie résidentielle et du logement de mon université, l'illumination m'a frappé avec chaque touche tapée sur mon ordinateur portable :

Il y a deux fois plus de vices que de vertus.

Par exemple, prenons la vertu du courage. Aux deux extrêmes du courage se trouvent les vices de la lâcheté et de l'imprudence. Ce concept, ancré dans l'éthique aristotéli-cienne, affirme que la vertu est un juste milieu entre deux défaillances morales : l'une par déficit et l'autre par excès.[35] Si les vertus sont infinies, alors le nombre de vices doit être deux fois plus infini — une vertu, deux vices. Alors, qu'est-ce qui te fait penser que t'entourer de gens, dans un monde deux fois plus recouvert de vices, te mènera vers la vertu ? Statistiquement, plus de gens gravitent vers le vice, car la vertu est comme une aiguille de boussole qui doit être finement calibrée — trop loin dans une direction ou l'autre, et elle perd son vrai nord.[36]

Cette épiphanie a renforcé mon appréciation pour la solitude. Si les vertus tombaient comme des nuages tandis que les vices brûlaient la terre, alors deux tiers de la planète seraient un désert. Les recherches en psychologie sociale suggèrent que les environnements influencent fortement le comportement moral, et les individus entourés de cor-ruption morale ont statistiquement plus de chances de s'y conformer.[37] Je ne veux jamais être dans ce désert. Alors, je m'assure de rester seul — un endroit tellement foisonnant de vie que les autres s'y rassemblent, comme un oasis.

Entrez Dans La Grotte — Mais En Revenez

Pour clore ce chapitre, j'aimerais laisser une note plus positive. En atteignant votre état désiré, vous passerez in-évitablement par une période de solitude prolongée — une solitude que vous apprendrez non seulement à aimer, mais à laquelle vous pourriez même devenir accro. Cependant, laissez cela servir d'avertissement bienveillant : bien que vous deviez entrer dans la grotte, vous devez aussi en sortir. Votre état désiré en dépend.

À travers l'histoire, de nombreuses grandes figures ont cherché la solitude pour une profonde réflexion et une discernation. Jésus-Christ se retirait dans le désert pendant quarante jours. Bouddha méditait sous l'arbre de Bodhi jusqu'à ce qu'il atteigne l'illumination.[38] Saint Ignace s'est retiré dans une grotte à Manresa pendant près d'un an, y façonnant ses *Exercices Spirituels*.[39] Même le protagoniste sans nom du roman *L'Homme Invisible* de Ralph Ellison s'isole pour acquérir une compréhension plus profonde de son identité et des illusions de la société.[40] *L'Allégorie de la Caverne* de Platon sert d'autre illustration de ce concept, où le chemin vers l'illumination exige d'abord de se retirer des illusions du monde avant de revenir avec une sagesse nouvelle.[41] Malgré leur profonde introspection, ce qui unit ces figures, ce n'est pas seulement leur temps en solitude, mais leur retour éventuel dans le monde — rapportant avec eux la connaissance, la vérité et la transformation. La solitude est essentielle, mais l'action est ce qui solidifie le changement.

Je ne me enferme pas et ne garde pas mon énergie positive dans une isolation gloutonne. Cela ne me conduirait jamais à mon état désiré. La véritable transformation nécessite un engagement avec le monde. Je prends des mesures vers mes objectifs. Je travaille. J'interagis avec le monde autour de moi et, ce faisant, je le change. À mesure que je deviens la personne qui a déjà atteint son état désiré — en incarnant toutes les caractéristiques, attitudes et compétences nécessaires — le monde lui-même réagit à ma présence.[42]

Cependant, revenir de la solitude n'est pas facile. Ce monde a une façon de vider l'esprit, d'épuiser même les âmes les plus résolues. Mais ne sois pas découragé. Car comme dit mon Ami, « Entrez par la porte étroite ; car large est la porte et spacieux est le chemin qui mène à la destruction, et il y en a beaucoup qui y entrent. Parce que étroite est la porte et difficile est la voie qui mène à la vie, et il y en a peu qui la trouvent » (Matthieu 7:13-14).

Puisque toi, mon cher lecteur bien-aimé, désires plus pour ta vie, tu fais partie des rares qui choisissent la porte étroite — le chemin de la vie — plutôt que le large chemin de la mort. Toute chose vivante lutte pour survivre, mais tous ne prennent pas les actions nécessaires pour prospérer. Alors fais ce que la plupart des gens refusent de faire. Prends le chemin difficile. Cultive la discipline. Embrasse la solitude qui permet une transformation profonde, mais ne reste pas là. Reviens, incarne ta vérité, et marche librement dans le monde — débordant d'abondance, de bonheur et de liberté inébranlable.[43]

LA FIN AMÈRE

Étapes d'Action Immédiates

1. Passer Une Heure Seul Chaque Semaine : Engage-toi à passer au moins une heure chaque semaine en totale solitude. Pas de distractions, pas de réseaux sociaux, juste du temps avec toi-même. Cela pourrait être une marche tranquille, s'asseoir dans la nature ou simplement être avec tes pensées dans un endroit calme. L'objectif est de cultiver le confort dans ta propre présence.

2. Réfléchis À Ce Que Tu Valorises : Après chaque session de solitude, écris ce qui compte vraiment pour toi. Quelles sont tes valeurs fondamentales ? Cela t'aidera à définir ce que tu veux protéger et prioriser dans ta vie.

3. Pratique Le Lâcher-prise : Identifie une chose — que ce soit une relation, une habitude ou une croyance — qui ne te sert plus. Fais un choix délibéré de la laisser partir.

4. Fais Une Action Seule Chaque Semaine : Fais quelque chose seul que tu as toujours fait en te fiant aux autres. Que ce soit aller au cinéma, dîner seul ou prendre un voyage en solo au parc — agis sans avoir besoin de validation.

5. Établis Des Limites Qui Reflètent Tes Valeurs : Regarde tes interactions sociales et tes engagements.

Respectes-tu tes valeurs en disant oui aux bonnes choses et non aux mauvaises ? Pratique le fait de dire non aux événements ou aux personnes qui t'épuisent, et oui à ta croissance personnelle et à ta solitude.

6. Commence À Tenir Un Journal De Réflexion Personnelle : Prends cinq minutes chaque jour pour réfléchir dans un journal. Demande-toi : *Qu'ai-je appris aujourd'hui ? Qu'est-ce que la solitude m'a révélé ? Comment puis-je me rapprocher de mon état désiré ?*

7. Visualise Ton État Désiré : Passe du temps en silence, en imaginant ce à quoi ressemble ta vie idéale. Imagine-toi dans ton état le plus puissant, fort et indépendant, et demande-toi : *Que fait cette version de moi différemment ? Comment puis-je commencer à incarner cela maintenant ?*

8. Renforce Ton Cercle Intérieur : Évalue les relations que tu as actuellement. Sont-elles alignées avec tes valeurs ? Soutiennent-elles ta croissance ? Laisse partir les connexions toxiques et nourris les relations qui ajoutent de la valeur à ta vie.

7

PENSEZ PAR VOUS-MÊME

« Que sert-il à un homme de
gagner le monde entier, s'il
perd son âme ? » — Marc
8:36

***

Combien de vos désirs sont vraiment les vôtres ? Si vous aviez été manipulé depuis votre naissance à croire certaines perspectives, le sauriez-vous ? Ou bien ces figments de votre imagination vous accompagneraient-ils dans la tombe, modifiés et étrangers ?

DONNEL DELVA

On Ne Peut Pas Écrire Culture Sans Culte

Autour de 1620, des millions d'êtres humains venus d'Afrique furent enlevés de force, entassés dans des navires, et vendus en esclavage en Amérique. Un autre groupe d'êtres humains acheta ces esclaves et les força à travailler durement dans les plantations. Lorsque les propriétaires d'esclaves réalisèrent qu'ils pouvaient accélérer leur production en créant de nouveaux esclaves par les entrailles des femmes esclaves plutôt qu'en se fournissant à l'étranger, ces femmes furent systématiquement violées et forcées à se reproduire. Leurs enfants grandirent sous-alimentés, terrorisés, et liés à une vie d'atrocités. Cette industrie prospéra pendant environ 250 ans.[1]

Qu'est-ce qui a soutenu un tel système, selon vous ? Était-ce la productivité ? La vie insouciante qui accompagne une économie florissante ? Certainement—ces avantages ont renforcé le moral. Mais ce moral, qu'a-t-il renforcé à son tour ? La culture. La culture du peuple américain. La culture de la race humaine.

Comme le disait si bien Terence McKenna, « La culture n'est pas ton amie. »[2] Il a frappé le champignon en plein dans le mille, ce qui m'amène à mon point central : bien que la culture puisse être un aspect merveilleusement libérateur de ta vie et de ton identité, elle peut aussi être la force la plus restrictive qui te retient d'atteindre ton état désiré.

Imagine que tu es moi, un homme haïtien étonnamment beau. Un jour, tu décides que tu apprécies la flatterie qui vient avec le port d'un sombrero, un chapeau de paille à larges bords généralement porté par les Mexicains. Ou peut-être es-tu captivé par l'élégance d'un hijab, un couvre-chef porté par les femmes musulmanes, et tu souhaites toi aussi expérimenter une telle grâce. Le porterais-tu ? Devrais-tu ?

Ce n'étaient pas des réflexions triviales — je les ai vraiment méditées. À la grande mortification de la fille avec qui je sortais à l'époque, je lui ai demandé son avis. Elle était spécialisée en anthropologie, l'étude des sociétés et des cultures humaines, donc je croyais qu'elle aurait la meilleure perspective. Dans une multitude de mots soigneusement choisis, elle m'a expliqué que porter un sombrero ou un hijab par pur souci de mode offenserait profondément les Mexicains et les femmes musulmanes, respectivement. Elle a soutenu que, sauf si je comprenais la signification culturelle de ces deux vêtements, je ne devrais jamais les porter. Après notre discussion, j'ai finalement accepté — pour garder la paix — et je n'ai jamais porté l'un ou l'autre.

Alors que la perspective de mon ancienne amante a peut-être évité des désagréments à certaines personnes, elle a également renforcé les frontières rigides d'une construction sociale de type sectaire. Si quelqu'un était offensé par le fait que je porte des vêtements qu'ils croyaient ne pas être les miens, simplement parce que je ne faisais pas partie de leur culture, qui a réellement été lésé ? Comment sauraient-ils même que je n'étais pas Mexicain ou une femme musulmane ? Par la couleur de ma peau ? Par mon origine perçue ? Si seuls les Mexicains peuvent porter des sombreros et seules les femmes musulmanes peuvent porter des hijabs, où traçons-nous la ligne ?

Souviens-toi qu'il y a eu une période dans la culture américaine où seuls les blancs avaient droit à des services dans les restaurants.[3] Il y a eu une époque où les écoles et l'éducation étaient exclusivement réservées aux hommes blancs.[4] Les frontières de la culture sont fluides, mais l'histoire nous a montré comment elles peuvent être instrumentalisées pour justifier l'exclusion, l'oppression et même l'atrocité.

Pour atteindre mon état désiré, j'ai dû apprendre à me libérer des contraintes culturelles et mentales. Si j'avais cédé à la pensée collective sectaire qui dicte une grande partie du monde, je n'aurais jamais poursuivi d'études supérieures, percé mes oreilles quatre fois, ni même écrit ce livre. J'aurais peut-être choisi la méchanceté plutôt que la conscience de soi et aurait encore plus perturbé le monde avec de mauvaises intentions. En récupérant mon pouvoir d'imagination et de choix — en pensant par moi-même au lieu de laisser la culture penser pour moi — je me suis libéré.

Ne Soyez Pas Un Mouton — Évitez La Pensée De Groupe

L'ironie ne m'a pas échappé en vous implorant de *penser par vous-même*. Quoi qu'il en soit, j'espère que cette section du livre vous rappellera que vous avez le pouvoir de décider si vous suivez ou non mes conseils. La pensée critique est votre outil le plus puissant pour construire votre réalité, et sans elle, vous risquez de vous retrouver, sans même vous en rendre compte, entraîné dans les croyances et comportements des masses.

LA FIN AMÈRE

Imaginez que vous êtes dans une pièce avec neuf inconnus observant une toile sur laquelle un triangle vert est dessiné au centre. Alors que vous appréciez l'œuvre, vous entendez de plus en plus de personnes parmi les neuf étrangers dire à quel point le triangle semble rouge. Leur évaluation devient la réalité dominante parmi eux, au point où vous savez clairement qu'ils croient tous que le triangle est rouge, tandis que vous savez qu'ils savent que vous croyez toujours que le triangle est vert. Maintenant, l'un d'eux vous demande ouvertement : *quelle est la couleur du triangle ?*

Selon l'expérience de conformité du psychologue polono-américain Solomon Asch, qui a examiné dans quelle mesure la pression sociale d'une majorité pouvait influencer la volonté d'une personne à se conformer à la pensée de groupe, soixante-quatorze pour cent des personnes se conformeraient dans le scénario mentionné et répondraient « rouge ».[5] Les personnes qui se sont conformées savaient que leurs croyances étaient invalidées, mais elles ont choisi de se conformer pour mieux s'intégrer et éviter les moqueries.[6] Ce phénomène, connu sous le nom d'influence sociale normative, révèle à quel point notre besoin d'appartenance sociale est profondément ancré, même au prix de la vérité.

Les résultats de cette expérience ne devraient pas vous surprendre. Encore une fois, dans un monde doublé de vices par rapport aux vertus, il est plus facile d'agir de manière vicieuse (c'est-à-dire mentir pour s'intégrer) que d'agir de manière vertueuse (c'est-à-dire préserver son intégrité malgré les pressions sociales). Considérez le pourcentage d'Américains qui, pendant plus de deux siècles, se sont conformés à l'idée que les Africains n'étaient pas humains, bien qu'ils sachent, en regardant dans les yeux d'un esclave, qu'ils étaient eux-mêmes des êtres humains. La pensée de groupe, lorsqu'elle n'est pas maîtrisée, a conduit à certaines des plus grandes défaillances morales de l'histoire humaine.[7]

Rappelez-vous ce que j'ai partagé dans le premier chapitre au sujet de votre imagination inébranlable et de la manière dont votre état désiré traverse les dimensions pour devenir votre réalité. Selon la mémétique — l'étude de la manière dont les idées et l'information culturelle se propagent — nos idées sont perçues comme :

> « Une sorte de virus, se propageant parfois malgré la vérité et la logique. Sa maxime est la suivante : les croyances qui survivent ne sont pas nécessairement vraies, les règles qui survivent ne sont pas nécessairement justes, et les rituels qui survivent ne sont pas nécessairement nécessaires. Ce qui survit le fait parce qu'il est bon pour survivre. »
>
> James Gleich

En d'autres termes, la longévité d'une croyance ou d'une pratique ne valide pas intrinsèquement sa véracité ou sa nécessité ; elle confirme seulement sa capacité à persister.[8]

En raison du besoin d'une idée de notre attention divine pour survivre, elle fera tout ce qui est nécessaire pour demeurer pertinente, voyageant à des années-lumière à travers l'espace et le temps pour s'accrocher à vous. Certaines idées vous servent, tandis que d'autres ne servent qu'elles-mêmes.

Évitez donc le conformisme comme vous éviteriez la grippe. Couvrez votre esprit avec des énergies qui renforcent votre état désiré, et non un état non désiré qui cherche désespérément votre attention pour exister. Ce faisant, vous devenez le berger de votre esprit, de votre corps et de votre âme — non pas le mouton qui suit sans réfléchir là où il est poussé ou appelé, pour être perdu aux loups voraces. Ou, pire encore, perdu dans sa propre inaction et incompétence, ayant désespérément besoin de s'accrocher à une source de vie.

Effacer Les Réseaux Sociaux

En décembre 2020, j'ai supprimé toutes les applications de réseaux sociaux de mon téléphone. Cela incluait Snapchat, Twitter (désormais X), Facebook, TikTok et Instagram. Cette décision n'a pas été prise impulsivement ou de manière maniaque ; elle a été le résultat d'une réflexion profonde et d'une compréhension de l'influence de ces plateformes sur mon bien-être mental et émotionnel.

Quelques mois avant de supprimer les réseaux sociaux, j'ai traversé une rupture avec la fille avec qui j'étais en couple depuis un an et demi pendant mes études universitaires. Cette rupture m'a profondément affecté, et à l'occasion de Thanksgiving, je me suis retrouvé chez mon cousin, à endurer un dîner déprimant où tout le monde s'assurait de souligner combien j'avais perdu de poids. Ce soir-là, j'ai décidé que je ne porterais pas cette négativité pendant les vacances de Noël. Je voulais un nouveau départ, une manière de recentrer mon énergie sur moi-même. C'est ainsi que j'ai supprimé toutes les applications de réseaux sociaux pour éviter de voir son profil, sa vie sans moi ou la possibilité qu'elle passe à autre chose. Au lieu de cela, je voulais me concentrer sur ma propre résurrection — une transformation personnelle sans distractions numériques.

Bien que ma motivation initiale ait été la peur de la voir heureuse sans moi, les bénéfices que j'ai tirés de cette décision ont largement dépassé ma rupture. En fait, je n'avais même pas réalisé à quel point je manquais de quelque chose jusqu'à ce que je commence à m'épanouir sans les réseaux sociaux.

Le premier grand avantage fut une augmentation de ma liberté de faire ce que je voulais de mon temps. Sans le défilement inutile qui absorbait mon attention, je suis devenu plus intentionnel dans la manière dont je m'engageais dans les affaires essentielles de ma vie. Des études ont montré que l'utilisation excessive des réseaux sociaux est liée à une diminution de l'attention et à des difficultés à se concentrer sur des objectifs à long terme, car la stimulation constante de dopamine provenant des plateformes en ligne réduit la capacité du cerveau à se concentrer sur les récompenses à long terme.[9] De plus, j'ai constaté que j'aborderais les tâches quotidiennes avec plus de patience et de sérénité, car je ne comptais plus sur mon téléphone pour une gratification instantanée. Les recherches suggèrent que l'utilisation prolongée des réseaux sociaux peut reprogrammer le système de récompense du cerveau, rendant les utilisateurs plus enclins à rechercher une stimulation à court terme au détriment de l'attention soutenue et de la gratification différée.[10]

Ensuite, j'ai connu un accroissement ironique de mon autonomie en ne faisant pas partie du « cercle ». Un jour, au cours de l'été suivant, j'ai décidé de prendre plus au sérieux l'apprentissage de la natation et me suis fait quelques amis à la plage. Finalement, ils m'ont demandé de faire une vidéo TikTok avec eux en utilisant un son et une danse tendance. Je n'avais aucune idée de ce dont ils parlaient. Ils ont ri, m'ont expliqué, et m'ont encouragé à participer. J'ai poliment décliné, amusé de constater à quel point j'étais déconnecté des tendances numériques. À ce moment-là, j'ai réalisé que mon manque d'exposition aux réseaux sociaux me permettait d'arriver dans des espaces sociaux avec rien d'autre que mon énergie propre. Je n'étais pas alourdi par la comparaison, les attentes, ou la conscience des dernières tendances dictant comment je devais agir. Les études psychologiques montrent que l'utilisation excessive des réseaux sociaux favorise la conformité et érode l'autonomie individuelle, car les gens ont tendance à imiter les comportements en ligne pour obtenir l'approbation sociale.[11] Surprise, mes nouveaux amis m'ont respecté davantage pour cela — ils me considéraient comme quelqu'un ayant un fort sens de soi, plutôt que comme une simple personne suivant la foule. Leur réaction a validé ma décision, renforçant ma confiance dans le rejet de la conformité numérique.

Donc, si vous ne supprimez pas les réseaux sociaux pour les avantages, envisagez au moins de le faire pour éviter les inconvénients—car il y en a beaucoup. Le premier et le plus flagrant problème est la manière dont les réseaux sociaux grillent votre cerveau. L'exposition constante à un contenu intense et rapide reprogramme les fonctions cognitives, réduisant la capacité d'attention et augmentant l'impulsivité.[12] Vous finissez par consommer de grandes quantités de contenu toxique sans réaliser combien de temps a définitivement disparu. Des études ont lié l'utilisation prolongée des réseaux sociaux à un risque accru d'anxiété et de dépression, en particulier en raison du piège de la comparaison et de la nature addictive de ces plateformes.[13]

Au-delà de cela, une utilisation excessive des réseaux sociaux conduit à un niveau inquiétant de conformisme. Vous commencez à absorber et à internaliser les opinions, les comportements et les modes de vie fabriqués des autres à un rythme alarmant. La plupart du contenu en ligne consiste simplement à essayer de convaincre quelqu'un — et tout le monde — que leur vie est incroyable. La réalité, cependant, est que la vie de la plupart des gens est banale. Rarement voyons-nous un post qui dit : *J'ai eu une journée moyenne aujourd'hui.* Au lieu de cela, nous sommes bombardés de montages de moments forts, de perfection soigneusement élaborée et de représentations exagérées du succès. Ce cycle renforce des attentes irréalistes, engendrant insatisfaction et envie.[14]

Alors, pourquoi consommer quelque chose qui est à la fois faux et parasitaire ? Les réseaux sociaux, comme la malbouffe transformée, sont conçus pour créer une dépendance, offrant une rapide poussée de dopamine tout en vous laissant affamé sur le plan nutritionnel (ou intellectuel).[15] En l'enlevant de ma vie, j'ai récupéré mon temps, mon autonomie et ma clarté mentale—des avantages qui continuent à me façonner jusqu'à aujourd'hui.

Ne Regarde Pas Les Actualités

Tout comme mon expérience avec la suppression des réseaux sociaux, j'ai réalisé qu'après avoir arrêté de regarder les actualités, j'ai commencé à discerner par moi-même ce qui était vraiment important. Le flux constant d'informations avait façonné ma perception de la réalité, et m'en éloigner m'a permis de reprendre le contrôle de mes propres pensées et priorités. Des recherches en psychologie cognitive suggèrent que la consommation excessive des médias peut influencer les biais cognitifs, amenant les individus à percevoir le monde comme étant plus dangereux ou négatif qu'il ne l'est réellement.[16]

Les chaînes d'information promeuvent la négativité et la polarisation, non pas parce qu'elles sont intrinsèquement maléfiques, mais parce que c'est ce avec quoi la majorité des gens sont conditionnés à interagir. Le sensationnalisme augmente les audiences, et des audiences plus élevées entraînent encore plus de sensationnalisme. Des études en psychologie des médias confirment que les nouvelles négatives suscitent des réactions émotionnelles plus fortes, augmentant ainsi l'engagement des téléspectateurs et entraînant un cycle de négativité accrue dans les reportages.[17] Plus un titre est tragique, mieux c'est pour les audiences. Et à mesure que les audiences augmentent, l'intensité de la négativité augmente également, les chaînes se livrant à une compétition pour attirer l'attention dans un marché d'information saturé. Ce cycle vicieux persiste parce que beaucoup de gens ont permis à leur conscience d'être complètement compromise par des récits externes. En conséquence, leurs émotions et leur état intérieur ne sont pas dictés par leur propre discernement, mais par la dernière crise diffusée sur leurs écrans.

En associant mon nettoyage des réseaux sociaux à ma détoxification des informations, j'ai repris le contrôle de mon esprit, de mon corps et de mon esprit, ce qui m'a permis de manifester sans effort mon état désiré. Des études sur la santé mentale et les détox numériques montrent que réduire l'exposition aux médias négatifs est corrélé à des niveaux de stress plus bas et à un bien-être émotionnel amélioré.[18] En m'éloignant des stimuli externes constants, j'ai pu cultiver la paix intérieure et la clarté. Encore une fois, j'attends toujours que quelqu'un vienne me dire : *Je viens de regarder les informations, et je me sens tellement mieux.*

Maintenant, j'honore ce qui est vraiment important pour moi en pensant d'abord par moi-même. Je ne laisse plus les influences externes dicter ma vision du monde. Au lieu de cela, je fais le pas décisif vers mon état désiré en me tournant vers l'intérieur. Les recherches en neurosciences sur la pleine conscience et l'introspection suggèrent que les individus qui pratiquent l'introspection développent une plus grande autonomie cognitive, réduisant ainsi leur susceptibilité à la manipulation externe.[19] Je choisis d'être le créateur de ma réalité, plutôt qu'un consommateur passif du chaos du monde.

Va À L'intérieur

LA FIN AMÈRE

Si vous faites partie de ceux qui croient qu'ils doivent rester connectés aux médias sociaux ou aux informations pour savoir ce qui se passe dans le monde et rester conscients de ce qui les entoure, croyez-moi quand je dis que tout ce dont vous avez besoin se trouve en vous-même. Vous n'avez pas besoin de chercher à l'extérieur de vous pour comprendre l'univers. Tout ce que vous devez faire, c'est maîtriser et connaître vous-même pour découvrir votre destin. Les recherches sur l'introspection et la connaissance de soi soutiennent cette idée, montrant qu'une réflexion profonde sur soi améliore les capacités de résolution de problèmes et la prise de décisions.[20]

Toutes les réponses à vos questions résident en vous, car vous êtes fait des mêmes lois et forces qui régissent tout cet univers. Rappelez-vous des principes abordés dans *Nous Vivons Dans La Dimension Paradoxale*. Ces principes sont aussi présents en vous qu'ils le sont dans la nature. Les neurosciences ont démontré que le cerveau est câblé pour reconnaître les motifs dans la nature, suggérant qu'en comprenant soi-même, on peut acquérir des aperçus des principes universels plus vastes.[21] En conséquence, en étudiant profondément vous-même, vous pouvez découvrir les forces qui façonnent le monde qui vous entoure.

En allant à l'intérieur, vous réduisez la quantité d'énergie toxique que vous consommez tout en augmentant simultanément la taille de votre oasis intérieure. Ce changement renforce l'idée que vous—et non les actualités, ni les médias sociaux, ni les distractions du monde—êtes la source de votre état désiré. Des études psychologiques montrent que les individus qui se détachent des stimuli externes constants et cultivent la conscience intérieure connaissent une réduction du stress et une stabilité émotionnelle accrue.[22] Vous déterminez vos conditions internes, qui se reflètent ensuite dans votre environnement extérieur. De même, en isolant votre énergie positive de la négative, vous renforcez votre détermination à atteindre votre état désiré. Les gens de ce monde commencent à agir en votre faveur, jouant le rôle que vous souhaitez qu'ils jouent dans votre vie.

J'ai particulièrement remarqué comment le fait d'aller à l'intérieur de moi-même a transformé mon état lorsque j'ai commencé à méditer. Au début, le moindre inconfort me perturbait, et je perdais ma concentration. Cependant, à mesure que je méditais de plus en plus, mes visualisations sont devenues si vives que j'ai pu modifier ma réalité en temps réel. Les études en neurosciences sur la méditation confirment qu'une pratique régulière améliore les fonctions cognitives, régule les émotions et modifie même les circuits neuronaux associés à la perception.[23] C'était comme si j'étais littéralement capable de voir mon corps de l'intérieur et de pratiquer une chirurgie, tout cela depuis ma position assise sur mon canapé.

Aller à l'intérieur de soi est la première étape cruciale pour décider par soi-même quel est son état désiré et, plus important encore, pourquoi il faut devenir la personne dont la vie a tout ce qu'elle pourrait désirer. Sans introspection, vous risquez de poursuivre des désirs qui ne sont pas véritablement les vôtres, mais qui sont plutôt façonnés par des influences extérieures. Les recherches philosophiques et psychologiques sur l'auto-actualisation suggèrent que les individus qui s'engagent dans une introspection profonde sont plus susceptibles d'atteindre l'épanouissement et le succès à long terme.[24]

Le Seul Changement Qui Compte Est Le Soi

L'été dernier, j'ai eu le privilège de regarder *The Seven Deadly Sins*, un anime suivant l'histoire d'amour dynamique de Meliodas et Elizabeth. Lors de la quête de Meliodas pour réassembler sa chevalerie, il partage avec un camarade : « Ce qui importe, ce n'est pas ce que les autres pensent de toi, mais ce que toi, tu penses des autres. » Sa sagesse a frappé mes oreilles comme un coup de tonnerre sous l'eau.

Si tu crois que les autres — famille, amis, pairs, l'univers, Dieu — agissent toujours de manière bienveillante et cherchent à aider, alors tu rencontreras un monde aimant où les autres t'aideront chaque fois qu'ils le peuvent. Des études en psychologie cognitive suggèrent que les individus qui ont une vision généralement positive de la nature humaine vivent des interactions sociales plus épanouissantes et bénéficient d'un bien-être général plus élevé.[25] D'autre part, si tu crois que les autres sont maléfiques et qu'ils sont constamment en quête de te nuire, alors tu te retrouveras constamment à être embêté ... encore et encore. Cela s'aligne avec les recherches sur le biais de confirmation, qui montrent que les gens ont tendance à rechercher et à interpréter les expériences de manière à renforcer leurs croyances préexistantes.[26]

Si tu veux changer le monde, commence par te changer toi-même. Tu ne contrôleras jamais ce que les autres pensent, ressentent ou font. Cependant, tu as toujours le contrôle sur tes pensées, émotions et actions. Des études en neuroplasticité confirment que les individus peuvent reprogrammer leurs schémas cérébraux par des processus de pensée intentionnels et des comportements ré pétés.[27] Selon ce que tu choisis de penser, comment tu choisis de te sentir et ce que tu décides de faire, tu détermineras si tu existes dans l'état désiré ou non désiré. Ainsi, je devrais reformuler ma phrase principale : Si tu veux changer le monde, il te suffit de te changer toi-même.

Soyons honnêtes — nous connaissons tous cette personne peu attirante qui parvient pourtant à attirer amant après amant, ou ce millionnaire déprimé qui semble avoir tout, mais reste insatisfait. Ce qui fait ou défait la vie d'une personne, c'est son sens de soi. La recherche psychologique sur le concept de soi et l'auto-efficacité suggère que les personnes ayant un sens fort et positif de soi sont plus susceptibles de réussir dans les relations, la carrière et le bonheur en général.[28] L'instant où vous acceptez tous les aspects négatifs de vous-même marquera à la fois le début et la fin de vos luttes. Vous ne gaspillerez plus votre énergie à mener des batailles qui ne vous servent pas, mais entrerez dans un état de flow, régi uniquement par vos propres pensées, émotions et actions. Ce concept s'aligne avec la philosophie de l'auto-actualisation, qui suggère que l'épanouissement personnel découle de l'acceptation de soi et de l'alignement avec sa véritable nature.[29]

Le Tabou Est Le Seul Véritable Tabou

LA FIN AMÈRE

Pour penser par soi-même, vous devez éliminer l'obstruction dans votre canal mental : les tabous. Un tabou est une coutume sociale ou religieuse qui interdit ou empêche la discussion d'une pratique particulière ou l'association avec une personne, un lieu ou une chose spécifiques. En d'autres termes, les tabous sont des obstructions sociales ou des obstacles qui limitent la pensée indépendante et la croissance personnelle.[30]

Au XVIIe siècle en Amérique, il était largement considéré comme tabou de considérer les Africains comme des êtres humains. La coutume sociale dominante dictait que les Africains étaient des biens, rien de plus que du bétail. De même, il existait des coutumes profondément enracinées interdisant à toutes les femmes de voter ou d'assister à l'université dans ce pays. Même exprimer une opposition à ces normes était souvent sanctionné par de graves conséquences sociales, parfois même l'exil de sa communauté.[31] L'histoire nous a montré maintes et maintes fois que ce qui est considéré comme « tabou » est souvent simplement un outil de contrôle, conçu pour maintenir le statu quo et réprimer le progrès.

Lorsque vous choisissez de vivre selon votre état désiré, vous vous opposerez inévitablement à d'autres et pourriez potentiellement les offenser. Ces inconforts sont à la fois nécessaires et, en fait, des bonus. Puisque vous ne pouvez pas exister simultanément dans votre état indésirable et votre état désiré, vous devez négliger la vie qui ne vous sert plus et vous engager pleinement dans celle qui élève et soutient votre croissance. Cela peut entraîner des réactions négatives de la part d'individus ou même de communautés entières, car ils perçoivent votre transformation comme une menace pour l'ordre établi. Ce type de résistance est un signe que votre condition interne s'est fermement enracinée dans la réalité, au point qu'elle commence à perturber l'énergie opposée.[32]

Les études psychologiques suggèrent que les normes sociétales, y compris les tabous, jouent un rôle important dans la formation du comportement humain, amenant souvent les individus à se conformer, parfois au détriment de leurs aspirations personnelles. Ceux qui se libèrent de ces contraintes rencontrent fréquemment une résistance initiale, mais ouvrent finalement la voie à une évolution culturelle plus large.[33] La persécution que vous pouvez subir en brisant les tabous est, en un sens, la preuve que vous avez un impact. Plus la résistance est grande, plus vous savez profondément que vous tracez un nouveau chemin.

Enfin, penser par soi-même et poursuivre votre état désiré est un acte de véritable liberté. Vous ne pouvez pas honorer la voix dans votre esprit tout en vous manipulant vous-même pour croire ce que la majorité croit. Vous devez développer une détermination inébranlable dans vos efforts pour obtenir votre état désiré — surtout lorsque cet état défie vos habitudes et votre mode de vie précédents. Embrasser les tabous, plutôt que de les craindre, est la clé pour se libérer des limitations auto-imposées.

Par exemple, discuter ouvertement du succès financier, comme devenir millionnaire, est souvent perçu comme un tabou dans certains cercles sociaux. Cependant, des recherches en économie comportementale indiquent que ceux qui visualisent activement et parlent de leurs objectifs financiers sont nettement plus susceptibles de les attein dre.[34] En donnant vie à l'idée d'honorer votre valeur et de prioriser votre bien-être, vous changez le paradigme pour vous-même. Lorsque vous établissez une nouvelle norme de pensée, les autres s'ajusteront soit pour s'aligner avec elle, soit pour se retirer de votre espace. S'ils refusent de s'adapter, tant mieux pour eux — car dans votre oasis d'abondance, ils ne jouent que le rôle du désert.

Méfiez-Vous Des Affirmations Sur La Nature Humaine

Au fur et à mesure que vous continuez à penser par vous-même et à prendre des actions cohérentes qui vous rapprochent de votre état désiré, vous rencontrerez in évitablement des affirmations généralisées sur les mau vaises habitudes et les modes de vie improductifs, toutes attribuées à la nature humaine. Par exemple, des phrases telles que « C'est comme ça » et « C'est la vie » servent souvent d'excuses, donnant aux gens une sorte de permis lorsqu'il s'agit d'atteindre leurs objectifs. Ces déclarations sont souvent acceptées sans question, renforçant subtile ment un état d'esprit qui limite la croissance et le progrès.[35]

Mon plus grand problème avec ces phrases est la manière dont elles généralisent la vie et, ce faisant, dimin uent le potentiel des réalisations que les gens peuvent ac complir. On entend rarement ces expressions en réponse à des histoires de réussite. Au contraire, elles sont util isées comme un récit global pour justifier pourquoi les gens restent dans leurs états non désirés. Les recherches sur l'impuissance apprise montrent que lorsque les individus croient que les résultats échappent à leur contrôle, ils sont moins enclins à entreprendre des actions significatives pour changer leurs circonstances.[36]

La réalité est que de telles phrases ont tendance à projeter une vision négative des gens et à attribuer ce pessimisme à la nature humaine elle-même. Je suis toujours prudent lorsque j'entends des affirmations — surtout décourageantes — sur ce qui serait supposément naturel dans la psychologie et le comportement humains. Des études psychologiques indiquent que les gens ont tendance à adopter des croyances limitantes basées sur des conditionnements culturels et des expériences personnelles, plutôt que sur des vérités objectives concernant la nature humaine.[37] Par conséquent, à moins que la personne faisant une telle affirmation n'ait mené des recherches approfondies à l'échelle mondiale — en interrogeant au moins un tiers à la moitié de la population mondiale — je refuse d'accepter une taille d'échantillon déraisonnablement petite comme preuve définitive. Dans la plupart des cas, ce qui est présenté comme une vérité universelle sur la nature humaine est en réalité un reflet de la disposition personnelle de l'individu à l'égard d'un sujet donné. Des études sur les biais cognitifs suggèrent que les gens projettent fréquemment leurs propres expériences sur des populations plus larges, supposant à tort que leur perspective représente une réalité universelle.[38]

Tous Les Personnages De Votre Émission Préférée Ne Sont Pas Les Mêmes

LA FIN AMÈRE

J'adore les anime. J'ai vu environ trente anime différents et je les ai tous appréciés dans une certaine mesure. Un aspect majeur qui fait ressortir les meilleurs anime est d'avoir un protagoniste fort soutenu par un casting de personnages captivants. Tous les anime que j'adore absolument — *Naruto, My Hero Academia, Fullmetal Alchemist, Demon Slayer, One Piece* (pour n'en nommer que cinq parmi mes préférés) — exploitent efficacement le fait que tous les personnages ne sont pas le protagoniste.

Je suis extrêmement attaché aux personnages d'anime et j'utilise leur vie comme des exemples vivants de la façon d'obtenir un grand succès et d'atteindre mon état désiré. Je considère sincèrement ces personnages créés comme des personnes réelles dont les décisions et philosophies dictent les miennes. Par exemple, le sacrifice de Minato m'a appris que le meilleur peut surgir du pire ; l'héritage d'Almight m'a enseigné que nous pouvons être choisis, même si nous ne sommes pas destinés, à la grandeur ; Edward m'a appris que la vérité ne surpasse pas notre amour ; Rengoku m'a appris à enflammer mon cœur ; *One Piece* dans son ensemble m'a appris la puissance de l'amitié. Cependant, à aucun moment, au cours de mon amour pour un anime en particulier, n'ai-je souhaité que tous les personnages soient mes personnages préférés. Imaginez cela — mille Sanjis chevaleresques ! Aucun d'entre eux ne serait heureux (car ce sont tous des hommes et non des femmes). Cela souligne une leçon cruciale : la diversité des rôles des personnages rend une histoire captivante, tout comme la diversité du succès personnel rend la vie significative.[39]

Au fur et à mesure que vous atteignez votre état désiré, vous remarquerez que votre succès sera différent de celui des autres. Ce que vous désirez sera différent de ce que d'autres désirent. Si vous obtenez votre premier million, vous vous sentirez bien différemment de Warren Buffett lorsqu'il atteint son dernier million. Le parcours que vous empruntez pour réussir peut et sera différent de celui des autres. Les études psychologiques sur la définition des objectifs et l'accomplissement personnel suggèrent que les individus tirent un sens de différentes poursuites, renforçant l'idée que le succès n'est pas universel mais personnel.[40]

Nous sommes littéralement des parties de l'infini, et pourtant nous agissons souvent comme si nous devions suivre le même chemin. Les gens vous conseilleront en fonction de ce qui a fonctionné pour eux, mais en tant qu'éducateur, laissez-moi vous expliquer pourquoi cela est une approche erronée. Atteindre votre état désiré n'est pas un système unique pour tous. Le fait que quelque chose ait fonctionné pour quelqu'un d'autre ne signifie pas nécessairement que cela fonctionnera pour vous. Cependant, ce qui fonctionnera pour vous, c'est vous-même. Des recherches en thérapie cognitivo-comportementale (TCC) ont montré que la conscience de soi et l'agence personnelle sont cruciales pour atteindre un succès à long terme, plutôt que de suivre aveuglément les conseils externes.[41]

Si vous ne voulez pas l'entendre de ma part, écoutez ce que Paul écrit dans la Bible :

« Il y a diversité de dons, mais le même Esprit. Il y a diversité de ministères, mais le même

LA FIN AMÈRE

Seigneur. Et il y a diversité d'activités, mais c'est le même Dieu qui opère tout en tous. Mais la manifestation de l'Esprit est donnée à chacun pour le profit de tous : à l'un, la parole de sagesse par l'Esprit ; à un autre, la parole de connaissance selon le même Esprit ; à un autre, la foi par le même Esprit ; à un autre, les dons de guérison par le même Esprit ; à un autre, l'œuvre de miracles ; à un autre, la prophétie ; à un autre, le discernement des esprits ; à un autre, des sortes de langues ; à un autre, l'interprétation des langues. Mais un seul et même Esprit opère toutes ces choses, distribuant à chacun individuellement comme il veut. Car, de même que le corps est un et qu'il a plusieurs membres, mais que tous les membres de ce corps, étant plusieurs, ne forment qu'un seul corps, ainsi en est-il de Christ. Car par un seul Esprit, nous avons tous été baptisés dans un seul corps, soit Juifs, soit Grecs, soit esclaves, soit libres ; et nous avons tous été fait boire dans un seul Esprit. Car le corps n'est pas un seul membre, mais plusieurs. Si le pied disait : « Parce que je ne suis pas la main, je ne fais pas partie du corps », est-ce pour cela qu'il ne ferait pas partie du corps ? Et si l'oreille disait : « Parce que je ne suis pas l'œil, je ne fais pas partie du corps », est-ce pour cela qu'elle ne ferait pas partie du corps ? Si tout le corps était un œil, où serait l'ouïe ? Si tout était ouïe, où serait l'odorat ? Mais maintenant,

Dieu a disposé les membres, chacun d'eux dans le corps, comme il a voulu. Et si tous étaient un seul membre, où serait le corps ? »

(I Corinthiens 12:4-19)

Non seulement votre état désiré sera différent de celui des autres, mais chaque expression unique de l'état désiré d'un individu doit se manifester de manière propre pour compléter le tableau plus large. Tout comme un anime a besoin d'un ensemble diversifié de personnages pour raconter une histoire captivante, la vie a besoin d'expressions diverses du succès pour être significative. Des études sur la théorie de l'autodétermination soutiennent cela, suggérant que la motivation intrinsèque — l'élan personnel et unique d'une personne — est la clé du bonheur durable.[42]

Embrassez cela ! Chérissez le fait que personne n'atteindra le succès de *votre manière*. Célébrez le succès des autres et jouez volontiers le rôle dont ils ont besoin. Car sans nos succès individuels, personne ne peut vraiment gagner.

Maximisez *Votre* Archétype

Cette section complète la précédente en réaffirmant la nécessité d'atteindre votre état désiré unique. Bien que cela puisse paraître redondant, il est préférable de trop expliquer que de risquer la confusion.

J'ai d'abord reconnu ce concept en jouant à *NBA 2K23*. J'ai consacré du temps et de l'attention à créer mon propre joueur pour affronter des adversaires aléatoires en ligne. En concevant mon joueur, j'ai réalisé que des sacrifices étaient nécessaires en raison du nouveau système « MyPlayer » du jeu, qui imposait des limites plus strictes sur les attributs des joueurs. Après des heures de recherche, des discussions avec mes quatre amis tout aussi investis qui avaient aussi des « MyPlayers », et beaucoup de tests, j'ai décidé de jouer avec un ailier fort de 6'8".

Ce qui a le plus influencé ma décision ? Est-ce l'avis de mes coéquipiers ? Les opinions des YouTubers ? Non. Ce que j'ai pris en compte avant tout, c'est : *Qu'est-ce que je fais naturellement bien dans ce jeu ?* Dans mon équipe, je suis particulièrement bon en défense et pour me déplacer vers des positions ouvertes pour marquer efficacement. En conséquence, j'ai adapté mon joueur pour refléter mon style de jeu, en maximisant ce que je maîtrisais déjà. Le résultat a été un joueur dominant qui excellait lorsque je laissais le jeu se dérouler naturellement — attendant que le meneur de jeu principal et les autres marqueurs passent leur tir et me préparent des paniers faciles. Cette approche m'a permis de shooter à environ soixante-dix pour cent de réussite de partout sur le terrain.

Pas une seule fois je n'ai envié ou désiré être meneur de jeu ou pivot. Je me suis concentré sur l'optimisation de mon propre archétype. À la fin de la journée, aucun joueur ne pouvait créer un « MyPlayer » avec une note de quatre-vingt-dix-neuf dans chaque catégorie — c'est impossible.

Je compare l'envie des archétypes à une note de piano désirant être une autre note. Ce n'est pas parce qu'une note do n'est pas une note ré que la note do devrait se renommer ré-bémol-bémol. Elle reste une note do et doit être une note do pour contribuer à une belle musique en tant que partie d'un instrument et d'un ensemble plus grand. Si une note do rejette sa fréquence et tente de se modifier, elle se désaccorde, créant une dissonance qui affecte toute la composition. Le monde souffre chaque fois que quelqu'un s'écarte de la version la plus authentique de lui-même, car l'authenticité favorise l'harmonie à la fois individuellement et collectivement.[43]

Le même principe s'applique aux genres. Les genres dans n'importe quelle forme d'art servent d'archétypes — des structures qui, lorsqu'elles sont pleinement réalisées, peuvent être « maxées » d'une certaine manière. Imaginez si votre chanson country préférée était soudainement en japonais et jouée à deux fois la vitesse. Ou si votre playlist rap d'entraînement était composée uniquement de remix de Barney. Vous vous sentiriez probablement volé, trompé ? Très probablement. Tout comme la musique dépend du fait que chaque note joue son rôle propre, le public compte sur les genres pour maintenir leur intégrité.[44] L'authenticité d'un genre fait partie de son identité, et lorsqu'il s'éloigne de son essence, il risque d'aliéner ceux qui en dépendent pour une expérience spécifique.

À L'océan, Le Désert Est Maléfique — Au Désert, L'océan Est Maléfique

À mesure que vous devenez la personne qui incarne le plus vos idéaux, vous interagirez inévitablement avec ceux qui vous opposent. Cette opposition n'est pas simplement accidentelle, elle est un élément nécessaire de votre croissance et de votre réalisation de soi.[45] Je pense à Tom Brady, le plus grand joueur de football de tous les temps, lorsque j'imagine une personne qui excelle simplement mais qui est constamment détestée. Tout ce que ce GOAT a fait, c'est gagner des matchs de football, et les gens le détestent pour ça. Honnêtement, même si je n'étais pas un fan des Patriots, je ne trouverais aucune raison logique de le critiquer.

Puis, cela m'a enfin frappé : même si quelqu'un défend ses idéaux les plus élevés, il y aura toujours ceux qui défendent l'antithèse de ces idéaux.[46] Par exemple, pour un océan, un désert est maléfique. Un océan regorge de vie, tandis qu'un désert est stérile. Les océans sont humides, tandis que les déserts sont secs. Un océan est essentiellement un désert rempli d'eau ; un désert est un océan sans eau. Si je devais arbitrer la querelle entre un océan et un désert — assis entre des insultes et des remarques enflammées — je devrais concéder que les deux ont raison. Il est dans leur nature à chacun d'être ce qu'ils sont. Un désert ne peut se sustenter en présence d'un océan, et un océan ne peut exister dans les limites d'un désert.[47]

La même dynamique s'applique à l'expression authentique de soi. Pour un entrepreneur ambitieux qui s'entraîne six jours par semaine, la paresse et les opportunités gâchées sont maléfiques. Pour un amateur de Mountain Dew qui reste sur son canapé, l'activité physique et la lumière du soleil sont maléfiques. Peu importe ce que vous choisissez d'honorer comme votre état désiré, son antithèse finira inévitablement par se lever pour vous opposer.[48]

Cependant, la beauté et la magie de penser par soi-même et d'utiliser votre imagination inébranlable, c'est que vous n'avez pas à rivaliser avec votre opposition — vous pouvez l'encourager. Reconnaissez votre opposition comme un test décisif de votre succès, pas comme un concurrent. Leur existence nécessaire alimente votre existence nécessaire. D'une certaine manière, en aspirant au bien, vous invoquerez toujours son contraire, le mal.[49]

La véritable paix et la joie viennent de la reconnaissance du moment et de l'endroit où vous pouvez faire le plus de bien avec l'énergie que vous incarnez. La tâche, alors, n'est pas d'éradiquer l'obscurité, mais de discerner quand et où apporter de la lumière dans le monde, et quand laisser l'obscurité là où elle se trouve.

À la fin de la journée, vous ne médiez pas l'existence des océans et des déserts. Comme je l'ai mentionné précédemment, nous ne pouvons jamais choisir quand et où il pleut (heureusement). Cependant, ce que nous médiatisons, c'est la circonstance de leur existence. Malgré le fait que les deux parties s'appellent mutuellement mauvaises, si je demandais à Mère Terre, elle dirait qu'elle a créé les deux parce qu'elle en a besoin — toujours.

Vous Connaissez La Réponse — La Façon Dont Vous Y Arrivez Dépend De Vous

Dans l'esprit de cette section, je garderai mes remarques brèves : à tout moment, vous avez déjà la réponse en vous-même — il vous suffit de reconnaître quelle voie emprunter.

Je compare l'idée de posséder déjà les réponses à la résolution d'un problème de mathématiques. Disons que le nombre 4 représente votre état désiré. Quatre est ce que vous voulez devenir et le mode de vie qui reflète votre détermination intérieure. Quatre est la solution—vous savez déjà ce que vous voulez et pourquoi. Votre état désiré n'est pas ce que vous découvrez ou résolvez. La partie amusante maintenant consiste à déterminer comment y parvenir.

Puisque 4 représente votre état désiré, l'étape suivante consiste à identifier si vous avez un excédent ou une déficience par rapport à 4. Êtes-vous à 10 alors que vous voulez être à 4 ? Dix peut représenter l'excès lorsque vous avez besoin de discipline, une stimulation excessive lorsque vous avez besoin de calme, ou un engagement excessif lorsque vous avez besoin de temps libre. Dans ce cas, soustrayez ou retirez 6. En revanche, si vous êtes à 1 alors que vous voulez être à 4, vous devez ajouter 3. Trois pourrait représenter du courage lorsque vous avez été hésitant face à une décision, ou de la conviction lorsque vous avez douté de votre capacité à grandir au-delà de ce que vous êtes actuellement. Dans tous les cas, vous connaissez déjà la réponse—le chemin vers son accomplissement est infini.

Ce concept est puissant parce qu'il vous libère pour poursuivre votre état désiré de la manière qui vous convient. Les études psychologiques sur la prise de décision et la réalisation d'objectifs suggèrent que la clarté des résultats souhaités améliore considérablement la motivation et la persévérance.[50] Quand on y réfléchit, 4 représente les objectifs ultimes de nombreuses personnes : le bonheur, l'abondance, la liberté. Mais nous nous trouvons tous dans une relation différente avec le 4. Même si le chemin de quelqu'un est aussi complexe que $x^2 - 8x + 16 = 0$ (résoudre pour x), avec suffisamment d'imagination, lui aussi atteindra le 4.

Les recherches sur la flexibilité cognitive soutiennent cette idée, montrant qu'il existe plusieurs voies pour résoudre des problèmes et pour la croissance personnelle.[51]

Évitez La Science De Parking

J'ai découvert ce concept pour la première fois en apprenant davantage sur l'alimentation et comment mieux manger. Le livre magnifiquement écrit et frappant de Michael Pollan, *In Defense of Food: An Eater's Manifesto*, m'a ouvert les yeux sur un concept clé : la science de parking. Dans une interview publiée plus tard en ligne, intitulée *Michael Pollan Debunks Food Myths* par Onnesha Roychoudhuri, Pollan explique que :

> « Vous mesurez ce que vous pouvez voir, et vous décidez inévitablement que ce que vous pouvez voir est ce qui compte. Le cholestérol est un exemple classique. C'est le premier facteur lié aux maladies cardiaques que nous avons pu mesurer. Ainsi, la science s'est obsédée par le cholestérol, et le cholestérol est devenu la cause des maladies cardiaques, et le cholestérol alimentaire était ce que vous deviez éliminer. C'est la science de parking. Elle repose sur la parabole d'un homme qui perd sa clé dans un parking la nuit. Il passe tout son temps à la chercher sous les lumières, même s'il sait que ce n'est pas là qu'il l'a perdue, car c'est là qu'il voit le mieux. »[52]

LA FIN AMÈRE

En essence, la science de parking est l'opposé de la pensée indépendante. Elle limite votre perspective, vous incitant à évaluer vos circonstances uniquement à travers le prisme auquel vous êtes le plus habitué. Ce biais cognitif — où les gens se concentrent uniquement sur les informations les plus facilement accessibles au lieu de chercher une compréhension plus large — est bien documenté dans la recherche psychologique.[53] Pire encore, vous utilisez ensuite ces perspectives limitées et ces mentalités indésirables pour déclarer que votre état désiré est impossible ou hors de portée simplement parce que c'est tout ce que vous savez — tout ce que vous pouvez voir. Ce phénomène s'aligne avec ce que les psychologues appellent *le biais de confirmation*, où les individus se concentrent sélectivement sur les informations qui renforcent leurs croyances existantes, ignorant les preuves qui les contredisent.[54]

L'astuce consiste à résister à l'envie de supposer que, simplement parce que vous avez passé un temps significatif dans un état indésirable, vous ne pouvez pas vous améliorer. Des études sur la neuroplasticité montrent que le cerveau humain est capable d'une adaptation remarquable, ce qui signifie que le changement est toujours possible, peu importe à quel point les comportements ou schémas de pensée passés peuvent sembler enracinés.[55]

Plutôt que de mesurer la réalité uniquement en fonction de ce que vous pouvez voir actuellement, reconnaissez que votre perspective n'est qu'un fragment de la vérité. De nombreuses avancées en psychologie, en neurosciences et même en physique quantique suggèrent que la perception est malléable et intimement liée à ce sur quoi nous choisissons de nous concentrer.[56] La vérité est que vous pouvez transformer votre vie et atteindre votre état désiré en un seul instant. Les recherches en thérapie cognitivo-comportementale (TCC) soutiennent cette idée, démontrant qu'un simple changement de schéma de pensée peut modifier de manière significative les états émotionnels et les résultats comportementaux.[57]

Vous Ne Pouvez Pas Évaluer La Météo À Travers Une Fenêtre

Quand vous pensez par vous-même, vous agissez et découvrez ce qui est possible pour vous en participant. Pendant que j'étudiais au College of the Holy Cross dans le Massachusetts, j'ai naïvement essayé d'évaluer la météo en observant comment les étudiants s'habillaient dehors. Le problème, bien sûr, était que les étudiants portaient toutes sortes de vêtements, indépendamment du temps qu'il faisait — il n'y avait absolument aucune corrélation entre leurs tenues et la température. Il pouvait faire un froid glacial, et je voyais deux personnes marcher côte à côte, l'une emmitouflée dans une parka et l'autre portant simplement un t-shirt blanc (sans exagération). À maintes reprises, je me retrouvais perplexe, courant souvent à l'intérieur pour attraper une veste.

Cette expérience m'a enseigné une leçon fondamentale : lorsque je cherche à atteindre mon état désiré, je dois agir directement plutôt que de me fier aux indices extérieurs. Des études psychologiques soutiennent cette idée, montrant que les individus qui prennent des initiatives et interagissent directement avec le monde développent de meilleures compétences en résolution de problèmes et une plus grande auto-efficacité.[58] Après l'obtention de mon diplôme, mon engagement dans l'action s'est manifesté par du bénévolat dans mon lycée, où j'ai co-enseigné et entraîné.

Après avoir obtenu mon diplôme universitaire avec l'intention de devenir professeur d'anglais, j'ai réalisé que, malgré ma profonde compréhension de la matière, je n'avais aucune expérience concrète de l'enseignement des programmes d'anglais de base. Plutôt que de m'inscrire passivement à un programme de master où j'apprendrais en théorie comment enseigner, j'ai choisi de faire du bénévolat dans le programme post-universitaire de mon ancien lycée afin d'acquérir une expérience de première main. Les recherches sur l'apprentissage expérientiel suggèrent que la pratique directe améliore considérablement le développement des compétences et la rétention des connaissances par rapport à l'étude théorique seule.[59]

Faire ce saut dans l'inconnu — et je parle d'un *méga* saut, compte tenu du peu d'argent que je gagnais — m'a propulsé vers mon état désiré à une vitesse accélérée. M'immerger dans l'enseignement réel m'a offert des perspectives qu'aucun cours théorique n'aurait pu me fournir. Les recherches en neurosciences sur la cognition incarnée soutiennent cette idée, montrant que l'apprentissage par l'expérience directe améliore le traitement cognitif et la prise de décision.[60] Je sais maintenant quand il fait en dessous de zéro dehors et quand il fait une chaleur étouffante en me plongeant réellement dans le monde, plutôt qu'en l'observant simplement de loin.

Avant De Chercher Une Clé — Attrapez La Poignée De La Porte

Ce motto a joué un rôle essentiel dans la transformation de ma vie, en particulier en termes de pensée indépendante. Comme dans la section précédente, saisir la poignée de la porte avant la clé signifie entrer dans votre état désiré par vous-même — pas en lisant à ce sujet ou en vivant indirecte-ment à travers d'autres personnes accomplies.[61]

J'ai appris cette leçon à la dure lorsque je suis resté assis dehors pendant une heure, attendant un ami. Vous auriez dû voir l'embarras sur mon visage lorsqu'il a ouvert la porte sans hésitation en disant d'un ton décontracté : *« Allez, mec, je ne t'aurais pas laissé attendre ! C'est pour ça que j'ai laissé la porte ouverte ! »*

Depuis ce jour-là, je jure toujours de saisir la poignée de porte, même si c'est juste pour confirmer que la porte est bien verrouillée. Lorsque vous vous dirigez vers votre état désiré, vous pouvez croire à tort que les portes ouvertes sont fermées. À moins que vous ne secouiez la poignée vous-même, vous risquez de rester à l'extérieur de votre état désiré pour aucune autre raison que vos propres limitations mentales et croyances.[62]

Je compare cette image à une mouche piégée dans une maison, se heurtant contre une fenêtre. Chaque fois que j'en ai eu l'occasion, j'ai ouvert ces fenêtres, espérant la liberté de la mouche. Une fois, j'ai fait cela avec la fenêtre de ma voiture quand une mouche était piégée à l'intérieur. Devinez quoi ? La mouche n'a pas immédiatement foncé vers sa terre promise. Chacune que j'ai observée a toujours continué à se cogner contre la fenêtre avant de réaliser qu'elle était ouverte. Elles ont inutilement prolongé leur souffrance (qui, je suis sûr, est considérable en temps de mouche).[63] Chaque fois que je suis témoin d'une souffrance inutile, je me pose toujours cette question : *Combien de personnes sont comme cette mouche en ce moment, se heurtant inutilement à leur propre fenêtre ?*

Alors, avant de décider qu'il n'y a rien que vous puissiez faire pour attirer votre état désiré, et qu'il est temps de jeter l'éponge et de vous asseoir dehors près d'une porte ouverte sans raison, vérifiez si cette croyance est vraie. Ne laissez pas vos propres barrières mentales vous empêcher d'entrer dans la vie que vous voulez.[64]

Portez Vos Propres Lunettes

Pour clore ce chapitre, j'aimerais partager un aperçu opportun qui m'a poussé à aller de l'avant vers mon état désiré. Un jour, je me suis connecté à un événement en direct sur YouTube animé par Dean Graziosi, où il a invité Trent Shelton à s'adresser à l'âme du public (il a bien parlé à la mienne). Trent a partagé que lorsque vous avez une mission et essayez de la transmettre aux autres, les gens vous traiteront de fou. Ils ne vous jugent pas parce que votre idée est irréalisable, mais parce qu'ils la regardent à travers leurs propres lunettes prescrites.[65]

Il continue en expliquant que chacun a sa propre prescription unique, et tout comme lorsqu'on change de vraies lunettes, essayer de voir à travers celles des autres entraînera des maux de tête et de la confusion. Par conséquent, il est préférable de porter vos propres lunettes. Pensez par *vous-même*. *Votre* mission, *votre* état désiré, est cristallin *pour vous*. Les autres essaieront peut-être de regarder à travers votre lentille et ne verront rien. Ils penseront que vous ne pouvez pas être en bonne santé, joyeux, riche, abondant ni libre en suivant l'état désiré que vous voyez si clairement. Mais vous savez quoi ? C'est votre état désiré — celui qui est spécialement adapté *pour vous* ! Non seulement il est clair et atteignable, mais vous ne pouvez vraiment, sincèrement pas imaginer une sorte de vie sans lui.

Alors, avancez en sachant qu'à chaque jour qui passe, vous êtes un pas plus près de la réalité qui a dérivé et trouvé un immense refuge dans votre imagination inébranlable et votre attention divine. Cet état ne peut exister sans vous, et votre vie n'est vraiment pas votre vie sans votre état désiré.

LA FIN AMÈRE

Étapes d'Action Immédiates

1. Identifiez Les Croyances Culturelles Que Vous Avez Absorbées : Réfléchissez aux normes sociales ou croyances que vous avez héritées de votre culture, de votre famille ou de vos pairs. Notez celles que vous estimez limitantes ou qui ne vous servent plus. Remettez ces croyances en question en vous demandant : *Sont-elles vraies pour moi ? Ou ont-elles été imposées par d'autres ?*

2. Mettez En Question La Pensée De Groupe : Lorsque vous vous retrouvez dans un groupe et que vous ressentez la pression de vous conformer, faites une pause et évaluez la situation. Demandez-vous : *Que pense-je réellement de cela, séparément de l'influence des autres ?* Faites en sorte que cela devienne une habitude de donner votre opinion honnête, même si elle diffère de celle de la majorité.

3. Supprimez Une Application De Réseaux Sociaux : Faites une pause dans le flux constant des réseaux sociaux. Commencez par supprimer une application qui épuise votre énergie mentale. Utilisez le temps que vous auriez passé à faire défiler pour vous adonner à un hobby, une activité physique ou une réflexion profonde.

4. Pratiquez Une Détox Mentale Des Médias : Essayez de vous passer des nouvelles pendant une semaine

et observez comment votre humeur et votre perception du monde changent. Réfléchissez à ce que vous étiez conditionné à croire auparavant et demandez-vous si cela a été bénéfique pour votre croissance.

5. Engagez-vous Dans Une Réflexion Quotidienne Sur Vous-même : Consacrez 10-15 minutes chaque jour à réfléchir sur vos pensées, actions et émotions. Le journalisme ou les pratiques méditatives peuvent vous aider à vous aligner sur vos désirs intérieurs, vous rendant mieux équipé pour prendre des décisions qui correspondent à votre état désiré.

6. Revisitez Les Tabous Que Vous Avez Intégrés : Écrivez tous les tabous ou restrictions sociales qui vous semblent limiter votre pensée. Réfléchissez à leur origine et demandez-vous s'ils sont réellement bénéfiques ou s'ils ne sont que des constructions sociales obsolètes destinées à maintenir le contrôle. Remettez l'un d'eux en question cette semaine.

7. Examinez Vos Croyances Sur La Nature Humaine : Soyez attentif lorsque vous acceptez inconsciemment des croyances limitantes sur la nature humaine, telles que « les gens sont égoïstes » ou « la vie est injuste. » Lorsque vous repérez ces pensées, faites une pause et remplacez-les par des croyances plus positives, comme « les gens sont capables de croissance » ou « la vie offre des opportunités d'apprentissage. »

8. Refusez De Vous Conformer Aux Modèles De Réussite Extérieurs : Au lieu d'essayer de reproduire le succès de quelqu'un d'autre, créez votre propre chemin unique. Passez du temps à définir ce que le succès signifie pour vous — quelles sensations cela vous procurera ? Que ferez-vous ? Notez votre propre définition du succès, indépendante des attentes des autres.

9. Exploitez Votre Archétype À Fond : Plongez profondément dans qui vous êtes. Quelles sont vos forces, vos particularités et vos valeurs ? Acceptez-les pleinement et engagez-vous à amplifier votre moi authentique dans chaque domaine de votre vie.

10. Mettez Votre Réalité Au Défi Avec Une Nouvelle Perspective : Choisissez un jour chaque semaine pour regarder un problème ou une situation familière sous un angle radicalement différent. Cela pourrait être sous le prisme d'une culture complètement différente, d'un point de vue opposé ou d'un scénario entièrement fictif. Laissez cette nouvelle perspective modifier votre manière de penser.

8

SURMONTER LES ÉMOTIONS NÉGATIVES

« La lampe du corps, c'est l'œil. Si donc ton œil est sain, tout ton corps sera lumineux. Mais si ton œil est mauvais, tout ton corps sera dans les ténèbres. Si donc la lumière qui est en toi est ténèbres, combien grandes seront ces ténèbres ! » — Matthieu 6:22-23

***

Que fuyez-vous ? Quelles vérités dures refusez-vous obstinément d'accepter ? Quels conflits irréconciliables tourmentent votre âme ? Pourquoi persistez-vous à fuir l'ombre en vous ? Quel est le fardeau que votre cœur porte en silence ?

Ressentez — Comprenez — Et Acceptez Les Émotions Négatives

Beaucoup de gens dans leurs états indésirables fuient constamment la seule personne dont ils ne peuvent jamais s'échapper : eux-mêmes. L'acte même de rejeter les parts misérables d'eux-mêmes ne fait que les confronter à ce qu'ils ne veulent pas. Ils croient qu'en supprimant leur laideur, ils peuvent devenir beaux. Cependant, la vérité est celle-ci : la seule façon dont ils peuvent se libérer de cet état pitoyable de souffrance est d'accepter le fait qu'ils sont laids et misérables.[1] (Je sais — *quoi ?*)

Maintenant, avant que tu ne sois offensé, permets-moi de te poser cette question : si tu étais parfait, si ton caca ne sentait pas mauvais, pourquoi as-tu décidé de lire ce livre sur l'obtention de l'état désiré ?

Le fait est le suivant : nous sommes tous imparfaits ; nous sommes des contradictions vivantes de nos idéaux les plus élevés. Parfois, il est difficile de croire qu'il y a une once du divin en nous. Mais voici ce que le Rédempteur dit à ce sujet : « Je ne suis pas venu appeler les justes, mais les pécheurs, à la repentance » (Luc 5:32). Dieu merci d'être venu nous racheter, nous les pécheurs ! Si Mon Ami était venu seulement pour les sauvés parmi nous, Il prêcherait pour un duo, encore moins pour un chœur.

C'est le plus grand cadeau au monde d'avoir l'opportunité d'obtenir notre état désiré grâce à notre imagination. Le simple fait que nous puissions envisager une vie au-delà de nos circonstances actuelles est rien de moins qu'une grâce divine.[2]

Alors, que devrions-nous faire de cette chance ? Première étape : ressentez vos émotions négatives dans toute leur profondeur.

En ce moment précis, confrontez cette bête de votre esprit et restez immobile avec elle. Elle a toujours été là, siphonnant et utilisant mal votre énergie. Mais maintenant, accordez-lui l'attention qu'elle mérite. Reconnaissez-la ! *Ressentez, ressentez, ressentez !* Pleurez et lamentz-vous parce que cette créature terrible est votre bébé, votre création, vous. Contemplez-la dans toute sa douleur et sa peur immenses. Faites-lui savoir que vous êtes là avec elle maintenant, ne la négligeant plus jamais. Soyez enfin son parent (vous paresseux !). Nourrissez-la. Puis, une fois que vous aurez ressenti ce que c'est que d'être décrépit et seul, passez à l'étape deux : comprenez ce que c'est et pourquoi il en est ainsi.

Maintenant que vous résonnez empathiquement avec la bête de votre esprit, interrogez-vous sur sa véritable nature. Quels événements externes ont déclenché la réaction interne qui a créé une vision aussi affreuse ? C'est cette réalité de la co-création que vous devez embrasser pour comprendre que c'est vous qui décidez ce que les événements de votre vie signifient. C'est vous qui décidez ! Toutes les baisses et émotions négatives que vous avez ressenties ont été votre décision – et personne d'autre n'a eu à y participer. Alors, qu'en est-il ? Qu'est-il arrivé ? Ne, ne laissez pas votre pitoyable bête sans découvrir cela. Prenez tout le temps qu'il vous faut pour répondre à cette question. Quand exactement avez-vous donné naissance à une telle vilenie ? Quand est son anniversaire ?

Une fois que vous avez compris la nature de l'existence de la bête, passez à l'étape finale : acceptez la négativité pour ce qu'elle est !

Enfin, dans ce moment de puissance, avec tes yeux fermés, les larmes coulant, dis-lui comme je l'ai fait : *« Tu n'es pas si laid ! »* La négativité, la douleur et la peur — la bête de ton esprit — ne sont pas si laides ! Libère-la ! Regarde-la se démolir et se dissiper pour retourner à son néant d'origine. Tu lui as donné une vie affreuse à travers ta négligence constante. Maintenant que tu es de retour dans sa vie, elle a enfin l'opportunité de s'épanouir. De prospérer. Et comme tous les enfants à qui leurs parents ont donné le paradis sur terre, regarde-la disparaître. L'énergie qui était autrefois mal utilisée te revient maintenant au centuple ! Ton esprit, ton corps et ton âme sont maintenant remplis de lumière. Chaque cellule de ton corps est remplie de la lumière que le Christ nous enseigne à ne jamais couvrir ! Elle t'appartient à nouveau ![3]

Plie La Brindille

Souvent, les personnes coincées dans un état indésirable décrivent leur situation avec des phrases de déviation comme : *« Je suis nul ! »*, *« Je suis le pire ! »*, *« C'est comme ça »* ou encore *« C'est juste qui je suis ! »*. Cependant, ces croyances sont fondamentalement fausses. La recherche suggère que les gens ne se trouvent pas dans un état indésirable parce qu'ils sont intrinsèquement « les pires » ou parce qu'ils « sont nuls

». En réalité, ils exercent simplement certaines parties de leur disposition caractérielle plus que d'autres.[4]

Par exemple, si vous êtes accro à la cigarette, aux stylos à nicotine ou à des comportements similaires, vous vous répétez peut-être la même vieille histoire : *« Je suis juste un addict. »* Encore une fois, ce n'est pas vrai. Des études montrent que l'addiction est souvent un symptôme de comportements et de dispositions sous-jacents, et non une partie inhérente de votre identité.[5]

Comme dans la section précédente, pour découvrir la racine de cette histoire dévalorisante, vous devez d'abord ressentir l'essence de ce que vous faites. Que faites-vous réellement lorsque vous consommez la substance de votre addiction ? Vous détendez-vous après un moment stressant ? Stimulez-vous votre ennui ? Célébrez-vous quelque chose ? Ou peut-être essayez-vous de faire face à une douleur émotionnelle plus profonde ? En comprenant la cause réelle de vos actions, vous pouvez commencer à traiter la véritable origine de votre comportement.[6]

Une fois que vous avez cerné l'essence de votre action, interrogez-vous sur la disposition de caractère que vous exercez pour accomplir cette action. Supposons que vous fumiez (ou consommiez toute autre substance négative) chaque fois que vous ressentez du stress ou, à l'inverse, lorsque vous vous réjouissez. Quelle disposition de caractère mettez-vous en œuvre dans cet acte ? Quel mode de soi ou quel état mental adoptez-vous ? Manquez-vous d'un certain trait de caractère, ou en possédez-vous un en excès ? Par exemple, êtes-vous une personne impatiente, toujours pressée ? Si c'est le cas, votre personnalité précipitée —

issue de votre disposition impatiente — peut vous pousser à rechercher des échappatoires rapides au stress ou à multiplier les moments de célébration. Dans ce cas, votre addiction pourrait découler de votre impatience (un manque de patience) et être devenue un mode d'expression pour exercer cet état.

Il est donc temps de plier la brindille.

Maintenant que vous avez accepté la réalité de votre addiction (en passant de *« Je suis nul ! »* à *« Je suis impatient ! »*), vous devez plier la brindille. La beauté de ce changement de récit interne, qui passe d'une vision limitante à une compréhension plus fidèle de la réalité, réside dans le fait que vous pouvez entreprendre de nouvelles actions en direction de votre état désiré. Cette étape consiste à mettre en œuvre des actions nouvelles qui s'alignent radicalement avec votre état souhaité. Les recherches indiquent que prendre des mesures massives et radicales est essentiel pour perturber les anciens schémas et en instaurer de nouveaux.[7] Vous devez commencer par une action massive et radicale pour contrebalancer vos mauvaises actions par de bonnes. Ainsi, vous pliez la brindille d'un angle tordu vers la gauche à un nouvel angle tordu vers la droite, de sorte que la mémoire musculaire de la brindille finisse par la ramener à un nouvel équilibre. Les deux extrêmes — l'impatience et l'indifférence — ne vous servent pas, tandis que seule une patience vertueuse peut vous guider vers une vie équilibrée. Là où vous manquiez de patience, vous la remplacez maintenant par un excès de patience — mais seulement pour un temps. Avec suffisamment de pratique, vous finirez naturellement par « faire la moyenne » et trouver le juste milieu. »[8]

En conséquence, en comprenant que votre addiction a été une version impatiente de vous-même menant un mode de vie pressé, vous pouvez commencer à pratiquer un mode de vie plus patient. Ainsi, la prochaine fois que vous aurez envie de prendre une bouffée (ou une gorgée, ou d'allumer, ou de vous piquer, ou de caresser, ou de frapper), faites une pause un instant. Soyez plus patient. Retenez-vous dans ce moment en utilisant votre nouvelle connaissance de vous-même. Dites-vous : *« Je ne suis pas un addict ; je suis juste impatient et je veux que cette tristesse disparaisse maintenant — ou je veux célébrer maintenant. Mais, si je suis juste un peu plus patient maintenant, je serai un pas plus près de vivre la vie que je désire le plus. Je peux vivre ma meilleure vie ! »*

Ce N'est Pas Parce Qu'une Mauvaise Chose Est Arrivée Une Fois Qu'elle Se Reproduira

Il se passe quelque chose, que je qualifierai de « convenient », dans votre cerveau après avoir vécu un événement négatif : la traumatisation. J'appelle cette réaction aux événements négatifs « conveniente » parce que ce traumatisme peut être à la fois une barrière protectrice et une prison limitante. Des recherches suggèrent que la tendance du cerveau à nous protéger d'un danger perçu est un mécanisme de survie.[9]

Lorsque vous vous brûlez la main et apprenez que la chaleur excessive provoque de la douleur, votre cerveau retient cette mauvaise expérience et vous empêche de répéter votre erreur. Cependant, de la même manière, si vous offrez votre cœur à un amant qui vous trompe avec votre meilleur ami, la douleur éprouvée lors de cet événement traumatique peut vous empêcher d'aimer à nouveau. Des études montrent que les traumatismes dans les relations amoureuses peuvent affecter de manière significative la capacité à faire confiance et à aimer de nouveau.[10]

Le cerveau ne fait pas de distinction entre les expériences. Il se contente de stocker des informations pour le meilleur ou pour le pire, mais il suppose toujours que c'est pour le meilleur. Cette science du cerveau qui retient l'information s'appelle la neuroplasticité.[11] La neuroplasticité est la capacité du cerveau à former et à réorganiser des connexions synaptiques, en particulier en réponse à l'apprentissage, à l'expérience ou à la suite d'une blessure.[12] La neuroplasticité dans le cerveau est comme un sentier créé dans une plaine herbeuse : ce n'est qu'après de nombreux passages que l'herbe piétinée finit par céder. La neuroplasticité est aussi comme la météo de votre cerveau. Ainsi, pour reprendre les exemples précédents, lorsque vous vous sentez brûlé par la chaleur ou trahi par votre amour, la météo dans votre cerveau devient froide, glaciale. Les cellules de votre corps se souviennent de la douleur de ces expériences, alors elles gardent un manteau pour endurer ce type de climat.[13]

L'objectif, alors, est de retirer ces couches et de se prélasser au soleil d'un climat mental plus chaud en se rappelant qu'une mauvaise expérience n'engendre pas automatiquement d'autres mauvaises expériences. Des études montrent qu'une réexposition à des expériences positives et valorisantes peut progressivement remodeler le cerveau, nous permettant ainsi de remplacer d'anciens schémas par des modèles plus sains et adaptatifs.[14]

Lorsque vous vous engagez sur le chemin vers votre état désiré, vous vivrez inévitablement de mauvaises expériences. Votre cerveau et chaque cellule de votre corps chercheront à éviter de revivre cette douleur. Mais cela signifie-t-il que vous devez abandonner ? Jamais. Votre état désiré vous mettra à l'épreuve à chaque occasion jusqu'à ce que vous vous aligniez enfin avec lui. Vous l'avez déjà vu dans votre imagination ; vous en connaissez le véritable prix et développez les attitudes et dispositions nécessaires pour l'atteindre. Par conséquent, jusqu'à ce que vous franchissiez ce cap décisif où vous incarnez pleinement la personne que vous souhaitez devenir, vous serez mis à l'épreuve encore et encore. Alors, ne lâchez pas — surtout pas juste avant que le miracle ne se produise.

Secouez le froid de votre esprit et réchauffez-vous ! Si vous perdez, devez-vous nécessairement vous sentir vaincu *aussi* ? Si votre cœur est brisé, cela signifie-t-il que vous devez aussi vous sentir découragé ? Ces sentiments vont-ils forcément de pair, comme une offre bon marché de fast-food ? Votre réaction abattue face à un événement n'est pas une obligation une fois que l'événement s'est produit. Vous avez le droit de briller de votre plus belle lumière après avoir été brûlé. Vous pouvez décider par vous-même de la signification de cet événement pour vous. Ce n'est pas seulement un pouvoir que vous possédez — c'est le seul pouvoir que vous avez.

DONNEL DELVA

Vérité Radicale Et Transparence Radicale

J'ai découvert cette idée pour la première fois en lisant le livre *Principles* de Ray Dalio.[15] Dans ce livre, il partage que son succès dans la gestion du plus grand fonds spéculatif du monde est dû à son engagement radical envers la vérité et la transparence. La vérité radicale et la transparence radicale ne sont pas seulement d'excellents moyens de découvrir ce que vous ne savez pas ; elles sont aussi des éléments clés sur votre chemin vers la maîtrise des émotions négatives. La recherche psychologique soutient cette idée, montrant que l'honnêteté envers soi-même est essentielle pour la régulation émotionnelle et la croissance personnelle.[16]

Lorsque vous êtes radicalement honnête avec vous-même, vos émotions négatives se transforment d'un point de dissonance en un chemin vers l'harmonie. Lorsque vous vous sentez comme un tas de caca de chien écrasé par un passant négligent, vous assumez ce sentiment. Lorsque vous vous sentez comme la lumière du soleil, vous rayonnez. La pire chose que vous puissiez faire est d'enterrer vos émotions — qu'elles soient négatives ou positives. Des études indiquent que réprimer les émotions conduit à un stress accru et à une détresse psychologique.[17] Laissez toutes les émotions émerger plus tôt que plus tard.

De plus, l'honnêteté radicale nourrit votre estime de soi et votre confiance en vous. Vous n'avez jamais peur de dire la vérité et de reconnaître ce que vous ressentez vraiment, car toutes les émotions deviennent simplement un fait. Vous êtes ce que vous êtes. Et ainsi vous serez — plus libre et plus vivant que jamais. En faisant surface ce qui vous trouble le plus, vous vous libérez de tous les effets secondaires causés par la suppression émotionnelle, que la recherche a liée à l'anxiété, à la dépression, et même à des maladies physiques.[18]

Lorsque vous êtes radicalement transparent, vous ne vous contentez pas de reconnaître votre vérité, mais vous permettez également aux autres de voir ce que vous ressentez vraiment. Tout comme la liberté qui découle d'un mode de vie honnête, lorsque vous êtes transparent sur qui vous êtes, vous devenez invulnérable par une simple vulnérabilité. Cela peut sembler paradoxal, mais les recherches sur l'authenticité émotionnelle confirment que les personnes qui sont ouvertes sur leurs émotions connaissent un bien-être psychologique plus grand et des relations interpersonnelles plus solides.[19]

Le moment où vous devenez sans peur en laissant les autres entrer, vous ne pourrez jamais être blessé par eux à nouveau. Je compare cette approche non résistante à un papillon. Avec son corps incompréhensiblement fragile, il se laisse porter par le vent, faisant peu d'efforts pour contrôler sa destination ultime. Cependant, malgré sa fragilité apparente, sa capacité à se mouvoir sans effort avec le vent le rend intouchable. De même, vos émotions négatives ne vous consommeront jamais une fois que vous apprendrez à les accepter. Les études sur la résilience psychologique montrent que les individus qui acceptent et traitent les émotions plutôt que de les résister sont plus adaptables au stress et aux difficultés.[20]

De plus, la plupart des gens sont attirés par ce genre de transparence car elle dégage de la confiance et cultive la confiance. Les recherches en psychologie sociale suggèrent que l'authenticité et la vulnérabilité favorisent des connexions profondes et améliorent les relations interpersonnel les.[21] Lorsque vous laissez les autres entrer, vous créez un cercle vertueux d'interactions authentiques.

Tout cela se produit parce que vous cessez enfin de vous cacher de vous-même. Rien ne vous fera de mal lorsque vous déclarerez : *« Voici qui je suis ! »*

Réflexe — Réaction — Réponse

Un indicateur très simple de toutes vos émotions négatives réprimées se présente sous la forme de trois mots qui, bien que similaires, ont des significations distinctes : réflexes, réactions et réponses.

Vos réflexes face aux événements servent de principale force directrice. Ce sont les actions instantanées qui surviennent après un stimulus externe, révélant l'état le plus pur de votre condition interne — une motivation pure et sans pensée. Les réflexes exposent vos vraies couleurs, tout comme les graines qui germent dans un jardin. Votre esprit est un sol fertile pour ces graines. Si vous plantez de bonnes graines, vos réflexes seront bons ; si vous plantez de mauvaises graines, vos réflexes seront mauvais. Dans ces cas, les stimuli externes agissent comme l'eau qui cultive ce qui était déjà en vous.[22]

Par exemple, si quelqu'un marche sur mes chaussures et que ma première réaction est de lui asséner un coup de poing à la Floyd Mayweather, alors ce stimulus externe (mon gros orteil écrasé) ne fait que révéler que je suis une personne vraiment irritable, toujours prête à réagir violemment. En revanche, si quelqu'un frappe ma glace bien-aimée de mes mains et que ma première réaction est de lui pardonner et d'en acheter une autre, alors ce même stimulus externe (quelqu'un traitant ma glace comme une balle de baseball) a révélé que je suis une personne véritablement pacifique et abondante. Les études psychologiques sur la régulation émotionnelle soutiennent cette idée : nos réponses émotionnelles immédiates sont le produit d'habitudes ancrées et de conditionnements passés.[23]

Tout comme les réflexes, les réactions indiquent également comment nos émotions se manifestent, mais elles impliquent un peu plus de traitement cognitif. Là où les réflexes sont dépourvus de réflexion, les réactions nécessitent un peu de pensée. Si je continue avec l'analogie du jardin, les réactions sont comme des plantes en bourgeon plutôt que de simples pousses. Elles sont plus proches de la maturité, mais pas encore complètement. Les réactions ont également la capacité de surpasser les réflexes.

Ainsi, même si mon réflexe initial était de donner un coup de poing à la personne qui a écrasé mon gros orteil, j'ai toujours la possibilité de faire une pause et de choisir une réaction plus posée. De cette manière, les réactions servent de processus de « désherbage » du jardin : là où les réflexes peuvent exposer de mauvaises graines, les réactions nous donnent l'occasion de les déraciner. Des recherches en neurosciences suggèrent que les réactions émergent du système limbique du cerveau, mais peuvent être modérées par des fonctions exécutives supérieures dans le cortex préfrontal.[24]

Enfin, la forme la plus élevée d'action après un stimulus externe se manifeste sous la forme de réponses. Les réponses sont comme des chênes pleinement développés — enracinés, inébranlables et patients. Contrairement aux réflexes et aux réactions, les réponses reflètent un état de maturité complète. Elles surviennent uniquement après une réflexion approfondie et une considération des circonstances.

Les gens développent des réponses mesurées en s'occupant constamment de leur jardin intérieur, en fertilisant uniquement les bonnes graines et en refusant de cultiver les mauvaises. Lorsque votre sol intérieur est correctement entretenu, vous ne laisserez même pas place à une réponse négative. Si quelqu'un décide de réaliser un dunk sous les jambes à la Aaron Gordon sur votre boule de glace, au lieu de ressentir de la colère, vous l'encouragerez. Votre réponse reste stable parce que vous êtes enraciné intérieurement.

Maintenant, vous pourriez penser, *C'est impossible ! Personne ne peut toujours répondre correctement*. Mais avant de rejeter cela comme irréaliste, laissez-moi vous poser cette question : Trouveriez-vous raisonnable, juste, ou même possible qu'un pommier produise des oranges ? Ou que le venin d'un serpent à sonnette ramène quelqu'un à la vie ? La nature suit les schémas de ce qui est cultivé, et nous aussi. La psychologie comportementale renforce cela : les réponses habituelles deviennent ancrées grâce à la neuroplasticité, façonnant nos comportements automatiques au fil du temps.[25] La façon dont vous réagissez à la vie n'est qu'un reflet de ce que vous avez nourri en vous-même.

Relève-toi

LA FIN AMÈRE

Pour clôturer ce chapitre, j'aimerais finir par une conviction profonde que j'ai :

Nous n'arrivons jamais à un endroit où nous ne tombons plus jamais ; nous arrivons seulement à un endroit où nous nous relevons toujours.

Tout le monde tombe. Les gens tombent chaque jour. Tout le monde lutte contre ses émotions négatives. Ils détestent se sentir mal, alors ils répriment leurs émotions comme des mines terrestres. Mais plus ils répriment, plus la pression monte sous la surface. Finalement, après assez d'explosions, ils atteignent un point de rupture. Et à ce moment-là, ils décident de rester à terre. Ils abandonnent et restent négatifs pour le reste de leur vie, parce que pour eux, au moins de cette façon, ils ne tomberont plus jamais.[26]

Mais ! Mon cher lecteur bien-aimé, il existe un tournant dans la vie qui survient après que vous ayez accepté que vous êtes une créature qui tombe : le moment où vous vous relevez toujours ! Une fois que vous comprenez que tomber est inévitable, vous pouvez changer de focus. Bien sûr, vous tomberez toujours, mais si vous en faites une habitude de vous relever à chaque fois, alors chaque chute se produit à un endroit plus élevé que la précédente. C'est un concept souvent observé dans le trading, appelé des *creux de plus en plus hauts*.[27] Dans une tendance haussière, le marché peut parfois décliner, mais les points bas deviennent progressivement plus élevés. Il en va de même dans la vie : si vous continuez à vous relever, vous atterrirez toujours à un niveau plus élevé qu'auparavant.

C'est ainsi que le véritable progrès se produit. Si vous avez l'impression que chaque deux pas en avant entraînent un pas en arrière, réfléchissez à l'endroit où vous serez après cinquante pas. La réponse : seize pas en avant ! Ce n'est peut-être pas les cinquante que vous espériez, mais si vous vous étiez arrêté après votre premier revers, vous seriez seulement un pas en avant. La persévérance s'accumule avec le temps, renforçant la résilience et créant un changement durable.[28]

Personne n'arrive jamais à l'endroit où il ne tombe plus jamais. Ce serait le rêve — un progrès parfait et ininterrompu. Mais la réalité est différente. La vie est remplie d'erreurs, de revers et de moments de doute. Pourtant, malgré tout cela, nous pouvons atteindre l'endroit où nous nous relevons toujours, *toujours*. Et cela, cher lecteur, est tout ce qui compte vraiment.

Nous y arrivons parce que c'est le seul endroit où réside notre état désiré. Nos rêves, nos aspirations les plus élevées et la vie que nous désirerions — ils existent tous à la fin d'un chemin pavé de persévérance. Lorsque la cité d'or au sommet d'une colline sur le Mont Olympe à Valhalla nous appelle, comment pourrions-nous rester à terre ? Même dans nos moments les plus bas, nous sommes attirés vers l'avant par la force indéniable de notre propre imagination et croyance.[29]

LA FIN AMÈRE

Étapes d'Action Immédiates

1. Ressentez Pleinement Vos Émotions : Asseyez-vous dans le silence avec vos émotions négatives. Fermez les yeux et ressentez chaque sensation — peur, colère, tristesse — sans jugement. Laissez l'intensité vous envahir, sachant qu'en ressentant profondément, vous commencez à vous libérer de la suppression. Permettez-vous de pleurer, de respirer profondément, ou même de crier si nécessaire.

2. Comprendre L'origine : Prenez du recul et réfléchissez à la situation qui a déclenché vos émotions. Demandez-vous : *Quel événement extérieur a provoqué cette réaction en moi ?* Réfléchissez profondément à la signification que vous avez attribuée à cet événement. Notez l'expérience qui a causé cet état émotionnel négatif. Quand cela a-t-il commencé, et pourquoi avez-vous réagi de cette manière ?

3. Examinez Vos Schémas Comportementaux : Si vos émotions influencent des comportements spécifiques — qu'il s'agisse de dépendance, d'évitement ou d'actions autodestructrices — examinez de près ces comportements. Que faites-vous lorsque vous ressentez l'envie de vous engager dans ce comportement ? Essayez-vous d'éviter la douleur, de trouver un soulagement face au stress, ou peut-être de vous anesthésier des blessures passées ? Notez les comportements et reliez-les à vos déclencheurs émotion-

193

nels.

4. Reconnaître Votre Dialogue Intérieur : Lorsque des émotions négatives surgissent, quelle histoire vous racontez-vous ? Vous étiquetez-vous comme *« le pire »*, *« brisé »* ou *« indigne »* ? Remettez consciemment en question ces pensées. Écrivez l'histoire que vous vous êtes racontée et réécrivez-la avec compassion et auto-affirmation.

5. Acceptez Radicalement Votre Vérité : Reconnaissez pleinement ce que vous ressentez, qu'il s'agisse de sentiments positifs ou négatifs. Admettez votre colère, frustration, peur ou tristesse sans honte. Écrivez-le dans un journal ou exprimez-le à voix haute.

6. Pratiquez Le Changement De Perspective : Redéfinissez la façon dont vous percevez la douleur passée. Lorsque vous pensez à cette douleur, demandez-vous : *Quelle leçon puis-je en tirer ? Comment cette expérience m'a-t-elle servi dans ma croissance ?* Écrivez la nouvelle perspective, celle qui renforce votre pouvoir, sur ces événements.

7. Répondez, Ne Réagissez Pas : La prochaine fois que vous serez déclenché par un événement extérieur, privilégiez la réponse à la réaction. Faites une pause et respirez profondément avant d'agir. Offrez-vous l'espace nécessaire pour choisir une réponse qui soit en accord avec votre meilleur soi. Réfléchissez à la situation et demandez-vous : *Quelle est la réponse la plus*

LA FIN AMÈRE

sage en ce moment ? Écrivez comment vous pouvez mieux gérer des situations similaires à l'avenir, en créant une réponse plus réfléchie et intentionnelle.

9

L'Univers Est Une Force Aidante

« Ne soyez donc pas comme
eux, car votre Père sait de
quoi vous avez besoin avant
que vous ne lui demandiez. »
— Matthieu 6:8

Qu'est-ce qui vous empêche de dormir la nuit, vous inquiétant ? Qu'est-ce qui vous stresse au-delà de toute réparation
? Quelles nécessités avez-vous désirées, seulement pour
être refusé ? L'univers vous a-t-il déjà donné quelque chose
dont vous n'aviez pas besoin ?

DONNEL DELVA

Vous N'êtes Pas Une Victime De L'univers

Aucune partie de ce livre ne serait possible à mettre en pratique si vous croyiez que vous êtes une victime de cet univers. Comment pourriez-vous commencer à imaginer une réalité que vous pouvez co-créer si vous êtes pris dans l'illusion que l'univers a déjà conçu un enfer vivant pour vous ? Feriez-vous jamais preuve de réflexion si vous croyiez que l'univers a décidé de vous tourmenter ? Absolument pas ! Les études sur l'impuissance apprise suggèrent que ceux qui se sentent impuissants dans leurs circonstances échouent souvent à agir, renforçant ainsi leur propre souffrance.[1]

Ceux qui croient qu'ils ne sont pas simplement des co-créateurs de cet univers, mais les véritables moyens de son existence, seront ceux qui s'élèveront pour vivre la vie qu'ils désirent. Sans vous, encore une fois, l'univers s'effondre sur lui-même, retournant à son néant d'origine. Mais avec vous, la gloire de cet univers se réalise et se manifeste. Ce concept fait écho aux enseignements philosophiques et spirituels anciens qui décrivent la conscience comme la force fondamentale façonnant la réalité.[2] Même la physique quantique moderne suggère que l'observateur joue un rôle crucial dans la détermination du résultat des événements, ce qui soutient encore l'idée que nous sommes des participants actifs dans la création de notre monde.[3]

L'univers Veut Vous Aider

LA FIN AMÈRE

Ce chapitre dans son ensemble n'est pas une connaissance que vous ne vivez pas déjà chaque jour. J'aime comparer cette expérience à quelque chose que nous avons tous observé dans nos corps : il se guérit lui-même.

Que se passe-t-il lorsque votre corps est blessé ? La plaie reste-t-elle ouverte pour toujours, devenant de plus en plus infectée et éventuellement fatale ? Non. Elle se guérit d'elle-même. Mieux encore : l'univers, dont nous faisons partie intégrante, guérit la plaie pour nous. Les capacités naturelles de régénération du corps ont été largement étudiées dans les sciences médicales et biologiques, démontrant comment les cellules réparent instinctivement les dommages pour maintenir la vie.[4]

Puisque nous sommes l'univers, ce qu'il fait pour lui-même, il le fait pour nous tous. L'univers envoie des ouragans et des incendies de forêt, et vous pouvez vous éloigner et vous demander : *pourquoi toute cette destruction ?* Ce qui semble être une dévastation, dans cette terre paradoxale, s'avère être la force même qui favorise la vie. Les recherches en écologie confirment que les catastrophes naturelles jouent souvent un rôle crucial dans le renouvellement : les incendies de forêt enrichissent le sol, et les ouragans régulent les modèles climatiques.[5] Des cendres naissent de nouvelles pousses, nourries par le sol désormais fertile. Les vents de l'ouragan testent de nombreux arbres afin qu'ils deviennent plus forts avec le temps. Cette résilience se reflète dans la sélection naturelle et la biologie évolutive, où les pressions environnementales façonnent des organismes plus forts et plus adaptatifs.[6]

Ainsi, lorsque votre corps — lorsqu'un corps de toute créature — est coupé, l'oxygène dans l'air rencontre l'oxygène en vous pour créer de nouvelles cellules. Sans aucun effort de votre part, ces cellules savent comment réparer l'organisme vivant. Elles *savent*. Cette compréhension est due à l'intelligence universelle qui aide constamment la vie ! La régénération cellulaire et le rôle de l'oxygène dans la guérison ont été des domaines clés d'étude en biomédecine, montrant comment les réponses physiologiques fonctionnent pour réparer et améliorer la survie.[7] C'est une chose magnifique !

Et est-ce que vos cellules ramènent votre corps à son état précédent ? Pas tout à fait. Vos cellules *savent* — l'univers *sait* — réparer les organismes vivants à un niveau plus élevé, rendant des blessures similaires moins fatales la prochaine fois. L'ouragan, l'incendie de forêt, la coupure — ils finissent par vous rendre, ainsi que cette planète, plus forts et plus résilients. Les recherches sur la croissance post-traumatique suggèrent que les êtres humains s'adaptent également sur le plan psychologique en réponse aux épreuves, devenant plus capables et plus sages qu'auparavant.[8]

Rien n'a le pouvoir de maintenir cette coupure ouverte pour toujours, ni celui de garder les vents soufflant ou les feux brûlant éternellement. D'autres voudraient vous faire croire que la vie est une longue épreuve avec de rares moments de bonheur. Cela ne pourrait pas être plus éloigné de la vérité. Mais encore une fois, pour beaucoup, les luttes de la vie semblent être la réalité dominante.

Eh bien, je suppose que le mauvais est toujours là ... mais le bon l'est aussi. En réalité, la vie est une bénédiction infinie et un flot de miracles accompagnés de rares moments de difficulté. Ce n'est pas un spectacle catastrophique constant avec des pauses commerciales de paix. C'est une paix constante avec quelques publicités pour des trucs dont tu n'as pas besoin.

Alors, la prochaine fois que ton plan déraille ou que tu te sens à la traîne, imagine que tu es exactement là où tu dois être, car l'univers est toujours là pour t'aider. Demande-toi : *Comment cela m'aide-t-il ? Comment tout cela fait-il partie du plan divin ?* La réponse à ces questions t'ouvrira la voie abondante vers l'état désiré.

L'Univers Est Toujours En Mouvement Vers L'équilibre.

Lorsque vous observez l'univers autour de vous et remarquez comment il aide inlassablement lui-même et soutient la vie, vous pourriez supposer que ce processus se déroule sans réflexion. Cependant, rappelez-vous le principe que TOUT EST L'ESPRIT — tout ce qui existe est un produit de la conscience. Par conséquent, ce processus d'assistance est une pensée continue que l'univers entretient constamment.[9]

Vous ne pensez peut-être pas consciemment à vos narines qui aspirent de l'oxygène ou à vos artères qui transportent le sang vers vos organes, mais l'univers le fait. De cette manière, vous participez à ce processus, même inconsciemment. L'univers veille à ce que chaque organisme vivant soit soutenu et que la vie soit préservée. C'est la volonté de l'univers — une force intrinsèque et intelligente qui agit en faveur de l'équilibre et de l'accomplissement.[10]

L'univers ne juge pas ; il reflète simplement. Il offre aux gens exactement ce sur quoi ils se concentrent constamment et ce qu'ils demandent, que ce soit consciemment ou inconsciemment. Si la négativité domine votre monde intérieur, l'univers répond en fournissant un flux ininterrompu de négativité. Les études en psychologie cognitive confirment que notre attention façonne notre réalité — ce sur quoi nous nous concentrons constamment devient renforcé dans nos voies neuronales, affectant notre perception et notre comportement.[11] Inversement, si la gratitude et le service envers les autres définissent les meilleures parties de vous-même, alors l'univers soutient la vie de celui qui soutient la vie. Ce concept s'aligne avec les recherches en psychologie positive, qui montrent que la gratitude favorise un bien-être accru, la résilience et le succès.[12] Lorsque votre volonté s'aligne avec la volonté bienveillante de l'univers, vous accomplirez tout ce que vous désirez.

Vous pourriez aussi tomber dans la croyance que le chaos et la souffrance sont des éléments permanents de l'existence. Si tel est le cas, rappelez-vous que, puisque l'univers tend toujours vers l'équilibre, le désordre est *temporaire*. Toute négativité, tout chaos, est dans un état constant de dissolution. Les recherches en théorie des systèmes et en thermodynamique suggèrent que tous les systèmes complexes—qu'ils soient sociaux, biologiques ou cosmiques—progressent naturellement vers des états d'équilibre et de stabilité.[13] En temps voulu, les fausses réalités reviendront inévitablement à leur néant originel, car l'univers le veut ainsi.

LA FIN AMÈRE

L'abondance Est L'état Naturel Du Monde

Tout le monde — chaque organisme vivant dans ce monde — est destiné à expérimenter l'abondance. Personne n'est censé se contenter de survivre ; chacun est supposé avoir bien plus que ce qu'il lui faut. La vérité est qu'il y a suffisamment pour tout le monde.[14]

Vous voyez cette réalité abondante partout. Regardez l'arbre orange. Regardez le verger. Lorsque cet arbre, dans toute sa puissance, grandit et s'étend, est-ce qu'il s'échine sans fin pour produire un seul fruit *solitaire* ? Bien sûr que non. Un arbre qui naît d'une seule graine produit des centaines de fruits. C'est le modèle de la nature — expansion, multiplication et débordement. Les études écologiques confirment ce phénomène, montrant que les écosystèmes naturels tendent vers la croissance et l'abondance autosuffisante lorsqu'ils ne sont pas perturbés par des contraintes artificielles.[15]

Nous voyons le même principe d'abondance dans les finances. C'est pourquoi nous n'avons jamais besoin de rivaliser pour obtenir notre état désiré — car il y a bien assez d'argent dans le monde pour soutenir la vie de nos idéaux les plus élevés. Continuons-nous à passer la même monnaie sur laquelle les premiers présidents américains ont imprimé leurs visages ? Non. De nouveaux billets sont constamment imprimés, selon les besoins, pour répondre à la demande économique. L'offre mondiale de monnaie s'étend à mesure que la productivité et les systèmes financiers croissent, démontrant la nature toujours renouvelée de la richesse.[16]

De même, il y a aussi bien assez *de vous* pour tout le monde. Beaucoup de gens tombent dans l'illusion que leur temps est limité et souhaiteraient qu'il y ait deux d'eux pour gérer toutes leurs responsabilités. Cependant, cette mentalité de pénurie n'est qu'une illusion. Puisque l'abondance est l'état naturel de l'univers, il y aura toujours plus de vous à offrir lorsque vous vous connectez à l'énergie infinie qui imprègne le monde. La physique quantique et les études métaphysiques explorent ce concept, suggérant que la conscience elle-même n'est pas limitée par des contraintes physiques et que l'énergie — une fois dirigée — crée l'expansion.[17]

Au-delà de vos efforts individuels, des forces invisibles sont toujours à l'œuvre, vous aidant tout au long de votre parcours. Le monde lui-même fonctionne avec une intelligence qui dépasse la compréhension humaine, orchestrant des événements, des connexions et des opportunités. Les études psychologiques sur la synchronicité et la loi de l'attraction soutiennent cette idée, indiquant que lorsque les individus alignent leurs croyances avec l'abondance, ils deviennent plus réceptifs aux opportunités qui renforcent cet état d'esprit.[18]

$$E = mc^2$$

En 1905, Albert Einstein a présenté au monde sa théorie de la relativité, résumée dans l'équation désormais célèbre : $E = mc^2$. Directement de la part du génie lui-même, Einstein a expliqué dans une interview que cette équation indique que la masse et l'énergie ne sont que différentes manifestations de la même chose.[19] Plus spécifiquement, $E = mc^2$, dans laquelle l'énergie est égale à la masse multipliée par le carré de la vitesse de la lumière, démontre qu'une très petite quantité de masse peut être convertie en une énorme quantité d'énergie, et vice versa.[20]

Bien que je ne sois certainement pas un scientifique, les implications de cette équation vont bien au-delà de la physique. En ce qui concerne l'obtention de notre état désiré, ce principe suggère que l'énergie que nous libérons et absorbons est directement liée aux manifestations physiques qui en résultent. En d'autres termes, nos pensées, émotions et intentions créent une sortie énergétique qui influence la réalité que nous expérimentons.[21] Ce concept est omniprésent, observable dans la manière dont nous attirons des personnes et des événements dans nos vies en fonction de l'énergie que nous rayonnons.[22]

Nous sommes toujours engagés dans une danse symbiotique avec l'énergie. L'énergie que nous exsudons et attirons se matérialise dans cette dimension lorsque nous « carrons » symboliquement notre vitesse de la lumière par elle-même. Mais qu'est-ce que cela signifie ? En termes simples : lorsque vous utilisez votre imagination (représentée ici par la vitesse de la lumière, une constante) pour visualiser et expérimenter émotionnellement un état désiré, vous amplifiez son effet en le renforçant par la répétition et la croyance.[23] La recherche en neurosciences soutient cela, démontrant que l'imagerie mentale et la visualisation répétée renforcent les voies neuronales, faisant en sorte que les expériences imaginées semblent réelles pour le cerveau.[24]

Visualiser votre imagination fonctionnant de cette manière peut sembler complexe — ou comme de la pure magie — mais au fond, la force qui amène votre état désiré dans votre imagination est elle-même. Puisque l'univers fonctionne selon des principes mentaux, votre imagination inébranlable et divine doit être la force pensante agissant sur ses propres pensées.[25] Lorsque cela se produit, vous devenez le vaisseau — la matière physique — dont l'énergie a besoin pour se manifester dans cette dimension. Et rappelez-vous, cette manifestation n'est pas optionnelle ; c'est une loi. Puisqu'elle doit se produire, autant l'utiliser à votre avantage.[26]

Synergie

Lorsque vous observez l'univers aidant la vie, vous pourriez être tenté de croire que les processus se déroulent dans un système fermé. Paradoxalement, c'est un peu le cas : un système fermé qui possède la capacité de créer davantage de lui-même à l'intérieur du système fermé. Cependant, il existe un élément magique qui permet de soutenir de plus en plus de vie : la synergie.

La synergie est l'interaction ou la coopération de deux ou plusieurs organisations, substances ou autres agents pour produire un effet combiné supérieur à la somme de leurs effets séparés.[27]En d'autres termes, 1 + 1 = 3. L'un des exemples les plus connus de synergie est la relation entre les abeilles et les fleurs. Alors que les abeilles ont besoin du pollen des fleurs, les fleurs ont besoin des abeilles pour propager leur pollen, garantissant ainsi la prolifération de la vie végétale. Sans leur coopération, les écosystèmes s'effondreraient.[28] Cependant, si le processus s'arrêtait simplement là, leur relation serait un simple échange mutuel — mais ce n'est pas le cas ! La synergie de cette relation va bien au-delà des simples abeilles et fleurs ; elle conduit à l'épanouissement de tout un écosystème, créant un effet d'entraînement qui soutient d'innombrables autres espèces.

Ce principe s'applique à divers aspects de la vie. Prenez la musique, qui se compose de deux éléments fondamentaux : le son et le silence. Par eux-mêmes, ce sont des éléments simples, mais lorsqu'ils sont combinés avec intention, ils créent des mélodies qui touchent l'âme.[29] Il en va de même pour l'exercice : l'expansion et la contraction des muscles semblent être des mouvements opposés et basiques, mais leur interaction entraîne force, endurance et vitalité.[30] Même le sexe est un exemple de synergie, mêlant à la fois le rythmique et le physique — presque comme un exercice musical (de manière magnifique, mais je m'égare).

La même synergie s'applique à la manifestation de votre état désiré. Vous pouvez interagir avec votre imagination et amener cette énergie dans la matière physique, mais cet échange ne s'arrête pas là. Ce qui résulte de cette transaction est une réalité supérieure à la somme de vos efforts initiaux — votre état désiré ne se manifeste pas seulement pour vous, mais rayonne également vers l'extérieur, façonnant le monde et influençant les autres. Ce livre lui-même est un exemple de synergie. Bien après avoir terminé de taper ces mots, quelque chose de bien plus grand que la somme de mes doigts et de ce MacBook restera : votre expérience en le lisant (et, avec une foi immense, les bénéfices que vous en retirerez).[31]

Dans la plupart, sinon dans toutes, les relations synergiques, nous avons la partie facile. Être ou ne pas être — c'est tout. Nous effectuons l'action nécessaire pour que la magie se déploie, ou nous ne le faisons pas. Il n'y a que deux options, rien de plus. Pourtant, les résultats de ces deux choix vont bien au-delà des choix eux-mêmes.

MERCI DIEU ! Cela signifie que tout ce que j'ai à faire, c'est être ou ne pas être. Et devine quoi ? Je suis déjà toujours en train d'être ou de ne pas être. Qui je suis s'aligne soit avec les actions nécessaires pour que mes objectifs se matérialisent, soit les contredit douloureusement. Si les conditions pour créer l'état désiré étaient plus difficiles — si vous deviez réellement fournir le troisième « 1 » pour générer « 3 » — alors cet univers serait encore sans forme et vide. Parce que lorsque Dieu a dit que la lumière devait exister (le « 1 » de Dieu), si l'univers avait répondu : « Désolé, mais tu dois allumer la lumière toi-même — débrouille-toi, mon pote », alors rien ne se serait passé. Au lieu de cela, l'univers a permis qu'il soit agi sur lui, et le résultat synergique est la beauté et la gloire qui imprègnent maintenant ta vie sans fin.[32]

Loi De La Dissonance

Il existe une théorie cognitive bien établie connue sous le nom de *dissonance cognitive*, qui soutient que les individus éprouvent une gêne psychologique lorsqu'ils détiennent des croyances, des attitudes ou des comportements contradictoires. Pour atténuer cette gêne, ils ajustent souvent leurs croyances ou leurs comportements afin de créer une cohérence entre eux.[33] Si vous lisez ce livre dans le but d'obtenir inévitablement votre état désiré (ou si vous faites simplement partie des « quatre-vingt-dix-huit pour cent »), vous éprouvez probablement une forme de dissonance en vous.

Dans cette expérience, une fois de plus, l'univers vous aide. Le simple fait que vous ressentiez de l'inconfort dû à un manque de congruence devrait servir de signal : l'univers vous pousse naturellement vers l'équilibre. Le but est la paix — pas la discorde. Ainsi, lorsque vous êtes « au régime » et que vous vous retrouvez à vous glisser dans la cuisine tard dans la nuit, vous — que vous en soyez consciemment conscient ou non — éprouverez un véritable tourment de dissonance... et cela est conçu ainsi. Votre corps remarquable instille cet inconfort comme une forme de protection. Rien n'est plus dangereux qu'une machine qui se contredit elle-même. Les recherches en neurosciences soutiennent cela, car des études ont montré que la dissonance cognitive non résolue active des réponses de stress dans le cerveau, poussant les individus à chercher une résolution par des changements de comportement ou de croyance.[34]

Réfléchissez-y : que feriez-vous si votre paire de ciseaux coupait une feuille de papier, pour ensuite l'ouvrir à nouveau et découvrir que les mêmes ciseaux ont *réparé* la coupe, laissant le papier dans son état original, encombré et simple ? Ce paradoxe vous troublerait car il contredirait les lois fondamentales de la cause et de l'effet. De la même manière, lorsque vos actions et croyances se contredisent, votre esprit et votre corps se révoltent contre l'incohérence, vous incitant à ramener votre réalité en alignement.

Ainsi, regardez toujours les signes de dissonance comme un signal de départ pour améliorer votre vie. Au lieu de penser : *« Je suis tellement faible, je ne peux jamais suivre un régime ; finissons simplement ce paquet de beignets avec les chauves-souris »*, décidez : *« Hé, ça me semble bizarre de manger ces beignets à trois heures du matin. Cette gêne me dit quelque chose. Je vais jeter toutes ces sucreries et aller dormir. »* Des études en psychologie comportementale suggèrent que reconnaître la dissonance cognitive en temps réel et prendre des mesures correctives renforce l'autodiscipline et le changement de comportement à long terme.[35]

La Loi De l'Expérience

Pendant ma première année après l'université, lorsque j'ai commencé à enseigner l'anglais aux lycéens, j'ai dû prendre une décision cruciale : devais-je poursuivre mes études en école supérieure ou entrer directement en classe ? Étant l'étudiant passionné que j'étais, j'ai postulé à la Harvard Graduate School of Education. Et là, coup dur : j'ai été promptement et totalement rejeté. C'était la première fois de ma vie qu'un projet éducatif majeur que je m'étais fixé ne se réalisait pas. Jusqu'à ce moment-là, mon parcours académique s'était déroulé sans accroc : j'avais postulé et été accepté dans un seul lycée, Fairfield Prep, puis dans un seul collège, le College of the Holy Cross, sans le moindre obstacle. J'étais porté par une trajectoire parfaite de deux réussites sur deux — et, fait sous-estimé, par une tranquillité d'esprit totale.

LA FIN AMÈRE

Donc, fidèle à moi-même, je n'ai pas pris ce refus comme un échec, mais comme une redirection divine — une porte de plomb se fermant pour laisser place à une porte dorée. Et, comme si l'univers l'avait orchestré, j'ai coïncidemment croisé le ministre du campus de mon alma mater, qui m'a présenté une opportunité parfaite : une chance d'enseigner l'anglais à Prep en tant que bénévole. J'ai immédiatement saisi cette occasion, et elle m'a conduit à l'une des réalisations les plus profondes de ma vie.

J'ai appris plus sur l'enseignement de l'anglais en une année de service que je n'aurais jamais pu apprendre dans la meilleure école de troisième cycle des États-Unis. Pourquoi ? Parce que je l'ai vécu. Des recherches en psychologie de l'éducation soutiennent cette idée : l'apprentissage par l'expérience dépasse souvent l'enseignement théorique pour développer une expertise pratique et une meilleure rétention des connaissances.[36] Une année d'expérience pratique dans le domaine de votre choix — que ce soit en jouant un match, en réalisant une opération ou en menant une bataille — apporte exponentiellement plus de connaissances et d'expertise que deux années d'étude théorique en salle de classe.[37]

Encore une fois, l'univers nous aide à acquérir une expérience abondante afin que nous puissions maîtriser notre état désiré. Ai-je obtenu une maîtrise en éducation secondaire après cette année-là ? Non (bien que j'en termine actuellement une à la School of Education & Human Development de Fairfield University). Mais ai-je appris à être un enseignant efficace, à équilibrer travail et vie personnelle, et à m'épanouir en tant qu'adulte ? Absolument. Après tout, l'expérience est le meilleur professeur, un sentiment confirmé par des études en psychologie soulignant que l'apprentissage par la pratique est la méthode la plus efficace pour acquérir des compétences.[38]

La Loi De L'affrontement Redouté

Mais que faire si j'ai tellement peur que j'en remplis le Grand Canyon ? Je t'entends—mais je ne voudrais pas te sentir.

Dun ta da dunn ! L'univers vient encore une fois à la rescousse avec une stratégie simple pour surmonter cette peur : la thérapie par exposition. Le principe derrière la thérapie par exposition et la loi de la confrontation craintive est de s'acclimater progressivement à ce que l'on craint grâce à des étapes progressives. La recherche en psychologie comportementale a démontré que la désensibilisation systématique—une exposition graduelle à un stimulus redouté—peut réduire considérablement les réactions de peur au fil du temps.[39]

Par exemple, bien que je sois un enseignant né, j'étais toujours nerveux à l'idée d'instruire des élèves seul, même dans un cours d'orientation estivale à faible enjeu pour les nouveaux élèves de première année. Le cours consistait littéralement à aider les étudiants à s'acclimater à l'école, et mon rôle était de rendre cette transition facile et amusante. Mais c'était la première classe que je dirigeais en solo, et elle m'a finalement appris bien plus que ce qu'elle a enseigné à mes élèves.

J'ai commencé lentement. Au début, je ne les adressais que depuis le côté gauche de la salle de classe, face à l'enseignant. J'ai dû avoir l'air tellement maladroit, debout dans le coin, à pointer du doigt le projecteur au milieu de la classe. Mais petit à petit, je me suis exposé à de plus en plus d'interactions directes avec eux. Maintenant, après une année d'enseignement de l'anglais, je danse pratiquement autour de la classe, secouant les réponses pour les faire sortir d'eux. Les recherches suggèrent que l'exposition répétée à des situations difficiles réduit non seulement la peur, mais renforce également la confiance en soi et les performances au fil du temps.[40]

L'exposition progressive à ce que vous craignez est la manière dont l'univers cultive la force et le courage en vous. « Dieu ne fera pas manifester son œuvre par des lâches, »[41] donc, ne vous attendez pas à atteindre votre état désiré en restant dans la peur. Si vous avez peur des araignées, découvrez à quel point cette peur est profonde. Est-ce que vous vous sentez faible rien qu'en en voyant une à la télévision ? Et les petites ? *Harry Potter et la Chambre des Secrets* vous ont-ils traumatisé à vie, vous laissant trembler comme une feuille ? Si c'est le cas, vous n'êtes pas seul(e) – des recherches montrent que les phobies proviennent souvent d'expériences traumatiques précoces ou d'une exposition médiatique.[42]

Découvrez où se situent vos limites. Apprenez à vous connaître. Découvrez combien vous pouvez supporter avant de commencer à appeler maman. Grâce à une exposition progressive et contrôlée, vous surmonterez cette peur. Et une fois que vous l'aurez fait, vous vous trouverez du côté de la ville où vit votre état désiré.

Loi D'inertie

Si vous ne connaissez pas déjà la célèbre première loi du mouvement de Newton, elle stipule très simplement : les objets en mouvement restent en mouvement, et les objets au repos restent au repos, à moins qu'une force externe n'agisse sur eux.[43]

L'univers respecte cette loi sans exception. Si vous êtes dans votre état désiré — en train de faire l'amour, de gagner de l'argent, de vous amuser — vous trouverez qu'il devient de plus en plus facile de maintenir cet élan. Vous continuerez à faire atteindre l'orgasme à vos partenaires, à obtenir des dons pour des organisations et à découvrir de nouveaux endroits où voyager. À l'inverse, si votre vie sexuelle est aussi réelle que le dinosaure dehors — c'est-à-dire qu'elle n'existe que sur des écrans — vous trouverez également qu'il est étonnamment facile de rester dans cet état. Les études sur l'inertie comportementale en psychologie confirment que les comportements habituels, une fois établis, tendent à se renforcer eux-mêmes, rendant le changement de plus en plus difficile avec le temps.[44]

L'univers facilite l'expression de nos états désirés sans discrimination. Il ne juge pas entre des moments passionnés et intenses ou des moments passés seul avec votre téléphone — il vous permet simplement de continuer à faire ce que vous faites déjà. La recherche en neurosciences montre que les comportements et pensées répétées forment des voies neuronales, renforçant les schémas et les rendant plus automatiques.[45]

Alors, commencez dès maintenant à atteindre votre état désiré. Visualisez exactement ce que vous voulez dans votre imagination et comprenez les changements internes nécessaires pour y parvenir. Ensuite, passez à l'action. Une fois que vous avez trouvé votre mojo — ou votre élan — laissez le cadeau de l'inertie vous porter vers la terre promise. Les principes de l'élan cognitif suggèrent qu'une fois qu'un individu amorce une action vers un objectif, il devient beaucoup plus facile de maintenir le progrès.[46]

Loi De Non-Résistance

Conformément à la nature de cette section, je vais rendre le message bref et sans effort. Quelle est la façon la plus simple pour qu'un tuyau déverse de l'eau en grande quantité ? Est-ce en bouchant l'ouverture avec votre doigt ? Ou en le repliant en deux et en le serrant à fond ? Non et non. La réponse : en dégageant un chemin pour une non-résistance exquise et orgasmique.[47]

Vous voulez atteindre votre état désiré. Cela est suffisamment clair. Mais ne le désirez pas à un point tel que vous freinez votre propre croissance. Des recherches suggèrent que l'effort excessif et un comportement forcé peuvent en réalité nuire à vos progrès plutôt que de les accélérer.[48] Il viendra un moment dans votre parcours où vous réaliserez que votre nature forceuse est la cause de tous vos malheurs. Détendez-vous. Laissez l'univers vous aider. Suivez le courant. Si vous avez fait toute la visualisation nécessaire, cultivé intérieurement et préparé physiquement—si vous avez planifié la soirée, payé pour le dîner et créé une ambiance très détendue chez vous—alors l'univers, à n'en pas douter, pliera le temps et l'espace pour vous offrir la réalité la plus sexy et la plus magique que vous puissiez imaginer. Des études montrent que la loi de l'attraction et la non-résistance sont essentielles pour manifester ce que vous désirez.[49] C'est le genre de réalité qui vous fait crier et mordre dans votre propre oreiller, pour Dieu, pour encore plus, pour continuer, et pour que, s'il vous plaît, ça ne s'arrête pas.

Croyez-moi, avec un univers qui veut tout vous apporter, vous avez toujours été plus près de cette réalité que vous ne voulez bien le réaliser.[50]

LA FIN AMÈRE

Étapes d'Action Immédiates

1. Adopter Un Locus De Contrôle Interne : Réfléchissez aux domaines de votre vie où vous vous sentez peut-être comme une victime. Écrivez des exemples précis où vous avez eu l'impression que les circonstances extérieures vous contrôlaient. Ensuite, réécrivez ces histoires du point de vue où vous, et non le monde extérieur, déterminez votre réponse. Identifiez un domaine où vous pouvez prendre une action immédiate pour passer de la position de victime à celle de personne habilitée.

2. Reconnaître Le Pouvoir De Guérison De l'Univers : Observez comment votre corps guérit automatiquement de petites coupures ou ecchymoses. Utilisez cela comme une métaphore pour les défis que vous rencontrez. Réfléchissez à un problème ou défi actuel et pensez à une petite action positive que vous pouvez entreprendre, reflétant votre propre capacité naturelle à guérir et à vous améliorer.

3. Embrasser l'Abondance : Prenez un moment aujourd'hui pour reconnaître l'abondance déjà présente dans votre vie. Que ce soit la nourriture sur votre table ou les relations que vous cultivez, notez trois exemples d'abondance que vous vivez. Visualisez comment l'élargissement de votre état d'esprit peut attirer encore plus de cela dans votre vie.

4. Puisez Dans l'Énergie De Vos Pensées : Utilisez le principe $E = mc^2$ pour évaluer vos pensées et votre énergie. Notez un objectif ou un désir actuel, puis réfléchissez à l'énergie que vous envoyez dans le monde par rapport à cet objectif. Vos pensées et actions sont-elles en harmonie avec cette vision ? Si ce n'est pas le cas, notez une action spécifique que vous pouvez entreprendre aujourd'hui pour aligner votre énergie avec le résultat désiré.

5. Créez De La Synergie : Identifiez une relation dans votre vie — qu'elle soit personnelle ou profession-nelle—qui pourrait bénéficier d'une plus grande col-laboration. Comment pouvez-vous créer de la syn-ergie au sein de cette relation ? Contactez cette per-sonne et suggérez une manière de travailler ensem-ble pour créer quelque chose de plus grand que la somme de vos efforts.

6. Équilibrer La Dissonance Et l'Harmonie : Si vous avez éprouvé de la dissonance interne (inconfort cognitif), reconnaissez-le. Écrivez ce que cet inconfort essaie de vous enseigner. Ensuite, prenez une action pour soit aligner vos croyances, soit ajuster vos comporte-ments, en vous dirigeant vers un plus grand senti-ment d'harmonie intérieure.

7. Confrontation De La Peur : Pensez à une peur qui vous retient. Décomposez-la en petites étapes gérables. Faites le premier pas pour confronter cette peur, aussi petit soit-il. Documentez votre expérience

et comment vous vous êtes senti avant, pendant et après avoir fait ce pas.

8. Utiliser l'Inertie À Votre Avantage : Réfléchissez à une habitude positive que vous avez établie. Comment pouvez-vous utiliser la loi de l'inertie pour maintenir cet élan ? Fixez-vous un petit objectif réalisable aujourd'hui qui renforcera cet élan positif. Sinon, identifiez une habitude négative que vous souhaitez briser et faites un pas délibéré pour créer un changement d'élan.

9. Pratiquer La Non-Résistance : Identifiez une zone de résistance dans votre vie — quelque chose que vous avez forcé ou avec lequel vous avez lutté. À quoi cela ressemblerait-il d'aborder cela avec aisance plutôt qu'avec force ? Prenez une action aujourd'hui pour permettre aux choses de couler plus naturellement dans cette zone.

10

Ne Croyez Pas Aux Excuses

« Un autre dit : Seigneur,
je te suivrai, mais permets-moi d'abord de prendre
congé de ceux qui sont
dans ma maison. » Jésus
lui répondit : « Quiconque
met la main à la charrue
et regarde en arrière n'est
pas propre au royaume de
Dieu. » —Luc 9:61-62

Quelles fausses excuses utilisez-vous pour rester confort-
ablement dans votre état indésirable ? À quel point l'idée
de devenir charmant, accompli et en bonne santé vous ef-
fraie-t-elle ? Vos excuses vous offrent-elles une couverture
dans laquelle vous blottir lorsque les choses se compliquent

? En quoi vos excuses vous aident-elles à atteindre votre objectif d'une médiocrité confortable ?

LA FIN AMÈRE

N'abandonnez Jamais

À un moment donné de votre voyage, vous voudrez désespérément abandonner. Vous maudirez le jour où votre cœur a explosé et vous a poussé à agir. Tout le voyage vous semblera une perte de temps, et vous pleurerez — de vilains, vilains sanglots. S'il vous plaît, permettez-moi d'être une voix parmi tant d'autres pour vous encourager : continuez d'avancer !

Rappelez-vous quand j'ai dit dans *Ne Succombez Pas À La Gratification Instantanée — Progressez Pas À Pas* que peu importe si vous abandonnez après un pour cent d'un projet ou après quatre-vingt-dix-neuf pour cent – si vous abandonnez, vous n'obtenez aucun résultat ? Oui, je le pensais vraiment, et j'ai besoin que vous rassembliez toute l'énergie qui vous a permis de lire jusqu'ici pour continuer.

Vous voulez quelque chose d'inhabituel, d'extraordinaire. Pensez-vous pouvoir devenir cette personne en faisant des choses conventionnelles et ordinaires ? Si vous avez répondu non, vous avez tort. En réalité, atteindre votre état désiré nécessite en effet des choses très simples et souvent banales : de bonnes habitudes, un caractère décent, une attitude agréable, etc. Le mystère qui hante ceux coincés dans leur état indésirable réside dans la routine vertigineuse cachée sous la pointe de l'iceberg. Faire du sport une fois ? Toujours gros. Faire du sport tous les jours ? Santé divine, attraction sexuelle, tout ce que vous voulez.

Les personnes que vous admirez et imitez peuvent être facilement reproduites. Après un minimum de recherches, vous découvrirez qu'elles ont tracé la carte au trésor menant à leur richesse. Elles ont atteint la paix de leur état désiré grâce à des aspects de l'existence humaine accessibles à tous : imagination, compréhension intérieure, bonne conduite. Cependant, ce qui les distingue et les propulse au-delà des autres, c'est leur capacité irrationnelle à persister, à avancer pas à pas, à ne jamais abandonner leur objectif ultime.

Leur volonté inébranlable de persévérer alors que d'autres ont abandonné depuis longtemps est véritablement irrationnelle.[1] Nos cerveaux sont conçus pour nous réconforter. L'objectif de notre cerveau est de nous fournir des informations qui nous protègent. Des études montrent que la fonction principale du cerveau est la survie, il nous guide donc naturellement vers la sécurité et loin de l'inconfort.[2] Rappelle-toi, *Cela N'a Pas Besoin D'être Logique Pour Être Vrai* ? Et cela n'a toujours pas changé. Si je dépense des milliers de dollars pour ma startup, passe d'innombrables journées sur mon livre, et que je ne vois rien en retour après un ou deux ans, la logique et les instincts de préservation de soi alerteront tout mon corps pour me dire de me détendre et d'abandonner.

Mais voici la chose : tu n'as besoin d'avoir raison qu'une seule fois. Une entreprise qui a coûté des milliers de dollars et d'heures pour commencer, un livre qui a pris des années à terminer, peut produire une abondance de richesse, de santé, de bonheur et d'amour qui traversera les générations. Ce que tu as enduré représente une période de bien pour l'humanité. Si tu abandonnes, tu ne volerais pas seulement à l'humanité quelque chose dont nous avons besoin, mais tu t'arracherais aussi à l'appel que la dimension des rêves t'a assigné. Ce monde d'imagination, de possibilités infinies, a besoin de toi pour exister — alors s'il te plaît, continue ! Tu es plus proche que tu ne le penses. Tu ne pourrais pas être plus proche, puisque le désir s'est littéralement planté en toi. Seul toi peux être son héros et le libérer. Il le sait et t'a choisi ; maintenant, tu sais qu'il t'a choisi — alors crée-le.

Ne Fuis Pas Les Problèmes — Trouve Des Solutions

Tu as déjà identifié le véritable coût de ce que tu veux. Je n'ai aucun doute que ton état désiré attire son lot de problèmes — tous les états désirés en attirent. Cependant, il existe des problèmes que tu acceptes volontiers et d'autres que tu tolères à contrecœur. Par exemple, un fumeur peut accepter volontiers l'augmentation des chances de mort mais ne pas être très content de devoir dépenser une fortune — ce qui n'empêche pas de faire une nouvelle bouffée. Des études en psychologie comportementale montrent que les gens s'engagent souvent dans la dissonance cognitive, acceptant des risques lorsque la récompense perçue l'emporte sur les conséquences.[3]

L'objectif d'atteindre ton état désiré n'est pas d'arriver à un endroit où les problèmes n'existent pas (cet endroit n'arrive jamais), mais d'arriver à un endroit où tu as des solutions pour les problèmes que tu rencontres. Des recherches psychologiques suggèrent que ceux qui se concentrent sur la résolution de problèmes plutôt que sur l'évitement expérimentent une plus grande résilience et un meilleur bien-être.[4] Regarder le dragon que tu dois abattre sans aucune protection ni arme sera toujours intimidant. Approcher Goliath avec une fronde te fera toujours hésiter. La différence entre tes nouvelles difficultés et celles du passé, c'est que maintenant tu es armé de bien plus que des forces extérieures.

Tu as attiré ton état désiré ; il s'est manifesté pour toi parce que tu possèdes la maîtrise intérieure nécessaire. Ce dragon pourra brûler ta peau et percer ta chair. Goliath pourra écraser tes os et te broyer entre ses dents. Mais ce qui ne peut être touché, c'est ton être intérieur. Des recherches en neurosciences montrent que les individus ayant une forte croyance en leur propre efficacité — la confiance en leurs capacités — sont plus susceptibles de persister face aux défis et de façonner leur réalité.[5]

L'univers répond maintenant à chaque appel et satisfait tous tes besoins — eh bien, bonjour ! — rien en dehors de ton moi inébranlable et magique ne pourra jamais t'ébranler. Des études sur la loi de l'attraction suggèrent que se concentrer sur les solutions plutôt que sur les obstacles augmente la probabilité d'atteindre ses objectifs.[6] Ton imagination attirera ce qui est nécessaire pour te ramener à l'équilibre, à ton état naturel. La science cognitive le soutient, montrant que les techniques de visualisation peuvent améliorer les capacités de résolution de problèmes et favoriser l'équilibre émotionnel.[7]

L'échec Ne Signifie Pas La Défaite

Considérez tous les échecs comme des tremplins vers l'accomplissement de votre objectif ultime : obtenir votre état désiré. Lorsque la réalisation de votre état désiré demeure votre véritable objectif, les échecs mineurs pâlissent en comparaison de la réalité que vous vous rapprochez continuellement de la vie de la personne que vous aspirez à devenir.

Puisque votre état désiré est un mode de vie plutôt qu'un objet tangible et limité, le fait que des possessions matérielles se manifestent ou non devant vous ne vous détournera pas de votre parcours. Vous ne recherchez pas un simple objet — vous êtes en train de devenir quelqu'un. Cette transformation signifie que votre identité, et non la validation externe, définit votre état désiré. Une personne qui est véritablement devenue cette version d'elle-même est incapable de défaite. Les recherches sur les habitudes basées sur l'identité suggèrent que lorsque nous alignons notre sens de soi avec nos objectifs, nous sommes plus susceptibles de maintenir notre motivation et notre résilience face aux obstacles.[8]

Souvent, si ce n'est toujours, lorsque nous incarnons la personne que nous aspirons à être mais n'avons pas encore attiré certaines possessions matérielles, cela signifie que nous avons évolué au-delà de notre conception initiale du succès. Par exemple, au cours de mon parcours, j'avais un jour désiré une Tesla Model S. Je la voyais comme un symbole de commodité, de luxe et de l'attrait avant-gardiste des voitures électriques. Cependant, au fur et à mesure de mon chemin, je suis devenu quelque chose de bien plus grand — une personne authentique, pleine de vie. Pourtant, la Tesla n'est toujours pas arrivée. Est-ce que je me sens comme un échec ? Admettons-le, un peu. Mais est-ce que je me sens vaincu ? Je ris même en considérant une réponse. Les études en psychologie positive montrent que la véritable épanouissement ne vient pas de l'acquisition matérielle, mais de la croissance intérieure et du but.[9]

Les choses que nous désirions autrefois n'étaient jamais l'objectif ultime. Ce que nous cherchons vraiment, c'est de devenir quelqu'un qui chérit tout — chaque moment passé avec un être cher, chaque bon anime, chaque lever du soleil. Si une villa est nécessaire pour que vous puissiez profiter de l'air frais ou si une Rolls-Royce est le seul moyen pour vous d'apprécier une conduite en douceur, alors vous êtes encore piégé dans un état non désiré. Le matérialisme seul n'est pas synonyme de bonheur ; beaucoup de ceux qui semblent « tout avoir » luttent contre le vide. Les recherches sur l'adaptation hédonique suggèrent que les acquisitions externes ne procurent qu'une satisfaction temporaire avant que les individus ne retournent à un niveau de bonheur de base.[10] Considérez les célébrités qui ont amassé la gloire et la richesse, mais qui succombent au désespoir — malgré tout ce qu'elles ont accompli extérieurement, elles demeurent insatisfaites intérieurement. Dès le début, elles étaient destinées à l'échec, peu importe combien elles semblaient réussir.

Lorsque vous restez fidèle à votre transformation, vous constaterez que ce que vous attirez est précisément ce dont vous avez besoin — que ce soit des personnes, des opportunités ou des circonstances — au moment exact où ils doivent arriver. De cette manière étrange, la réalité qui se déroule devant vous dépassera de loin chaque idéal élevé que vous aviez un jour imaginé. Ce phénomène se produit parce que, bien que vous soyez trop proche de la peinture, englouti par les arbres, l'univers observe toujours le tableau complet et en expansion. Les recherches en théorie des systèmes suggèrent que les réseaux complexes opèrent au-delà de notre perception immédiate, orchestrant des connexions et des résultats que nous ne pouvons pas anticiper.[11]

Ce que vous voyez n'est pas ce que l'univers voit. Dans son effort incessant pour favoriser et soutenir la vie, il vous apportera toujours ce dont vous avez besoin au moment où vous en avez le plus besoin. De cette manière sans effort, vous régnez, en toutes circonstances, victorieux.

Ce N'est Pas Parce Que Cela N'a Pas Fonctionné Une Fois Que Cela Ne Fonctionnera Jamais

Ce que vous faites — vous améliorer, faire ressortir et nourrir la meilleure version de vous-même — est un travail difficile. Vous constaterez que de nombreuses tentatives pour changer vous laisseront à plat, parfois même dans une situation pire que celle où vous avez commencé. Après tout, quand vous étiez une merde, au moins vous étiez une merde simplement existant dans sa propre présence nauséabonde. Mais maintenant ? Maintenant vous êtes brisé, éparpillé, désagréable à côtoyer et complètement perdu. Il est facile de se décourager et de penser : *J'ai essayé de devenir une personne tempérée, mais je n'arrête pas de fumer ; j'abandonne !* Mais voici la chose : essayez encore cette fois.

Cela n'a pas fonctionné la première fois parce que l'échec n'est pas la fin du processus — c'en fait partie. Il y a des leçons dans chaque faux pas qui vous serviront plus loin sur le chemin. Considérez cela comme escalader une échelle : les premières marches ne touchent pas physiquement les dernières, mais elles sont néanmoins nécessaires pour y arriver.[12] Lorsque vous jetez l'éponge, vous vous éloignez d'un adversaire sur le point d'être vaincu, celui qui implore que votre conviction vacille. Vous refermez le livre après cinq chapitres alors que l'histoire entière en a dix qui ne cessent de s'améliorer. Les leçons apprises dans le cinquième chapitre vous permettront de traverser le suivant — pas seulement le dernier.[13]

Votre succès ultime ne vient pas de ce que vous avez appris récemment, mais de l'accumulation de tout ce que vous avez appris en chemin. Si vous pensez que parce que vous avez appris à marcher, vous pouvez immédiatement concourir aux Jeux Olympiques de longue distance, alors vous êtes drôle. Cela ne fonctionnera jamais tout de suite. La croissance ne se produit pas instantanément ; elle nécessite des efforts constants, de l'adaptation et du temps. Des recherches psychologiques sur la formation des habitudes suggèrent que le véritable changement comportemental est atteint par des efforts répétés, des revers et des ajustements.[14]

En d'autres termes, vous ne pouvez pas simplement claquer des doigts et réduire à néant la moitié de la population de l'univers. (Bien que, soyons honnêtes, ce serait plutôt cool.) Mais finalement — grâce à la persévérance, au raffinement et à l'acquisition des outils nécessaires — ça finira par marcher. Comme la collecte des Pierres d'Infinité, votre parcours nécessite l'accumulation des dispositions de caractère, des attitudes et des disciplines nécessaires pour devenir pleinement celui que vous dites être. Chaque pièce du puzzle s'ajoute à la précédente jusqu'à ce qu'enfin, vous puissiez vous reposer en sachant que vous avez réussi. (C'est là que vous dites, *D'accord, je vais le faire moi-même.*)

C'est Plus Facile À Faire Qu'à Dire

Soixante-dix-neuf pour cent du temps, créer sans concurrencer vous permet de librement attirer la vie que vous désirez sans la pression de devoir « mettre votre argent où est votre bouche ». Cette liberté existe parce que, si vous êtes honnête avec vous-même, atteindre votre état désiré est plus facile à faire qu'à en parler. Des recherches en psychologie cognitive suggèrent que la poursuite des objectifs basée sur l'action est souvent plus efficace que les affirmations verbales seules, car elle contourne la résistance cognitive et renforce la croyance par l'expérience.[15]

Pour commencer, une grande partie de ce que vous voulez est façonnée par des influences extérieures — des idéaux marqués par les perceptions que les autres imposent sur le succès. Voulez-vous vraiment un manoir, ou cette idée a-t-elle été tellement affichée devant vous que vous avez été subliminalement amené à croire que c'est ce que vous devriez vouloir ? Des études en psychologie du consommateur montrent que les normes sociales et les médias influencent fortement les aspirations personnelles, conduisant souvent les individus à poursuivre un succès matériel qui n'est pas en accord avec leurs valeurs intrinsèques.[16] Une grande partie de ce que vous voulez sera difficile à articuler ou à définir précisément. Malgré ce défi, de nombreux experts en développement personnel proclament fermement : « *Sois extrêmement précis sur ce que tu veux !* » Oh mon dieu, pas encore ça.

Je ne peux pas vous dire — ou plutôt — laissez-moi vous dire combien j'ai manifesté simplement en agissant plutôt qu'en parlant. Avec ce mantra à chaque souffle — *plus facile à faire qu'à dire, plus facile à faire qu'à dire* — j'ai transformé ma vie pleine d'anxiété, d'une vie de comparaison à une vie de grande paix, de satisfaction, de joie et de romance. La recherche en neurosciences sur la formation des habitudes et le changement comportemental suggère que l'action répétée renforce les voies neuronales, rendant le succès plus probable lorsque l'effort est concentré sur l'action plutôt que sur l'analyse excessive ou la verbalisation des objectifs.[17] Un par un, j'ai commencé à voir des résultats se former dans ma vie. J'adorais les expressions surprises des gens quand ils voyaient des choses qui auraient dû prendre tellement de temps apparaître soudainement. De leur point de vue, mes succès semblaient être sortis de nulle part. Mais je connais la vérité : en me contentant de ne pas discuter de mes ambitions, mes années de diligence se sont transformées sans effort en points de conversation séduisants et en un plaisir général.

Ainsi, il n'est pas nécessaire d'écrire quoi que ce soit lorsque votre accès à ce qui est à venir est si limité. Des études sur la théorie de la définition des objectifs indiquent que bien que noter ses objectifs puisse être utile pour la clarté, une verbalisation excessive peut parfois créer un faux sentiment d'accomplissement, réduisant ainsi la motivation à passer à l'action réelle.[18] Vous ne savez pas ce que vous ne dites pas. Vous savez ce que vous faites ou ne faites pas. Chaque cellule de votre corps sait si vous vous rapprochez de votre état désiré ou non — alors, tais-toi.[19]

Ne Tolère Jamais — Ne Te Contente Jamais

Trop souvent, tu rencontreras des personnes qui se sont résignées à la médiocrité, se contentant de normes médiocres dans leur vie. La vie à laquelle tu aspires est désirable en raison de sa grandeur. Personne ne rêve d'une existence médiocre, pourtant beaucoup tolèrent le comportement sans éclat de ceux qui ont depuis longtemps cessé de lutter pour plus.[20]

Lorsque tu laisses des normes médiocres entrer dans ta vie, tu envoies inconsciemment un signal à toi-même : « *C'est ce que nous valons.* » Au fil du temps, cette exposition répétée à de faibles attentes conditionne ta propre estime de soi et, par conséquent, tes actions.[21] Le cerveau humain s'adapte aux normes que nous renforçons, et lorsque nous normalisons la médiocrité, nous commençons inconsciemment à l'attendre et à l'accepter.[22] Inversement, lorsque vous refusez de vous contenter de peu, vous exigez des normes plus élevées, non seulement de vous-même, mais aussi des autres. Ce principe explique pourquoi je défends un service de restaurant de première classe. L'exclusivité de l'établissement est sans importance ; si j'y suis en tant qu'invité, alors je m'attends à être traité en conséquence. Je ne suis jamais impoli avec les serveurs, et j'accepterai volontiers une commande incorrecte de valeur égale. Cependant, je suis minutieux en ce qui concerne les petits détails.

Les manières apparemment mineures par lesquelles les gens honorent ou négligent votre valeur en disent long sur l'estime que vous vous accordez. Par exemple, une fois, j'ai dîné dans un restaurant asiatique où le serveur a accidentellement renversé une goutte de soupe miso de ma compagne de l'époque. C'était une quantité négligeable, mais j'ai demandé un nouveau bol pour elle. Le serveur était visiblement mécontent, mais a obéi. Bien que la différence de quantité de soupe ait été triviale, l'impact sur ma partenaire a été profond — elle s'est sentie valorisée. Ce geste a renforcé une vérité importante : la manière dont nous permettons à nous-mêmes et à nos proches d'être traités façonne la façon dont nous percevons notre propre valeur.[23]

De manière similaire, lors d'un repas avec des amis à Buffalo Wild Wings, le serveur a dressé notre table avec des couverts en plastique, affirmant qu'ils « étaient à court » de couverts en métal. Cependant, un rapide coup d'œil autour du restaurant a révélé que toutes les autres tables étaient équipées de véritables couverts. Refusant d'accepter cette dévalorisation silencieuse, j'ai fermement demandé de vrais couverts. Après dix minutes de persévérance, le serveur a cédé. Certains pourraient voir cela comme une bataille insignifiante, mais il s'agissait d'une question de principe — accepter un traitement médiocre dans de petites choses ouvre la voie à l'accepter dans des domaines plus grands et plus importants de la vie.[24]

Élever vos standards ne relève pas seulement de l'amélioration de votre propre qualité de vie, mais aussi de l'élévation de ceux qui vous entourent. Lorsque vous vous comportez avec dignité, les autres le remarquent et ajustent leur comportement en conséquence. De plus, votre sens de la justice s'aiguise. Bien que je puisse passer outre l'oubli d'un serveur, ce que je refuse d'accepter, c'est une diminution délibérée des standards. Une soupe renversée ou des couverts en plastique dans un endroit où les autres reçoivent un meilleur traitement envoie un message clair : *Vous ne méritez pas d'efforts supplémentaires.* Excusez-moi ? Absolument pas.

Mes proches — ceux qui me sont les plus chers — valent tout pour moi. Par conséquent, peu importe l'inconfort ou la gêne que je peux ressentir, je plaide en leur faveur tout comme je plaide en faveur de moi-même. Certains pourraient interpréter cela comme de l'arrogance, mais c'est tout le contraire. Je me tiens pour eux parce que je me tiens pour moi-même. Je les aime parce que je m'aime. Je ne me contente jamais en ce qui concerne leur bien-être, car, comme vous l'avez peut-être deviné, je refuse de me contenter quand il s'agit du mien.

Évitez Les Personnes Qui Soulignent Votre « Privilège »

Lorsque vous décidez de vous éloigner de votre état indésirable et d'entrer dans votre état désiré, vous rencontrerez inévitablement des personnes qui attribuent cent pour cent de votre succès au privilège. Le privilège est un sujet controversé, mais dans le grand schéma de l'obtention de votre état désiré, il est hors de propos. Quiconque vous impose agressivement la notion de privilège n'est pas éveillé – il est jaloux.

En tant que personnes épanouies, vous êtes désormais dans le métier de ne plus croire aux excuses. Vous ne croyez plus aux excuses, tout comme vous ne croyez plus au Lapin de Pâques — ce qui signifie que vous ne permettez pas à des idées périmées et enterrées de dicter la manière dont vous célébrez votre vie. Les excuses, comme toutes les idées, puisent leur force vitale dans l'attention que nous leur accordons. Des recherches psychologiques ont démontré que les croyances façonnent la réalité à travers des biais cognitifs et des prophéties auto-réalisatrices.[25] Par conséquent, si nous choisissons de ne pas reconnaître les excuses, de ne pas y croire, et de plutôt placer notre foi dans notre imagination, alors toutes les excuses potentielles se transforment simplement en une raison de plus pour laquelle nous avons surmonté.

D'autre part, ceux qui souffrent dans leurs états non désirés en viendront à détester les personnes épanouies et attribueront toute réussite à leur privilège. Ils s'accrochent aux excuses comme si elles étaient la gravité elle-même — toujours là pour les tirer vers le bas chaque fois qu'ils montent trop haut. Les recherches sur l'impuissance apprise montrent que des échecs répétés peuvent créer un état psychologique où les individus se sentent incapables de changer leurs circonstances, renforçant ainsi la croyance en des obstacles externes.[26] Leurs envies sont alimentées par la croyance qu'ils sont égaux à toutes les personnes épanouies mais qu'ils ont été privés de leur état désiré à cause de la couleur de leur peau, de leur lieu de naissance, de leur statut socio-économique ou de toute autre case qu'ils peuvent cocher. Mais je dis des conneries. Des balivernes. De la foutaise. De l'eau de porc, je vous le dis ! Quelque chose d'aussi arbitraire qu'une déviation dans la composition génétique ne vous empêchera pas d'atteindre votre état désiré. Les études sur la neuroplasticité confirment que le cerveau humain a la capacité de se réorganiser et de s'adapter, indépendamment de l'origine ou des désavantages initiaux.[27]

En règle générale, vous devriez chercher à vous associer à des personnes reconnaissantes. La gratitude a été scientifiquement liée à des niveaux plus élevés de succès, de bien-être mental et de résilience face à l'adversité.[28] Ceux qui mentionnent fréquemment le privilège ne reconnaissent pas leur propre privilège : leur capacité à percevoir des réalités au-delà de leurs circonstances immédiates et à façonner finalement la vie qu'ils désirent. Il n'existe aucune force plus grande que notre capacité humaine unique à imaginer une vie et à la faire exister. Les récits historiques de personnes ayant surmonté d'immenses barrières systémiques — des survivants de l'Holocauste aux entrepreneurs autodidactes nés dans la pauvreté — démontrent que l'oppression externe n'a pas le pouvoir d'empêcher de manière permanente quelqu'un déterminé à prospérer.[29]

Ainsi, lorsque quelqu'un attribue votre prospérité au « privilège », rappelez-lui gentiment que le même miracle ou privilège qui a créé le soleil, la lune et les étoiles nous a également permis à chacun de nous d'exister avec la capacité de vivre de manière abondante et joyeuse.

**Évitez Les Personnes Qui Pensent Que « Être Vrai »
Signifie Être Négatif**

Évitez ces personnes soi-disant « réalistes » qui déguisent leurs sentiments négatifs en précautions. *Je vais écrire un livre,* direz-vous. Leur réponse : *Cool, si les gens lisent encore. De plus, tu auras besoin d'un éditeur, qui rejettera probablement ton manuscrit, comme il rejette des centaines d'autres. Et avec ton emploi du temps, je ne vois vraiment pas quand tu trouverais le temps. Et même si tu es ce un pour cent qui se fait publier, ce n'est pas comme si tu allais devenir un best-seller, vu que la plupart des livres vendus en librairie ne dépassent pas mille copies. Et en plus, qui lit encore ?* Excuses, excuses, excuses. C'est le moment de la conversation où tu es légalement autorisé à partir.

Les personnes qui croient qu'être « réaliste » signifie être négatif affirment souvent que la vie n'est pas toute faite de soleil et d'arc-en-ciel. Mais si nous sommes réellement honnêtes, la vie *est aussi* faite de soleil et d'arc-en-ciel. Le problème n'est pas qu'ils reconnaissent les difficultés de la vie ; c'est qu'ils refusent de reconnaître ses possibilités. Les recherches en psychologie cognitive suggèrent que les individus ayant un style explicatif pessimiste ont tendance à se concentrer sur les obstacles plutôt que sur les opportunités, renforçant ainsi des cycles auto-réalistes de négativité.[30]

En tant que personnes en plein épanouissement, nous ne devons pas condamner ceux qui sont coincés dans leurs états non désirés. Ce n'est pas entièrement de leur faute s'ils perçoivent la vie à travers une lentille négative. Nos expériences façonnent notre vision du monde, et une exposition répétée à l'adversité sans stratégies de renforcement de la résilience peut rendre la négativité semblable à la seule perspective rationnelle.[31] Honnêtement, si je me retrouvais dans leurs situations et choisissais d'abandonner le soleil et les arc-en-ciel, je deviendrais moi aussi assez « réaliste » très rapidement.

Le problème est que, pour ceux qui souffrent dans leur état indésirable, la chose la plus réelle dans leur vie est devenue la négativité. Une tragédie après l'autre a dévasté leur cœur au-delà de leur capacité à percevoir un monde meilleur. Des études montrent que le stress chronique et les traumatismes peuvent reprogrammer la réponse du cerveau à l'optimisme, rendant plus difficile l'imagination ou la poursuite de résultats positifs.[32] Plus ils restent dans cet état, plus il devient difficile de détourner leur attention vers l'espoir et les opportunités.

En conséquence, évitez-les — non pas par jugement, mais par sagesse. Il y a beaucoup de gens comme ça; c'est la raison pour laquelle les *tragédies* de Shakespeare sont des repères culturels tandis que ses *fantasmes* restent pratiquement inconnus. La négativité est séduisante parce qu'elle valide la souffrance, et la souffrance, pour beaucoup, est plus facile à accepter que la possibilité de quelque chose de mieux.[33] Entourez-vous de ceux qui reconnaissent à la fois les difficultés et le potentiel de joie—ceux qui choisissent de voir le soleil et les arcs-en-ciel malgré les tempêtes.

Évitez Les Personnes Qui Ne Vous Laissent Pas Répondre

Puisque vous avez appris à développer vos réflexes en réponses réfléchies (rappelez-vous *Réflexe — Réaction — Réponse*), je vais garder ce conseil bref : ne laissez pas les moqueries de quelqu'un être une excuse pour perdre votre calme et réagir impulsivement. Au lieu de cela, exercez un contrôle sur vos émotions et maintenez votre sang-froid — c'est une marque d'intelligence émotionnelle.[34]

Il existe certains individus qui prospèrent dans les disputes — pas n'importe quel type de dispute, mais celles dans lesquelles ils empêchent les autres de s'exprimer pleinement. Ce comportement est ancré dans un besoin de domination et de contrôle, souvent observé dans des styles de communication agressifs.[35] J'ai été témoin de ce genre d'interactions en tant que tiers, et elles ne sont jamais agréables. De même, j'ai été la cible de telles attaques verbales, et la sensation qui persiste est similaire à celle d'une piqûre de taon — aiguë, irritante, et conçue pour provoquer une réaction.

Les personnes qui vous provoquent de cette manière recherchent l'attention. La recherche en psychologie des conflits suggère que ces individus cherchent souvent à manipuler les discussions pour maintenir un sentiment de supériorité.[36] Lorsque quelqu'un refuse de me laisser parler et me presse de répondre sans le temps nécessaire pour réfléchir, j'adopte une approche simple mais efficace. Je dis calmement : *« Tu n'écoutes rien de ce que je dis, et je trouve cela irrespectueux. Je n'ai plus rien à dire à ceux qui ne respectent pas ce que j'ai à dire. »* Puis, je m'éloigne sans dire un mot de plus. Les études sur l'établissement de limites indiquent que se retirer des conversations toxiques est l'une des façons les plus efficaces de préserver son intégrité personnelle et son bien-être mental.[37]

Je vous recommande vivement d'adopter cette approche. C'est une astuce de vie qui protège non seulement votre tranquillité d'esprit, mais renforce également votre respect de soi.

Le Dilemme De La Responsabilité

Ce concept peut être le plus important de tous les conseils que je puisse donner sur le fait de ne pas croire aux excuses. Il n'y a pas de rétablissement possible une fois que quelqu'un tombe dans ce piège. Le seul remède est préventif. Ceux qui commettent cette faute souffrent ; les témoins souffrent ; les victimes souffrent. Tout le monde perd quelque chose, surtout une part de leur humanité.

Le dilemme de la responsabilité est un phénomène que j'observe fréquemment, se produisant lorsque les gens échouent à assumer leurs responsabilités en raison de mesquinerie, de fatigue, ou, pire encore, d'un sens de la justice déformé.[38] Considérez cet exemple : vous et vos colocataires avez un système pour faire tourner l'élimination des déchets lorsque la poubelle est pleine. L'accord est simple : lorsque c'est votre tour, vous sortez les poubelles, même si la benne est à un quart de mile en haut de la colline. Tout le monde est d'accord.

Maintenant, que feriez-vous si vous voyiez les ordures déborder de votre cuisine jusqu'à votre salle de bain... et que ce n'est pas votre tour de les sortir ? Si vous prenez l'initiative de les jeter quand même, je vous félicite, mon héros. Nous partageons le même bateau propre. Mais si vous êtes l'un de ces méchants mesquins qui disent : *Je vais joyeusement contourner les déchets, boucher mes narines et monter dans mon lit parce que ce n'est pas mon tour de les jeter,* alors cette section sert de signal d'alarme.

241

Imaginez maintenant que chaque colocataire commence à penser comme vous, attendant indéfiniment que la personne dont c'est le tour agisse enfin. Cette situation crée le *Dilemme de la Responsabilité* : tout le monde utilise une condition externe comme excuse pour éviter d'agir. Les recherches sur le comportement de groupe et l'effet de « fainéantise sociale » suggèrent que lorsque la responsabilité est partagée entre plusieurs personnes, les individus sont moins enclins à agir, supposant que quelqu'un d'autre prendra l'initiative.[39] Dans la plupart des cas, ceux qui sont pris dans ce dilemme agissent par petitesse. Leur maison pourrait se transformer en décharge, et ils refuseraient toujours de jeter les poubelles parce que ce n'est pas leur tour. Mais à quel prix ? Bien que la personne désignée doive agir, votre refus ne fait qu'aggraver la situation, menant à un état encore moins désirable. Vous choisissez une forme d'inconfort plutôt qu'une autre alors qu'une solution simple est disponible. De plus, en agissant, même si ce n'est pas votre responsabilité, vous donnez l'exemple, ce qui pousse souvent celui qui procrastine à agir aussi.[40]

Vous résolvez le dilemme de la responsabilité avec un véritable sens de la justice. La justice signifie faire ce qui doit être fait, peu importe les circonstances. Devriez-vous sortir les poubelles ? Non, ce n'est pas votre tour selon l'accord initial. Le fainéant devrait-il se prendre une claque ? Peut-être. Je ne sais pas. Devriez-vous — ou pour l'amour de tout ce qui est propre, quelqu'un — simplement sortir les poubelles ? Absolument. Pourquoi ? Parce que cela doit être fait. Fin de l'histoire.

LA FIN AMÈRE

Alors s'il vous plaît, dépassez-vous. Plus d'excuses. J'ai utilisé un exemple inoffensif (si vous n'êtes pas ma mère, vous le trouverez inoffensif). Mais le dilemme de la responsabilité se produit dans des situations bien plus graves, avec des conséquences trop sérieuses pour être ignorées. Chaque jour, des gens meurent de faim pendant que ceux qui ont les moyens d'aider débattent de qui devrait assumer la responsabilité.[41] Nous conduisons nos voitures tout en écoutant des podcasts sur le changement climatique et les dégâts environnementaux irréversibles, sans jamais manquer l'ironie.[42] Sérieusement ? Chaque personne impliquée dans un tel dilemme souffre, car nous sommes tous des héros refusant de mettre nos capes. Alors s'il vous plaît, soyez le héros qui prend enfin une forme de responsabilité.

La Dernière Chose Qu'un Arbre Porte Est Le Fruit

Je me rappelle constamment que la mission — ce que je veux — est accomplie à la fin, pas au milieu, pas à quatre-cinquièmes du chemin, mais à la toute fin. D'une manière profonde, toute votre vie est le fruit du travail de millions d'ancêtres. La race humaine, régie par le dessein divin de Dieu, a progressé jusqu'à ce point grâce à l'énergie et aux efforts de personnes innombrables que nous ne rencontrerons jamais. Le simple fait que vous lisiez ce livre, respiriez, fassiez de l'exercice ou vous prélassiez est le fruit de tout leur sang, leur sueur et leurs larmes.

Ainsi, lorsque la réalisation de votre état désiré semble prendre plus de temps que prévu, rappelez-vous ceci : une belle et enrichissante subsistance est le sous-produit du travail acharné — pas le travail lui-même. Cette idée est profondément enracinée dans la sagesse spirituelle. « Vous avez le droit de travailler », déclare *la Bhagavad Gita*, « mais seulement pour le travail lui-même. Vous n'avez aucun droit sur les fruits du travail. »[43] C'est là le mystère derrière l'obtention de votre état désiré — le troisième élément invisible qui émerge miraculeusement. Après avoir identifié ce que vous voulez, incarné les caractéristiques d'une personne qui vit une telle vie, et consacré des mois voire des années à un effort constant, un moment arrive où vous vous retrouvez soudainement en possession de ce que vous cherchiez. Vous vous réveillez auprès de votre bien-aimé(e) et criez, *MERCI, MON DIEU !* de vous avoir donné la force de renoncer à toutes les excuses.

Pourtant, la vérité demeure : le fruit porté par un arbre n'appartient pas à l'arbre. Vous n'avez aucun droit inhérent à votre état désiré. Vous n'avez de souveraineté totale que sur votre condition intérieure, qui, à son tour, apporte tout le lait et le miel.[44] Ce processus est époustouflant, car les arbres, dont les racines plongent profondément dans le sol, saisissent physiquement la terre, contribuant à la maintenir ensemble. Il en va de même pour nos aspirations. En devenant les sortes de personnes qui incarnent leurs idéaux les plus élevés, nous contribuons au tissu de la meilleure moitié de l'humanité, créant ainsi un monde plus stable et harmonieux.[45]

Imaginez ce qui se passerait si les arbres, au lieu d'offrir librement leurs fruits à la terre, se croyaient en droit de les posséder — les gardant pour eux-mêmes au lieu de les partager. S'ils s'arrachaient du sol dans une tentative de vivre indépendamment, déconnectés de l'écosystème, le résultat serait catastrophique. En toute simplicité, la terre serait ruinée. Les montagnes s'effondreraient, des gouffres se formeraient, et le tissu même qui maintient notre monde ensemble se déchirerait.[46]

De même, si vous succombez aux excuses et oubliez que ce que vous cherchez vous trouvera lorsque vous serez prêt, vous ne mettez pas seulement votre propre avenir en péril — vous risquez de déstabiliser le monde autour de vous. Votre croissance, à l'instar du fruit d'un arbre, n'est pas seulement pour vous ; elle nourrit le tout collectif.

Il Fait Le Plus Noir Avant L'aube — Mais Parfois, Le Plus Sombre *Est* L'aube

Les choses arrivent souvent à maturité lorsque les circonstances deviennent les plus difficiles. Juste avant que l'aube n'ouvre sa bouche rosée, le ciel nocturne atteint son noir le plus profond. Beaucoup de gens, dans leur désespoir, allument la dernière allumette qu'ils ont, cherchant à contrôler une situation incontrôlable. Pourtant, le truc que j'ai trouvé le plus efficace pour naviguer dans mes propres nuits sombres de l'âme est de me rendre à l'obscurité. L'obscurité, comme toutes choses, est éphémère — alors au lieu de résister, suis-la jusqu'au bout ; montre-lui la porte.

Faire face à vos luttes semblera toujours être l'exploit le plus difficile lorsque vous résistez à ce qui vous trouble. Les recherches psychologiques sur les stratégies d'adaptation basées sur l'acceptation suggèrent que fuir ou réprimer les émotions négatives ne fait qu'amplifier leur emprise sur nous, tandis que les accepter nous permet de les traiter et de les surmonter plus efficacement.[47] Exposez-vous à l'obscurité, et elle ne comprendra pas. La résistance — l'opposition, le Diable — vous persécutera jusqu'aux portes du ciel, et beaucoup se sont privés de l'union divine juste au moment où ils allaient la recevoir.[48]

Par conséquent, montrez de la gratitude pour l'obscurité. Cela peut sembler contre-intuitif, mais des études en psychologie positive révèlent que la gratitude, même face à l'adversité, reprogramme les voies neuronales pour favoriser la résilience et le bien-être à long terme.[49] Chaque fois que je me sens au plus bas, je remercie Dieu pour ce sentiment, sachant qu'il passera aussi. En reconsidérant la souffrance comme une étape nécessaire dans mon évolution, je renforce ma capacité à endurer les difficultés.

De plus, j'ai appris que la gratitude pour mes moments les plus bas cultive mes plus grandes joies. Cela s'aligne avec le principe psychologique de la théorie du contraste, qui suggère que nous tirons plus de plaisir des expériences positives après avoir enduré des difficultés.[50] Ainsi, au lieu d'utiliser les situations difficiles comme une excuse pour reculer, prenez le temps de vraiment expérimenter l'obscurité — imprégnez-vous-en, apprenez-en — et lorsque le soleil se lèvera enfin, il brillera tellement fort que vous souhaiterez avoir des lunettes de soleil.[51]

Es-tu Vraiment Vaincu ?

Pour clore ce chapitre, je vais te laisser une goutte de soleil qui n'a jamais cessé d'éclairer mon chemin vers la terre promise. Chaque fois que j'ai l'impression d'avoir échoué à accomplir quelque chose, je me pose deux questions : *Ai-je été vaincu ? Et puis-je encore sourire en ce moment ?*

Si je peux encore sourire — vraiment, sincèrement sourire — quelle que soit la réponse à la première question, alors je n'ai pas été véritablement vaincu. À mon avis, personne n'a jamais été réellement vaincu s'il peut sourire. En d'autres termes, si tu peux encore sourire, alors tu n'as pas été vaincu — loin de là ! Des recherches en psychologie positive suggèrent que la capacité de maintenir un sourire authentique malgré l'adversité est liée à la résilience et à la régulation émotionnelle, qui sont des facteurs clés pour surmonter les obstacles.[52]

La véritable défaite se produit à l'intérieur. Les conditions extérieures — les excuses — ne peuvent pas te vaincre. Si le buzzer retentit et que le score de ton adversaire est supérieur au tien, alors tu as perdu le match. C'est tout. Perdre dans le monde extérieur est simplement un point de donnée, un moment dans le temps — pas une définition de qui tu es. Des études psychologiques sur l'impuissance apprise montrent que les individus qui internalisent les échecs extérieurs comme des défauts personnels sont plus susceptibles de ressentir un découragement à long terme et de se désengager.[53] Cependant, ceux qui considèrent l'échec comme un événement plutôt qu'une identité sont plus susceptibles de persister et d'atteindre le succès à long terme.

Mais que se passerait-il si c'était le match le plus important de votre vie ? Et si cette victoire au championnat était censée vous couronner en tant que Déesse de Tout ? Vous savez quoi ? Si cette compétition se répète, alors entraînez-vous pour cela et concourez à nouveau la prochaine fois. L'échec est souvent une étape vers la maîtrise, comme le montre les recherches sur le développement de l'expertise et la pratique délibérée.[54]

Mais, mais, mais — pas de mais ! En fin de compte, vous ne pouvez être vaincu que sur le tableau de bord, dans le tableau des données ou dans le monde extérieur. La véritable défaite, cependant, est un choix. Les études en thérapie cognitivo-comportementale suggèrent que notre interprétation des événements, plutôt que les événements eux-mêmes, détermine nos réponses émotionnelles et psychologiques.[55]

Peu importe ce que disent les circonstances extérieures, tout comme tout le monde à sa manière magique, toi aussi, tu auras ton moment sur mesure pour briller. Ton moment n'est qu'à une distance égale à ta volonté de continuer à avancer.

Étapes d'Action Immédiates

1. Embrasse Ta Résilience : Souviens-toi du moment où tu voulais abandonner dans le passé. Est-ce que tu as abandonné à ce moment-là, ou est-ce que tu as persévéré ? Aujourd'hui, demande-toi si abandonner te rapprochera vraiment de ton état désiré. Si la réponse est non, alors n'abandonne pas. Au lieu de cela, écris ce qui était le plus difficile pour toi au moment où tu te sentais prêt(e) à abandonner, et la prochaine fois que cela se présente, sors cette liste et utilise-la pour alimenter ta persévérance.

2. Identifie Le Coût De Tes Excuses : Regarde ta vie en ce moment — où as-tu toléré des conditions ou des actions médiocres ? Identifie une zone où tu as permis à des excuses de te retenir. Est-ce dans ta santé, tes habitudes de travail, ou tes relations ? Aujourd'hui, prends une action spécifique et petite pour commencer à résoudre ce problème—que ce soit en planifiant une séance d'entraînement, en organisant ton espace de travail, ou en ayant une conversation difficile.

3. Transforme L'échec En Retour D'expérience : Liste tes échecs et réfléchis à ce que tu en as appris. Écris une leçon tirée de chaque échec et comment tu l'appliqueras à ta prochaine étape vers l'avant.

4. Reprogramme Ta Pensée : Trouve un moment au-

jourd'hui où tu te surprends à penser négative-
ment ou à te concentrer sur les obstacles. Au lieu
d'accepter cela comme un fait, remets-le en question : quelle est l'alternative ? Et si tu voyais cela
comme une opportunité de grandir ou de t'améliorer
? Change ta perspective en passant de l'obstacle à
l'opportunité. Écris ce que tu as besoin de te rappeler
lorsque ton esprit commence à se concentrer sur des
excuses, et crée un nouveau mantra qui t'encourage
à passer à l'action.

5. Réaffirme Tes Standards : Prends un moment
   pour évaluer les standards que tu as définis pour
   toi-même dans différents domaines de ta vie.
   Tolères-tu la médiocrité ? Laisse-tu les autres définir
   des standards faibles sur la façon dont tu devrais
   être traité ? Choisis une chose dans ta vie où tu te
   contentes de moins que tu ne mérites, et aujourd'hui,
   prends position. Exige un standard plus élevé pour
   toi-même et cherche activement des moyens d'élever
   cet aspect de ta vie.

PARTIE III : PRÉSERVATION

11

CONCENTREZ-VOUS UNIQUEMENT SUR L'ÉTAT SOUHAITÉ

« Par conséquent, ne vous
inquiétez pas du lendemain,
car le lendemain se souciera
de lui-même. À chaque jour
suffit sa peine. » — Matthieu
6:34

***

Perdez-vous le présent à vous inquiéter des rêves futurs pour éviter d'agir ? Pourquoi s'inquiéter des rêves si vous ne passez pas à l'action ? Pourquoi stresser à propos de ce qui pourrait mal tourner ? Pourquoi utiliser le présent pour avoir peur de l'avenir ? Si vous savez ce que vous voulez, pourquoi dépenser autant d'énergie à ruminer sur ce que vous ne voulez pas ?

Tu Es l'Alpha Et l'Oméga

Tout d'abord, j'aimerais te féliciter d'être allé aussi loin dans ce livre (je parle uniquement à ceux qui n'ont pas sauté directement ici !). Jusqu'à présent, nous avons discuté de la façon dont tu peux utiliser ton imagination pour visualiser ce que tu désires. Une fois cette image développée et ressentie profondément, nous avons exploré ce qu'il faut vraiment pour attirer ce que tu veux : la condition intérieure, et non les circonstances extérieures. Maintenant, il est temps de comprendre comment rester concentré tout en intégrant tout cela dans ton style de vie.

L'une des clés pour se concentrer uniquement sur ton état désiré est d'incarner le fait que tu es l'alpha et l'oméga, le premier et le dernier. C. S. Lewis souligne à quel point il est facile d'incarner un tel principe. Dans *Mere Christianity*, il écrit :

« Le chrétien dit : 'Les créatures ne naissent pas avec des désirs à moins qu'il n'existe une satis-faction pour ces désirs. Un bébé ressent la faim : eh bien, il existe quelque chose appelé nourri-ture. Un caneton veut nager : eh bien, il existe quelque chose appelé eau. Les hommes ressen-tent le désir sexuel : eh bien, il existe quelque chose appelé sexe. Si je trouve en moi un désir qu'aucune expérience dans ce monde ne peut satisfaire, l'explication la plus probable est que j'ai été fait pour un autre monde. Si aucun de mes plaisirs terrestres ne le satisfait, cela ne prouve pas que l'univers est une fraude. Probablement que les plaisirs terrestres n'ont jamais été destinés à le satisfaire, mais seulement à l'éveiller, à suggérer la vraie chose. Si c'est le cas, je dois veiller, d'une part, à ne jamais mépriser, ni être ingrat pour ces bénédictions terrestres, et d'autre part, à ne jamais les confondre avec ce quelque chose d'autre dont elles ne sont qu'une sorte de copie, d'écho ou de mirage. Je dois garder vivant en moi le désir de mon véritable pays, que je ne trouverai pas avant la mort ; je ne dois jamais laisser ce désir être recouvert de neige ou détourné ; je dois en faire l'objet principal de ma vie pour avancer vers cet autre pays et aider les autres à faire de même.' »[1]

C. S. Lewis

Si un désir existe dans votre cœur, alors l'objet de votre désir — l'état idéal de votre désir — existe et peut être atteint. Ce principe s'aligne avec la compréhension philosophique et psychologique que nos désirs proviennent des écarts perçus entre notre état actuel et notre état idéal.[2] Vous ne reconnaissez un état désiré comme *non réalisé* que parce que vous êtes destiné à le poursuivre et à le manifester. (Et je vais supposer que vos désirs sont terrestres — sinon, oui, vous êtes totalement venu au mauvais endroit, Frère/Sœur/Père/Mère/Saint.)

Vous initiez la cristallisation de votre désir lorsque vous en prenez conscience. Dans votre conscience, vous effondrez un point dans l'autre dimension chaotique qui finit par se frayer un chemin vers vous — car il doit le faire.[3] Les études en neurosciences soutiennent cela : nos cerveaux façonnent activement notre réalité en fonction des pensées et visualisations répétées, renforçant les voies neuronales qui guident nos actions.[4] Dans ce type de relation de présence, vous êtes l'alpha — le commencement. Tout ce qui devient éventuellement réalité commence par votre attention divine.

À la fin du processus, vous êtes également l'oméga — la fin — lorsque vous incarnez et faites correspondre la fréquence de votre état désiré. Des études sur la cognition quantique suggèrent que nos croyances et attentes influencent non seulement notre perception de la réalité, mais aussi nos résultats.[5] Quand tout est dit et fait, l'état désiré existe parce que vous l'avez créé. Sans vous, il est vide et sans forme — tout potentiel et aucune actualisation. Vous étiez là quand il est d'abord apparu dans cette dimension en tant que désir et vision, et vous êtes là maintenant qu'il est devenu la manière dont vous vous exprimez.

Concentrez-vous sur ce fait : qu'en élevant votre fréquence et en incarnant constamment votre état désiré, vous commencez et accomplissez ce que vous voulez. Il est facile de s'inquiéter de ce qui arrivera si vous manquez un paiement, si vous échouez à écrire mille mots ou si vous faiblissez d'une manière ou d'une autre. Mais pour l'amour de tout ce qui est sexy : détendez-vous ! Vous faites votre part maintenant parce que vous vous êtes depuis longtemps prouvé que vous pouvez être digne de cet état d'être. Les recherches en psychologie comportementale montrent que les habitudes basées sur l'identité renforcent le succès à long terme plus efficacement que la motivation momentanée seule.[6] Ne vous trompez pas vous-même sur votre état désiré. Restez fidèle à ce qui a fonctionné, et je vous assure que cela continuera de fonctionner — tant que vous continuez à améliorer ce qui fonctionne.

Revenir Sur Le Passé Ne Garantit Pas L'apprentissage

Au fur et à mesure que vous vivez votre état désiré, vous rencontrerez des personnes qui insistent sur le fait que revisiter le passé est essentiel pour la croissance actuelle. Vous pourriez même vous retrouver tenté de rester dans le passé plus longtemps que vous ne devriez. Souvent, ce sont les souvenirs d'erreurs et de faux pas qui se rejouent dans votre esprit. D'autres fois, ce sont les façons dont vous avez été lésé ou maltraité. Quoi qu'il en soit, une vérité demeure : s'attarder sur le passé détourne votre attention de votre état désiré dans le présent. Et pour être complètement honnête, plus souvent qu'autrement, revisiter des souvenirs indésirables ne mène pas à la croissance — cela ne fait que renforcer les anciennes blessures.[7]

Cette idée n'est pas la plus facile à accepter, mais après tout, rien dans la transformation n'est facile. Alors permettez-moi, mon cher lecteur encore plus aimé, d'être cette voix radicale qui inspire votre amélioration personnelle dramatique. Lorsque vous ruminez sur vos actions et réalités passées, vous renforcez inconsciemment ce qui n'a pas fonctionné pour votre croissance. Des études psychologiques sur la rumination confirment qu'une focalisation excessive

257

sur les échecs passés et les regrets est liée à un stress accru, à de l'anxiété, et même à la dépression.[8] Au lieu de voir votre chemin comme béni et rempli de possibilités, vous remplissez votre esprit du brouillard qui a autrefois obstrué votre progrès.

Ne vous laissez pas influencer par ceux qui soutiennent que les sociétés doivent étudier le passé pour mieux comprendre le présent. Voici mon contre-argument : où cela nous a-t-il réellement menés ? Il est largement admis que l'histoire se répète, mais pourquoi ? Certains suggèrent que la nature humaine est intrinsèquement cyclique, mais j'offre une perspective différente : nous ancrons les erreurs du passé si profondément dans notre conscience collective que nous les perpétuons sans le savoir.[9] L'esprit fonctionne par motifs — lorsque vous renforcez constamment certaines pensées et narratives, elles deviennent le prisme dominant à travers lequel vous percevez la réalité. Les recherches neurologiques sur la mémoire et la cognition soutiennent cette idée, révélant que le cerveau renforce les circuits neuronaux associés aux souvenirs fréquemment rappelés, les rendant ainsi plus immédiats et émotionnellement puissants.[10]

Voici ma suggestion révolutionnaire : concentrez-vous sur le présent — votre état désiré. Vous avez récemment perdu votre emploi ? Orientez votre attention vers les emplois et les opportunités qui vous recherchent. Votre partenaire a trahi votre confiance et vous a blessé ? Dirigez votre attention vers les innombrables possibilités d'amour et de connexion qui vous attendent. Les personnes qui vous ressemblent, agissent comme vous ou croient comme vous ont-elles été historiquement soumises à une discrimination systémique ? Au lieu de vous fixer sur les injustices passées, reconnaissez comment ces mêmes groupes prospèrent désormais, exceller dans des espaces qui leur étaient autrefois fermés.[11]

Lorsque vous vous attardez sur le passé, vous apportez littéralement le passé dans votre présent. Des recherches en neurosciences suggèrent que revivre des souvenirs douloureux peut activer les mêmes voies neuronales que l'expérience originale, renforçant la détresse émotionnelle et maintenant les individus piégés dans un cycle de souffrance.[12] Mais lorsque vous vous concentrez sur ce que la vie est en ce moment, vous débloquez des possibilités illimitées de prospérer de manière significative, de grandir dans tous les aspects de votre vie et d'élever les personnes que vous aimez le plus. Le passé n'a pas besoin de votre attention pour persister — mais votre avenir en a certainement besoin.

Évoquer le passé ramène le passé. Se concentrer sur le présent manifeste le présent dans la réalité.

Crucifiez Votre Sauveur

Quand mon Ami et Enseignant, Jésus, mourut sur la croix, il déchira le voile et permit à tout le monde de partager dans l'abondance qui nous a tous été promise. Ce n'était pas un accident. Il subit une mort douloureuse et humiliante en tant qu'homme sans péché pour le bien de nous, pécheurs coupables. Sa passion et son exemple sont précisément ce que nous sommes appelés à suivre lorsqu'il s'agit de manifester notre état désiré — crucifiez-le pour la rédemption de la vie à laquelle vous êtes destiné à vivre (Matthieu 27:50-51).

Vous voulez que votre état désiré vous sauve, mais vous devez d'abord le faire souffrir. « Mais je le veux vite et facilement », dites-vous. Eh bien, alors je pense que vous cherchez un Double Quarter Pounder with Cheese — ça, ça arrive vite et facilement. Mais la transformation n'est pas une transaction de fast-food. Votre état désiré doit endurer la souffrance car vous êtes essentiellement en train de transmuter votre nature de base en or pur. Comme tout processus alchimique, cette transformation nécessite du temps et une stimulation énergétique.[13] Imaginez ce changement du point de vue d'un métal de base : il est soumis à une chaleur extrême, à de l'agitation, de la pression et de la force. Ce même durcissement est nécessaire en vous si vous voulez un jour posséder le toucher de Midas.

Enracinées dans toutes vos caractéristiques de base se trouvent les graines de grandes vertus. Si vous êtes paresseux mais aspirez à devenir productif, alors vous devez confier tous les fardeaux de la paresse à votre sauveur productif et croire que cette nouvelle version de vous-même a le pouvoir de vous racheter de votre ancien mode de vie. Dans ce processus rédempteur, votre nouveau mode de vie « meurt » pour vous afin que, dans son esprit, vous puissiez prospérer.[14]

Le processus psychologique de se débarrasser d'une ancienne identité et d'en assumer une nouvelle est bien documenté. En neurosciences, les études sur la neuroplasticité confirment qu'une attention soutenue à une nouvelle identité peut recâbler le cerveau et créer de nouveaux schémas comportementaux.[15] De plus, dans les traditions religieuses et philosophiques, le concept de la mort et de la renaissance comme moyen de transformation est au cœur de l'illumination spirituelle.[16]

C'est seulement lorsque vous libérez l'énergie de la meilleure version de vous-même que vous pouvez enfin commencer à attirer et à maintenir la vie que vous désirez réellement. Ce concept est soutenu par des recherches en cognition quantique, qui suggèrent que la manière dont nous observons et croyons en un état futur influence notre réalité.[17] Votre tâche, alors, est d'élever le nouveau vous, rempli d'amour et d'énergie positive, afin que cette version de vous-même puisse vous libérer la puissance nécessaire pour vivre dans votre nouvelle vie abondante.[18]

Supposez Que Vous Ayez Ce Que Vous Désirez

En vivant votre état désiré, vous pourriez penser que supposer que vous possédez déjà ce que vous désirez est synonyme de délire. Je suis ici pour vous dire que ce n'est pas illusoire de se comporter comme si vous aviez déjà ce que vous voulez — c'est l'ingrédient secret de la formule du Krabby Patty.

Vous supposez que vous avez ce que vous voulez parce que vous l'avez littéralement. Vous avez imaginé et vu votre état désiré dans votre esprit ; par conséquent, la vie que vous désirez est une réalité réelle. Les recherches en psychologie cognitive soutiennent cela : il a été prouvé que l'imagerie mentale active les mêmes circuits neuronaux que les expériences réelles, renforçant la croyance et l'alignement comportemental.[19] L'objectif maintenant est de vivre une vie qui reflète le fait d'avoir, dans ce monde tridimensionnel, ce que vous avez déjà en vous.

Souvenez-vous, ce que vous imaginez dans votre cœur et votre esprit doit se manifester dans ce monde, alors attendez-vous à ce que cela se produise. L'attente est une force puissante dans la formation des résultats. Des études en neurosciences montrent que l'attente et la croyance influencent la perception, la prise de décision et même la performance physique.[20] Quand un couple attend un enfant, quelle terminologie utilisent-ils pour l'arrivée du bébé ? « En route », comme une livraison de colis ? « Bientôt disponible », comme un film dans un cinéma près de chez vous ? Incorrect. Le couple, les médecins, la famille et les amis gâtés décrivent tous l'arrivée de l'enfant comme un « attendre ». Tout le monde s'attend à ce que l'enfant naisse, à ce que cette création se réalise. Le même état d'esprit doit être appliqué à votre état désiré. Vous devez vous attendre à ce qu'il se cristallise de la même manière qu'une mère le fait avec son nouveau-né : en préparant le nid.

Nidifiez le monde autour de vous en anticipant votre état désiré. Les recherches en psychologie comportementale suggèrent que structurer son environnement pour qu'il soit en accord avec ses objectifs augmente considérablement les chances de succès.[21] Si vous vous voyez en forme, alors aménagez votre cuisine en supprimant tous les Twinkies et Mountain Dews. Si vous imaginez que votre vie est destinée à être abondamment prospère, alors aménagez votre compte bancaire en répartissant votre argent dans un portefeuille d'investissement. Ce principe s'aligne avec les études sur la loi de l'attraction, qui montrent que les actions renforçant un système de croyances aident à transformer cette croyance en réalité.[22]

Je pourrais continuer indéfiniment avec différentes sphères de votre vie que vous pouvez aménager, alors remplissez simplement les cases correspondantes pour vous-même. Mais le principe fondamental est celui-ci : lorsque vous désirez un certain mode de vie, agissez en accord avec cette vie avant qu'elle ne se cristallise dans ce monde. Les recherches neuroscientifiques montrent que le cerveau réagit aux comportements et pensées répétés en renforçant les connexions neuronales, ce qui rend les résultats souhaités plus accessibles.[23] Lorsque vous alignez votre vie avec ce que vous désirez, vous envoyez des signaux à votre cerveau qui disent : *Hé, cela va arriver, donc je dois être prêt.* Lorsque votre cerveau fait cette connexion, des portes s'ouvrent là où il n'y en avait pas auparavant.

Utilisez Un Optimisme Sage

Lorsque j'attire des états désirés dans ma vie, j'utilise ce que je décris comme un optimisme sage. Je pense générale- ment : *Je suis optimiste ; donc, je peux survivre aux mauvais moments.* Je ne pense pas : *Il n'y aura que des bons moments.* Il y a de grandes différences entre ces deux pensées.

La première croyance conduit à des actions qui vous préparent à endurer et à naviguer dans les difficultés, tandis que la seconde se révélera inévitablement fausse et entraîn- era des déceptions répétées. Étant donné que toutes les ac- tions reposent sur des systèmes de croyances, ce que vous acceptez comme vrai ou faux dictera finalement la manière dont vous agissez en accord avec ces croyances. Des études psychologiques sur le cadrage cognitif suggèrent que les individus qui développent la résilience par un optimisme réaliste sont mieux équipés pour faire face à l'adversité.[24]

Le secret de l'optimisme sage réside dans le développement d'une capacité aiguë à percevoir la réalité aussi *précisément* que possible. Il s'agit de trouver un équilibre — ni catastrophiser ni enjoliver les circonstances. La première partie de la pensée *(Je suis optimiste)* met l'accent sur une condition interne : votre état d'esprit et la manière dont vous choisissez de traiter les expériences de la vie. Si vous voulez voir la vie se dérouler comme vous le souhaitez, la première étape est de tourner votre attention vers l'intérieur. Les recherches en psychologie cognitive suggèrent qu'un style explicatif optimiste contribue à une plus grande résilience émotionnelle et à un bien-être mental.[25]

La deuxième partie de la pensée *(par conséquent, je peux survivre aux moments difficiles)* reconnaît les conditions externes. Il y aura des moments difficiles dans la vie—cela est garanti. Cependant, lorsque vous cultivez un caractère optimiste tout en endurant ces périodes difficiles, votre attitude positive peut transformer même les expériences les plus dures en quelque chose d'un peu plus supportable. Les études psychologiques sur la réévaluation positive suggèrent que les individus qui maintiennent une perspective optimiste pendant les difficultés sont plus susceptibles de reformuler leurs expériences de manière à favoriser la croissance et la stabilité émotionnelle.[26]

LA FIN AMÈRE

La prière de la sérénité me vient à l'esprit lorsqu'on pratique l'optimisme sage :

« Dieu, accorde-moi la sérénité
D'accepter les choses que je ne peux pas changer,
Le courage de changer celles que je peux,
Et la sagesse de connaître la différence.
Vivre un jour à la fois,
Profiter d'un moment à la fois ;
Accepter les épreuves comme le chemin vers la paix. »

Il y aura toujours des conditions que vous pouvez changer (*internes*) et des circonstances que vous ne pouvez pas changer (*externes*). Mais connaître la différence entre les deux peut signifier la différence entre le progrès et la stagnation—entre la paix et le stress. Gardez les yeux fixés sur ce que vous pouvez améliorer, sur la personne que vous pouvez devenir, et ignorez avec sagesse et paix les choses qui échappent à votre contrôle.

Bien Que Tu Marches Dans La Vallée — Ne Crains Aucun Mal

Alors que vous mettez en œuvre votre état désiré et manifestez dans ce monde tout ce que vous avez longtemps mis en mouvement, gardez sobrement à l'esprit la réalité de votre succès. Comme je l'ai mentionné dans *Il Y A Deux Fois Plus De Vices Que De Vertus*, la plupart du monde est couvert de saleté—les choses mêmes que vous ne voulez pas. Si vous plongiez votre main dans un chapeau haut de forme, les chances d'en sortir un lapin sont bien plus faibles que celles de sortir une poignée de ses excréments. Par conséquent, ce qui se trouve en dehors de votre cercle de désir manifesté est, en réalité, un sentier de personnes au cœur brisé, toutes piégées dans leurs états inconscients et indésirés. Les recherches en psychologie comportementale le confirment, montrant que les personnes qui n'atteignent pas les résultats souhaités éprouvent souvent une dissonance cognitive, les amenant à renforcer des schémas de pensée négatifs.[27]

Cependant, bien que vous puissiez être la seule lumière dans ce puits de ténèbres, n'ayez pas peur, car la houle et le bâton de votre Dieu inébranlable vous guideront et vous protégeront. Lorsque David déclare : « Tu prepares une table devant moi, en face de mes ennemis ; Tu oins ma tête d'huile ; ma coupe déborde » (Psaumes 23:5), il proclame fièrement les miracles qui se sont déroulés dans son état désiré. De même, je vous demande la même chose, comme mon Ami le dit : « Je ne prie pas pour que Tu les ôtes du monde, mais pour que Tu les protèges du malin » (Jean 17:15). Le but n'est pas de renoncer au monde, de se retirer dans l'Himalaya avec une tête rasée, mangeant un seul grain de riz par jour jusqu'à ce que vous fusionniez avec le nirvana. Au contraire, ce que l'univers exige de nous, c'est de briller vivement comme une ville sur une colline, servant de phare de possibilités, d'opportunités et de miracles pour tous ceux qui sont perdus. Les études en psychologie positive affirment que les individus qui incarnent un but et maintiennent une forte croyance en leur mission servent souvent d'inspiration, favorisant la résilience et la motivation chez ceux qui les entourent.[28]

Lorsque vous vivez pleinement dans votre état désiré, incarnant la personne qui mérite justement ce qu'elle a manifesté, vous serez reconnu à la fois par vous-même et par les autres — oint d'huile — et accueilli dans l'abondance, où votre coupe déborde. Ce n'est pas seulement une rhétorique spirituelle ; la recherche psychologique sur l'auto-actualisation s'aligne avec cette idée, démontrant que ceux qui atteignent leur potentiel le plus élevé éprouvent une satisfaction qui rayonne vers l'extérieur, impactant leurs communautés.[29]

Par conséquent, restez ferme dans votre état désiré en vous concentrant sans crainte sur la vie bonne que vous vivez. J'aime la manière dont Dan Harris l'exprime dans son livre captivant, *10% Happier* : « Vos démons ont peut-être été expulsés du bâtiment, mais ils sont dans le parking, faisant des pompes. » Plus vous vous enfoncez profondément dans votre état désiré, plus la tentation de rechuter devient forte — l'envie de pécher contre votre nouvelle vie. Combien de personnes avez-vous vues plonger tête baissée dans leur chute dès qu'elles ont enfin saisi ce qu'elles avaient lutté pour obtenir ? Ce phénomène est bien documenté en psychologie, car la peur du succès peut déclencher l'auto-sabotage, amenant les individus à revenir à de vieilles habitudes destructrices.[30]

La porte qui vous garde sur votre chemin devient donc de plus en plus étroite à mesure que les ombres de votre passé s'allongent. Cependant, elles ne vous consumeront pas si vous restez vigilant dans l'adhésion à votre nouvelle

vie. En faisant cela, vous aussi proclamerez fièrement : «
Certainement, la bonté et la miséricorde me suivront tous
les jours de ma vie ; Et je demeurerai dans la maison du
Seigneur pour toujours » (Psaumes 23:6).

Rejetez Le Diable Et Il S'éloignera — Mais Pas Sans Persécution

Pendant mon voyage pour manifester mon état désiré,
l'une des premières choses que j'ai faites a été d'abandonner
mon obsession pour la marijuana. Je fumais, mangeais et
l'absorbais — peu importe la forme — pendant mes quatre
années de premier cycle.

J'adorais cette chose ! Il n'y avait rien de tel que le
THC pour commencer ma matinée, me faire glisser dans
l'après-midi et me faire léviter jusqu'à la nuit. J'étais tout le
temps défoncé. Mes amis consommateurs étaient toujours
défoncés. (Nous nous appelions nous-mêmes « Les Tokers
»—nous avions des t-shirts assortis et tout. Ou peut-être
pas. Les détails sont flous. J'ai oublié. Ai-je mentionné que
nous étions défoncés ?) En y repensant maintenant, je vois
comment cela nous a vraiment unis, et je suis reconnaissant
d'avoir vécu cela. Mais laissez-moi être clair : la gratitude
que je ressens est plus un sentiment de triomphe sur mon
Goliath qu'une quelconque tendresse.

Quand j'ai d'abord reçu l'avis que j'allais commencer mon
temps en tant que bénévole à Fairfield Prep, l'école où j'enseigne
actuellement à plein temps, toutes mes valeurs sont
devenues claires. Je me souviens encore de mon expérience
de conversion avec une telle vivacité. C'était Pâques, et j'étais

de retour chez moi. Je ne suis pas allé à l'église de mon père (il est pasteur) et je suis resté chez moi. Étant toujours la créature festive et spirituelle que je suis, j'ai décidé de célébrer la victoire de mon Ami sur la vie, la mort et le monde en méditant et en priant dans les bois. J'ai donc conduit jusqu'à l'endroit où je me promenais souvent et fumais — mais cette fois, j'étais sobre, complètement lucide. J'ai alors trouvé l'arbre que j'avais pris en amitié, me suis assis en lotus et j'ai fermé les yeux, réfléchissant à Jésus, à ma vie jusqu'à ce moment-là, et à mon état désiré projeté. Après ce qui m'a semblé une éternité, je me suis, sans provocation, retrouvé plongé dans l'amour inconditionnel de Dieu. Les larmes ont coulé de mes yeux fermés, accablantes et pures.

Le monde a été refait lorsque je me suis réveillé. La lumière qui pénétrait mes pupilles était aveuglante, et en le temps qu'il m'a fallu pour qu'elles se dilatent, j'ai entendu au plus profond de moi ma propre voix proclamer : *arrête de fumer de la marijuana.*[31] Je clignai des yeux, ma vision rétablie, et je ris, je ris comme jamais auparavant. J'étais libre. Je me sentais tellement ivre – plus élevé que je ne l'avais jamais été (et j'avais bien expérimenté des edibles puissants et du Kush). Je dansais pratiquement — non, littéralement — en sortant des bois. Rien qu'en me souvenant de l'histoire, un sourire s'étend sur mon visage.

Tu n'as pas besoin d'une intervention bouleversante, d'une vision divine, d'une révélation pour décider qu'il est temps d'arrêter. Tout ce qu'il te faut, mon cher lecteur, c'est une raison suffisamment profonde pour te maintenir dans ta conviction. Parce que la vérité, c'est que ce sentiment d'émerveillement finira par s'estomper, mais si tu as une

raison profondément enracinée de poursuivre tes objectifs, tu continueras à avancer et rejetteras le Diable
comme une ex-petite amie collante.[32]

Malgré le fait que je ne me sois jamais enivré depuis ce
jour-là — et que j'aie récemment aussi renoncé à l'alcool
— j'ai été offert de nombreuses, nombreuses occasions
de m'intoxiquer. Je vois toujours ces tentations pour ce
qu'elles sont : des sollicitations du Diable.[33] Depuis ce
jour-là, j'ai été dans le siège passager d'un ancien amour
qui fume encore de l'herbe, tenant le joint dans ma main
mais tout simplement incapable de le porter à mes lèvres.
Peux-tu imaginer ce vieux morceau humide et roulé de
terre reposant si sensuellement entre tes doigts ? Tu
connais toutes les étapes suivantes – en fait, je pourrais
littéralement le faire inconsciemment (je l'ai fait).

Lorsque tu rejettes les avances du Diable, tu envoies
un signal à ton cerveau lui disant que tu peux être digne
de confiance.[34] Lorsque je dis non à ces drogues et boissons qui trouvent leur chemin vers moi, je ne dis pas
non pour la première fois. Mon stock de *J'adorerais vapoter
ce pen jusqu'à ce qu'il clignote et que la cartouche soit tellement chaude
qu'elle menace de briser le verre et de faire fondre toute la batterie, mais
non merci* m'a soutenu et donné l'habitude de rester dans
l'état désiré. Là où je m'endormais autrefois en pilotage
automatique, je dis maintenant inconsciemment non en
pilotage automatique. Non seulement je ne veux plus me
défoncer, mais je n'en ressens plus le besoin. Mon corps
est tellement habitué à prospérer sobre et fort qu'il aspire
désormais à mon nouveau mode de vie.[35]

LA FIN AMÈRE

Pour conclure, je tiens à vous avertir : le fait de rejeter le Diable et de voir disparaître toutes vos envies ne signifie pas que le Diable ne viendra pas vous tenter à nouveau. Vous avez peut-être atteint votre état désiré, mais cela ne signifiera rien si vous ne vous améliorez pas constamment et ne devenez pas le maître de votre état désiré. Le Diable persécute les saints au moment même où ils s'apprêtent à franchir les portes du ciel. Alors dépêchez-vous de glisser par cette porte étroite, puis claquez-la derrière vous. Résidez dans la paix et la félicité qui viennent du fait de savoir que vous vivez la vie que vous souhaitez, que vous faites ce que vous dites, et que vous êtes en harmonie avec tout cela.

Concentrez-vous Sur Le Processus — Pas Sur Le Résultat

Si vous pensez, *Le voilà encore, affirmant quelque chose de contradictoire par rapport à ce qu'il a dit auparavant*, alors soyez patient—c'est vraiment le secret bien gardé. Tout comme un chef peut conseiller à ses cuisiniers ce qu'il ne faut pas ajouter dans un plat, je suis sur le point de vous guider sur un chemin qui vous évitera de nombreuses déceptions.

Je laisserai le vénéré C. S. Lewis décrire ce que je ne pourrais qu'espérer reproduire de son trésor, *Surprised by Joy* :

> « Car par cette plainte, j'avais introduit l'hypothèse que ce que je voulais était un 'frisson', un état de mon propre esprit. Et là réside l'erreur fatale. Ce n'est que lorsque toute ton attention et ton désir sont fixés sur quelque chose

d'autre—qu'il s'agisse d'une montagne lointaine, du passé ou des dieux d'Asgard—que le frisson apparaît. C'est un sous-produit. Son existence même suppose que tu ne désires pas cela mais quelque chose d'autre, d'extérieur. Si, par quelque ascèse perverse de l'utilisation de drogue, il pouvait être produit de l'intérieur, il serait aussitôt vu comme dénué de toute valeur. Car si tu enlèves l'objet, que resterait-il après tout ?—un tourbillon d'images, une sensation qui frôle le diaphragme, une abstraction momentanée. Et qui pourrait vouloir cela ?... Au lieu de cela, je conclus que c'était un état ou une humeur en moi qui pouvait surgir dans n'importe quel contexte. "Le retrouver" devint mon effort constant ; en lisant chaque poème, en écoutant chaque morceau de musique, en allant faire chaque promenade, je devenais un sentinelle anxieux de mon propre esprit, surveillant si ce moment béni commençait et cherchant à le conserver s'il arrivait. Parce que j'étais encore jeune et que tout le monde de la beauté s'ouvrait devant moi, mes propres obstacles officieux étaient souvent balayés et, pris dans un oubli de soi, je goûtais à nouveau la Joie. Mais bien plus souvent, je l'éloignais par mon impatience vorace à vouloir la saisir, et même quand elle venait, je la détruisais instantanément par l'introspection, et à tout moment, je la vulgarisais par ma fausse hypothèse sur sa nature... Cette découverte éclaire d'une nouvelle lumière toute ma vie. Je vis que toutes mes attentes et mes veilles pour la Joie, tous mes espoirs vains de trouver un contenu mental sur lequel je pourrais, pour ainsi dire, poser mon doigt et dire : 'C'est ça', avaient été une tentative futile de contempler le plaisir. Tout ce que cette observation et cette attente pouvaient trouver serait soit une image (Asgard, le jardin occidental, ou quoi que ce soit), soit une vibration dans le diaphragme. Je ne devrais plus jamais me soucier de ces images ou sensations. Je savais maintenant qu'elles n'étaient que la trace mentale laissée par le passage de la Joie—non la vague, mais l'empreinte de la vague dans le sable. La dialectique inhérente du désir lui-même m'avait en quelque sorte déjà montré cela ; car toutes les images et sensations, si elles sont idolâtriquement prises pour la Joie elle-même, finissent tôt ou tard par se confesser honnêtement comme étant inadéquates. Toutes disaient, en dernier ressort, 'Ce n'est pas moi. Je ne suis qu'un rappel. Regarde ! Regarde ! À quoi te rappelle-je ?' »[36]

C. S. Lewis

L'aperçu de Lewis révèle une vérité profonde : la joie, ou dans ce cas, votre *état désiré*, est un *sous-produit*. Bien sûr, vous devez vous concentrer sur votre état désiré, mais ne devenez pas obsédé par lui. La vie est plus riche que la vision que vous avez de votre avenir. Au lieu de cela, perdez-vous dans le processus. Perfectionnez-le, améliorez-le, raffinez-le, et les résultats s'occuperont d'eux-mêmes. Des recherches soutiennent ce principe : les individus qui se concentrent sur la maîtrise de leur art plutôt que de se fixer sur le succès tendent à atteindre une plus grande satisfaction à long terme et une excellence soutenue.[37]

Le concept est renforcé par les études psychologiques sur *l'état de flux*, un terme inventé par Mihaly Csikszentmih alyi..[38] Le flux est l'état d'immersion totale dans une activité, où la conscience de soi s'efface et où la performance optimale émerge. Ceux qui cultivent un processus solide — plutôt que de se fixer sur les résultats — sont plus susceptibles de vivre un état de flux et, par conséquent, un succès à long terme. Les athlètes, les musiciens et les professionnels performants atteignent souvent l'excellence non pas en se concentrant sur la victoire, mais en affinant leurs habitudes quotidiennes.[39]

En termes simples, faites les bonnes choses mieux, et de meilleures choses viendront à vous.

LA FIN AMÈRE

Étapes d'Action Immédiates

1. Clarifiez Votre État Désiré : Visualisez votre vie idéale, non pas comme un rêve lointain, mais comme une réalité vers laquelle vous vous dirigez activement. Notez cette vision en détail précis — où vous vivez, avec qui vous êtes, ce que vous faites et ce que vous ressentez. Revoyez et affinez cette vision chaque jour pour la garder vivante dans votre esprit.

2. Incarnez Votre État Désiré : Commencez à vivre comme si votre état désiré était déjà une réalité. Si vous voulez du succès, agissez comme une personne réussie dès aujourd'hui — habillez-vous comme elle, adoptez son état d'esprit et prenez des décisions comme elle le ferait. Si vous désirez l'amour, pratiquez l'amour de soi et la bienveillance envers les autres. Marchez dans les pas de votre futur moi dès maintenant.

3. Limitez Votre Concentration Au Présent Et À L'avenir Désiré : Lâchez prise des échecs et des erreurs passées. Si des souvenirs ou des regrets du passé resurgissent, reconnaissez-les brièvement et recentrez-vous sur le moment présent et l'avenir que vous êtes en train de créer. Rappelez-vous que se concentrer sur ce qui n'a pas fonctionné renforce seulement les barrières à ce que vous voulez.

4. Utilisez Un Optimisme Sage : Adoptez l'optimisme,

mais ne fermez pas les yeux sur la réalité. Cultivez une croyance intérieure que les choses s'arrangeront, même face aux difficultés. Dans les moments de hardship, rappelez-vous de la vision d'ensemble et ayez confiance que les obstacles que vous rencontrez vous mènent vers une plus grande croissance.

5. Pratiquez La Gratification Différée : Reconnaissez que la transformation est un processus. Laissez votre état désiré se déployer naturellement, sans impatience ni pression. Pratiquez un petit exemple de gratification différée, même si cela consiste à regarder la télévision une heure plus tard en échange de quelque chose de productif ou de significatif.

6. Supposez Et Attendez Ce Que Vous Désirez : Commencez chaque jour en vous attendant à ce que vos désirs se manifestent. Tout comme un couple se prépare à l'arrivée d'un enfant avec anticipation, préparez-vous au succès avec la même attente.

7. Réaffirmez Votre Vision Quotidiennement : Revoyez votre vision et votre état désiré chaque jour. Dès que vous vous réveillez, affirmez-vous que la vie que vous désirez est déjà en train de se déployer. Utilisez des affirmations positives pour vous rappeler que votre état désiré n'est pas seulement possible, mais inévitable.

8. Prenez Des Actions Inspirées Et Cohérentes : Chaque jour, entreprenez des actions qui vous rapprochent

de votre état désiré. Ces actions n'ont pas besoin d'être grandioses, mais elles doivent être cohérentes et alignées avec votre vision. Faites confiance à votre intuition pour vous guider vers les prochaines étapes.

9. Acceptez La Douleur De La Transformation : Comprenez que la transformation nécessite de vous débarrasser de votre ancienne identité. Soyez prêt à affronter l'inconfort pendant que vous vous transformez pour entrer dans votre état désiré.

10. Soyez La Lumière Dans L'obscurité : Lorsque vous rencontrez des obstacles ou de la négativité, rappelez-vous que vous êtes un phare de possibilités. Brillez intensément, même dans les circonstances difficiles, et laissez votre parcours être une source d'inspiration. Par exemple, opposez-vous publiquement à quelque chose de nuisible ou de méchant.

12
Prospérez Mais Ne Fanfaronnez Pas

« Que votre lumière brille
ainsi devant les hommes,
afin qu'ils voient vos bonnes
œuvres et glorifient votre
Père qui est dans les cieux. »
— Matthieu 5:16

***

De l'approbation de qui cherchez-vous désespérément à obtenir, désireux d'impressionner ? Votre succès aurait-il une quelconque signification s'il passait inaperçu à leurs yeux ? Désirez-vous vraiment ce que vous possédez, ou est-ce simplement une performance pour le regard des autres ?

DONNEL DELVA

Suivez Le Courant

Je voudrais profiter de ce moment pour vous féliciter. Vous êtes en feu. À ce stade de votre parcours, vous êtes vraiment en train de prospérer. L'objectif de ce chapitre est donc de prospérer de manière auto-satisfaisante — une prospérité qui ne cherche pas à impressionner au détriment des autres. Je ne suis pas assez naïf pour supposer que tout le monde qui arrive à ce point a agi. Certains d'entre vous ont peut-être simplement lu le livre ou même sauté directement à cette section. C'est bien. Mais à ceux qui ont été suffisamment sérieux pour mettre en œuvre ce que j'ai partagé — mon cœur, vous y êtes arrivés !

Maintenant, à mesure que vous vous améliorez et vous enracinez plus profondément dans votre nouvel état désiré, rappelez-vous de suivre le courant. La manière la plus sûre de tomber de votre position de grâce est de résister au courant naturel, en croyant que parce que vous êtes plus brillant que ceux qui vous entourent, vous n'avez plus besoin d'eux. C'est une grave erreur.

La vérité est que vous n'avez aucune idée — absolument aucune conception réelle — de la grandeur des plans de Dieu. Personne ne le sait. La recherche psychologique suggère que les humains ont tendance à surestimer leur contrôle sur les événements, un phénomène connu sous le nom d'illusion de contrôle.[1] Vous ne pourriez même pas nager à contre-courant, même si vous le vouliez, sans parler de garantir le succès d'un plan que vous croyez avoir créé entièrement par vous-même. En fait, en vous accrochant trop fermement à votre sentiment de contrôle, vous ne vous freinerez pas seulement, mais vous risquerez aussi de blesser ceux qui tiennent à vous. Les études sur l'intelligence émotionnelle indiquent que l'excès d'autonomie peut affaiblir les liens sociaux et limiter le succès à long terme.[2] Vous avez déjà conquis la partie la plus effrayante — le saut dans l'inconnu — alors pourquoi vous accrocher à l'illusion de la prévisibilité ?

Au lieu de cela, chevauchez la vague sur laquelle vous êtes et laissez-la vous porter en avant. Vous vous souvenez quand j'apprenais encore à nager dans *Il Existe Une Infinité De Vérités Paradoxales* ? J'ai découvert que lutter contre l'eau — se débattre et résister — ne fait que vous faire couler, et finalement, vous noyer. Des études en neurosciences sur l'anxiété confirment que la résistance excessive au changement entraîne souvent des souffrances mentales et émotionnelles, renforçant les peurs mêmes que nous cherchons à éviter.[3] Le même principe s'applique à votre état désiré. Si vous résistez au courant par peur de perdre ce que vous avez travaillé si dur à construire, vous ne ferez que provoquer votre propre chute.

La clé maintenant est de continuer humblement le bon travail. Résistez à l'envie de vous ennuyer de votre succès et de le prendre pour acquis. Il est tout aussi important de résister à la tentation de changer ce qui fonctionne déjà. Comme l'a observé Niccolò Machiavelli avec sagesse : « Les hommes désirent la nouveauté à tel point que ceux qui réussissent souhaitent un changement autant que ceux qui échouent. »[4] S'il vous plaît, s'il vous plaît, ne laissez pas cela être vous.

DONNEL DELVA

Faites Confiance À Vous-même

Le but d'atteindre votre état désiré était de prospérer. Vous n'avez pas travaillé si dur pour attirer sans effort votre vie idéale dans l'existence seulement pour vivre dans un état d'anxiété et de doute de soi. La clé de la prospérité, alors, est de vous faire confiance dans le nouveau monde que vous avez créé.

Beaucoup de gens s'auto-sabotent dans la réalisation de leur état désiré parce qu'ils ne se font pas confiance pour chérir et honorer une telle vie — cela semble accablant. En raison de cette peur, ils détruisent ce qu'ils aiment le plus avant qu'il ne puisse leur être pris. La recherche psychologique soutient cette tendance, car des études sur l'auto-sabotage montrent que les individus ont souvent tendance à nuire à leur propre succès en raison de peurs profondément enracinées d'insuffisance ou de perte.[5] Cependant, cette peur est infondée, car votre état désiré n'a jamais été quelque chose d'extérieur qui pourrait être donné ou pris — il est en vous. Vous ne pouvez pas percevoir que la lumière est trop brillante quand vous êtes la lumière. Vous ne pouvez pas éteindre la lumière quand vous êtes la lumière. Toute tentative de diminuer votre état désiré reflète finalement un manque de confiance en vous pour incarner cette lumière.

Pour apprendre à vous faire confiance avec la vie que vous avez toujours voulue, vous devez d'abord définir ce que signifie avoir confiance en soi. Ma définition découle du poème glorieux (oserais-je l'appeler autrement) de Walt

Whitman, *Song of Myself*. Dans ce poème, il écrit une ligne si profonde que son œuvre a réussi à surpasser *The Raven* d'Edgar Allan Poe dans ma liste de favoris. Il déclare : « Je suis tel que je suis, cela suffit, / Si nul autre au monde n'en est conscient, je suis satisfait, / Et si tous en sont conscients, je suis satisfait. »[6] Ces vers capturent l'essence même de la confiance en soi—être en paix avec qui vous êtes, indépendamment de toute validation extérieure.

Lorsque vous avez confiance en vous, vous croyez en qui vous êtes, même lorsque personne ne vous regarde. La recherche en psychologie comportementale suggère que la véritable autodiscipline n'est pas motivée par des conséquences externes, mais par un sens de l'identité profondément intériorisé.[7] Si vous vous fixez pour objectif d'être une personne disciplinée et en bonne santé, vous allez à la salle de sport chaque jour parce que c'est qui vous êtes — et non parce que votre entraîneur personnel vous réprimanderait si vous ne le faisiez pas. De plus, vous ne vous gaveriez pas en cachette de Crumbl et de Wingstop dans votre salon, loin du regard critique de votre entraîneur. Avoir confiance en soi signifie respecter ses valeurs, même dans l'intimité.

Si tout le monde le sait, c'est merveilleux. Et si personne ne le sait, c'est tout aussi bien. À la fin de la journée, vous savez. Vous savez toujours.

Allez Au-delà Plus Ultra +1

Je ne vais pas te mentir — c'est un domaine dans lequel je n'excelle pas toujours. Néanmoins, c'est l'un de mes facteurs

X préférés. Ceux qui adoptent cette pratique avec succès surpasseront toujours ceux qui ne le font jamais.

J'ai volé ce concept à *My Hero Academia*. Je ne vais pas spoiler l'émotion déchirante qu'est *My Hero Academia*, mais je dirai que dépasser le « plus ultra » signifie essentiellement aller au-delà de ses limites — faire un de plus. J'adore ce concept parce qu'il souligne que nous pouvons toujours faire plus que ce que nous nous accordons comme crédit. La recherche en psychologie appuie cette idée, montrant que les individus sous-estiment souvent leur endurance physique et mentale en raison de biais cognitifs et de limites qu'ils s'imposent eux-mêmes.[8]

Alors que je travaille à préserver mon état désiré, j'ai décidé que la meilleure façon d'adopter une disposition *plus ultra* est de repousser constamment mes limites et d'essayer *un de plus*. Ce concept se manifeste le plus évidemment lors de mes séances à la salle de sport. Quand je termine une série jusqu'à l'échec, je tire et soulève vraiment jusqu'à ce que le poids tombe de ma main ou que je devienne engourdi. Une fois que la douleur dépasse ce que je crois pouvoir endurer, j'essaie *un de plus*. L'objectif n'est pas nécessairement d'y parvenir — juste d'en faire l'essai. Des études en psychologie du sport montrent que ce type d'effort, connu sous le nom de *grit training*, renforce la résilience mentale et améliore la performance physique.[9]

En essayant de repousser mes limites, j'entraîne mon cerveau à comprendre que ce n'est pas parce que je suis épuisé que j'ai fini. Cette stratégie a conduit à une plus grande productivité, à plus de réussites et à une satisfaction générale accrue. Des recherches sur la neuroplasticité suggèrent que le fait de se challenger constamment de cette manière renforce les circuits neuronaux liés à la persévérance et à la motivation, augmentant ainsi la résilience mentale.[10]

Imaginez ceci : vous vous réveillez à cinq heures du matin, allez à la salle de sport, enseignez l'anglais à des lycéens, puis attaquez des études de niveau universitaire. Si vous vous permettez d'abandonner trop tôt, vous finirez par échouer dans certains aspects de votre vie. Pour éviter cela, à la fin de la journée, j'essaie toujours — juste essayer — de faire quelque chose de difficile. Parfois, c'est une série de pompes jusqu'à l'échec ; d'autres fois, c'est simplement lire un peu plus. Dans tous les cas, j'essaie. Et j'échoue. Mais dans cet échec, je me montre qu'il y a toujours plus que je peux faire — même si je n'accomplis rien de tangible. Des études psychologiques lient cet état d'esprit à une meilleure qualité de vie, car les individus qui relèvent de petits défis quotidiens ont tendance à signaler une plus grande satisfaction générale et une amélioration de la qualité de leur sommeil.[11]

Sois Fidèle À Toi-même

Cette ligne vient de Polonius dans *Hamlet* de Shakespeare, prononcée comme un conseil paternel à son fils, Laërte. À la fin de son discours émouvant, il conclut : « Cela avant tout : sois fidèle à toi-même » (I.iii.78).

Polonius n'aurait pas pu mieux dire. L'art et l'essence de préserver votre état désiré résident dans votre capacité à rester fidèle à vous-même. Vous êtes arrivé à ce point en étant honnête avec vous-même. Mais plus important encore, vous êtes arrivé ici en étant vrai.

Qu'est-ce qui est vrai pour vous ? Votre état désiré est plus qu'une simple gratification externe. Il découle d'une vérité intérieure — une vérité qui vous fait rayonner lorsque vous vous regardez dans le miroir. Vous êtes la personne avec qui vous devez dormir chaque nuit. Cela peut être une grande chose, pleine de pouvoir. Ou cela peut être une triste et pitoyable blague. L'objectif est de vous endormir chaque nuit fier de la première option.

Être fidèle à soi-même nécessite souvent de rejeter ce que le monde considère comme vrai. Ce que le monde juge comme vrai n'est pas toujours la vérité. Si vous avez le choix entre vivre une vie qui ressemble extérieurement à votre état désiré (argent, statut, reconnaissance) et vous sentir intérieurement aligné avec votre état désiré malgré le fait que vous ne le voyiez pas encore se manifester physiquement (joie, paix, amour), choisissez toujours la seconde option.[12] Les études sur la motivation intrinsèque suggèrent que l'accomplissement intérieur conduit à un bien-être à long terme plus important que les récompenses externes.[13]

En tant qu'êtres humains, nous avons besoin de croire que nous sommes de bonnes personnes afin de mener des vies significatives. Il suffit de penser aux individus extrinsèquement réussis qui se sont suicidés parce qu'ils manquaient de joie intérieure et d'accomplissement.[14]Cela semble être un paradoxe — un gâchis. Mais en réalité, cela s'aligne avec la nature humaine. Peu importe combien vous poursuivez, attrapez et dévorez le succès extérieur, cela ne vous fera pas vous sentir complet.[15] La recherche en psychologie positive confirme que le bonheur durable repose sur des états internes de gratitude et de sens, plutôt que sur l'accumulation matérielle.[16]

C'est précisément pourquoi j'aborde le succès de la manière dont je le fais : en posant d'abord les bases — en reconnaissant votre désir et son véritable coût du point de vue des valeurs et du caractère. Cette approche lente et intentionnelle mène au résultat le plus significatif — l'état désiré le plus serein et durable.

Par conséquent, faites toujours ce qui vous semble vrai envers vous-même, même si cela dérange quelques personnes. Vous ne croiriez pas combien de fois j'ai tout simplement ignoré les relations toxiques et les soi-disant « opportunités » déguisées en avantages. Le plus grand atout que nous ayons est notre paix. Elle dépasse de loin même la rareté du temps, car le temps peut être agonisant lorsqu'il est passé dans la misère. Mais même un instant fugace de paix l'emporte largement sur les épreuves et les tribulations nécessaires pour l'obtenir.[17]

Garde Sainte Ta Plus Haute Espérance

J'ai entendu ce passage pour la première fois lors de ma dernière journée d'école, lorsqu'un professeur de philosophie me l'a lu à haute voix. Je vais le transcrire ici et le laisser s'exprimer de lui-même — elle savait vraiment comment envoyer ses élèves vers de nouveaux horizons.

> « Hélas, j'ai connu des hommes nobles qui ont
> perdu leur plus grand espoir. Et dès lors, ils ont

calomnié tous les grands espoirs. Dès lors, ils ont vécu sans vergogne dans de brèves jouissances, et ils n'avaient guère d'autre but que celui du jour. « L'esprit est aussi plaisir sensuel », disaient-ils. Alors les ailes de leur esprit se brisèrent : maintenant, il rampe et salit ce qu'il se nourrit. Autrefois, ils pensaient devenir des héros : maintenant, ils sont des sensualistes. Le héros leur est une affliction et une terreur. Mais, par mon amour et mon espoir, je vous en supplie : ne rejetez pas le héros dans votre âme ! Gardez saint votre plus grand espoir ! » Ainsi parla Zarathoustra. »[18]

Friedrich Nietzsche

Il n'y a rien de plus déchirant que d'écouter des héros vaincus. Leur pessimisme découle souvent d'un seul échec dans leur vie. Au lieu de le voir pour ce qu'il est — un moment — ils le laissent définir l'intégralité de leur existence. Comme je l'ai mentionné plus tôt, parfois la chose la plus tangible dans la vie d'une personne est la négativité, et pour de nombreux héros vaincus, cette négativité devient leur réalité.[19] Cela mène à un état de bouderie perpétuelle, où ils se vautrent dans les regrets plutôt que de se relever pour reprendre leur but.

La vérité est qu'un héros est quelqu'un qui ne lâche jamais ses idéaux, ses valeurs, son caractère ou ses espoirs. Il reste ferme malgré l'opposition et l'adversité. Cette résilience n'est pas un accident — c'est une caractéristique définissante de l'héroïsme.[20] Les héros servent de piliers de force, incarnant quelque chose de plus grand qu'eux-mêmes pour ceux qui croient en eux. Le moment où ils choisissent d'abandonner — je frémis à cette pensée — ils se trahissent non seulement eux-mêmes à cet instant, mais ils trahissent aussi d'innombrables autres qui les regardaient comme une source d'inspiration, ainsi que les vastes opportunités qu'ils avaient autrefois pour prospérer.[21]

Atteindre quelque chose d'aussi rare que l'état désiré porte une responsabilité inhérente : prospérer, afin que les autres puissent témoigner qu'il est possible d'atteindre tout ce que vous avez toujours véritablement voulu. Votre état désiré est précieux. Même si votre plus grande ambition dans la vie est aussi simple que de toucher les seins de quelqu'un comme Denji dans *Chainsaw Man*, cela a tout de même de la valeur — car c'est votre rêve, votre épanouissement, votre catharsis à la fin du voyage du héros.[22] Et si c'est vraiment ce que vous voulez, alors vous méritez de l'avoir.

Dramatique Avant D'être Hypocrite

Puisque vous êtes désormais dans votre élément, il se peut que vous trouviez facile de détecter les personnes qui ne sont pas aussi enflammées que vous. Quand deux braises se rencontrent — l'une allumée et l'autre éteinte — soit la braise allumée enflammera l'autre, soit la braise allumée sera éteinte par l'autre. La personne dont l'état est plus abondamment présent déterminera quel domaine s'étend. Un antidote puissant à la grisaille d'autrui est l'engagement d'être dramatique avant d'être dénué de sincérité.

Regardons les choses en face — nous sommes dans le jeu de l'obtention de nos états désirés. Cette quête implique de l'attention et, parfois, de se retrouver sous les projecteurs. L'objectif n'est jamais de chercher la lumière pour le simple plaisir de la vanité. Cependant, lorsque vous vous retrouvez inévitablement en plein centre de l'attention, penser de manière dramatique avant de devenir dénué de sincérité peut vous aider à surmonter toutes sortes de gênes ou même de culpabilité. La recherche suggère que l'expression de soi, même perçue comme théâtrale, favorise l'authenticité et l'épanouissement personnel, renforçant ainsi l'identité de chacun.[23]

Les gens vous traiteront de « bizarre », « exagéré », « trop », « trop dramatique » — la liste est longue. Ce que vous êtes le plus justement, c'est dramatique. Pas dans un sens délirant ou en quête d'attention, mais dans celui où ce monde est votre scène réfléchie et où vous incarnez pleinement votre vrai soi. Ce que vous ressentez à chaque instant est authentique. Vous n'êtes pas l'antithèse : dénué de sincérité. Des études en psychologie sociale montrent que les individus qui embrassent leurs tendances expressives naturelles, plutôt que de les réprimer par peur du jugement social, tendent à connaître des niveaux plus élevés de bien-être et d'estime de soi.[24]

Si le choix se présente entre les deux, choisissez toujours d'être dramatique — en prenant le risque d'une gêne ou d'un manque de professionnalisme — plutôt que d'être dénué de sincérité, ce qui risque de renforcer l'état que vous vous efforcez de fuir. Des recherches psychologiques indiquent que réprimer son vrai soi peut mener à une dissonance cognitive, ce qui crée un stress intérieur et diminue le bonheur général.[25]

Beaucoup de gens sont bloqués dans leurs états non désirés et cherchent quelqu'un avec qui s'enfoncer dans leur misère. Comme mentionné dans la section précédente, ce sont des héros défaits. Lorsqu'ils voient que quelqu'un a accompli ce qu'ils ont peur d'essayer, ils deviennent jaloux et profondément mal à l'aise — leur échec leur est renvoyé comme un miroir indésirable. Des études psychologiques confirment que l'envie provient souvent d'un concept de soi menacé, particulièrement lorsque l'on voit quelqu'un réussir ce que l'on a soi-même du mal à atteindre.[26]

Laisse-moi être ton amoureux, ton grand frère, ou ton ami et te dire : TU ES DIGNES ! Tu as le droit de fleurir, même si ceux qui t'entourent se sentent inadéquats à cause de cela. Comment ils se sentent n'est pas de ta faute. Ce qui compte, c'est ce que toi, tu penses d'eux.

Si tu veux te vanter et le leur jeter au visage, alors ferme ce livre — j'aurais honte de t'avoir appris à te montrer et à triompher. Mais si tu veux fleurir parce que c'est ton droit de naissance, parce que tu es déterminé à montrer aux autres ce qu'est véritablement un héros, alors s'il te plaît — montre-moi, sœur. Montre-nous tous.

Tu Es Parfaitement Normal — Tu Es Normalement Parfait

À ce stade de ton parcours, il est important de te rappeler qu'en gros, tu es juste en train de profiter. Ce que tu viens d'accomplir — obtenir, je veux dire vraiment vivre la vie que tu désires — est là, il t'appartient. Et surtout, c'est ton mode de vie, pas juste quelque chose que tu fais quand tu as du temps. C'est donc une véritable bénédiction de se réveiller chaque matin en sachant et en ressentant que tu gères tout.

Tout l'effort que tu as fourni—et que tu continues de fournir—t'a mené à une réalité où ton résultat moyen est plutôt bon. C'est ça le but : vivre ta vie de manière à obtenir des résultats plutôt bons en moyenne. Je te conseille de ne pas penser que tu dois obtenir des résultats excellents à chaque fois—tu n'en as tout simplement pas besoin. Non seulement c'est impossible, mais c'est aussi l'une des principales excuses que les gens utilisent pour ne pas essayer dès le départ.[27] Ils disent : *Puisque ce ne sera pas parfait, je ne commencerai même pas* — et donc ils ne font rien du tout. Mais pas toi. Les autres ? Vous, restez prudents.

Ton nouveau normal est maintenant parfait *pour toi*. Pas parfait, point final. Mais parfait pour le mode de vie que tu mènes. Prenons-moi comme exemple : ce matin, j'ai accidentellement dormi plus longtemps et je ne suis pas allé à la salle de sport à six heures comme je le fais habituellement. Que signifie cette erreur dans le contexte de mon état désiré ? Eh bien, pas grand-chose. Pourquoi ? Parce que cette erreur n'arrive normalement pas. C'est ça la beauté de la moyenne.

La recherche psychologique sur la formation des habitudes soutient cela : la cohérence au fil du temps est ce qui façonne réellement le comportement, pas la perfection dans l'exécution.[28] Normalement, je vais à la salle de sport à six heures du matin cinq jours par semaine et un peu plus tard le samedi (car ma salle ouvre plus tard). Je peux te garantir que je serai là tôt demain matin — parce que c'est ce que je fais habituellement. Cette confiance en toi, cette assurance dans tes habitudes, c'est ce que tu gagnes avec ton état désiré.[29]

J'ai peut-être fait une erreur aujourd'hui, mais c'est un *cas isolé*, pas une *tendance*. Et tu sais quoi ? Tu peux être sûr que je ferai simplement mon entraînement à cinq heures de l'après-midi, quand j'aurai fini d'enseigner. Simple. Pas d'autodégradation, pas de culpabilité — juste un entraînement plus tard. La capacité de s'adapter sans sombrer dans un discours intérieur négatif est une caractéristique clé de l'efficacité personnelle, un trait psychologique lié au succès à long terme.[30]

Jamais Négocier Ou Tolérer Le Terrorisme

Souviens-toi, mon cher lecteur, les gens s'opposeront au fait que tu prospères simplement pour le plaisir de s'opposer. Il existe encore une force égale et opposée à tout — une antithèse à ta revendication sur la vie.[31] Mais tu sais quoi ? Cela signifie simplement que ta thèse sur la vie, ton état désiré, sera mis à l'épreuve et finira par être prouvé comme étant la vie que tu mérites vraiment de vivre.

Mon problème avec le terrorisme de style de vie (comme je l'ai nommé) est que le terroriste, dans ce cas, ne lutte pas pour gagner mais plutôt pour te faire perdre. Le terroriste est déjà un perdant — ils ont abandonné depuis longtemps leur désir d'obtenir le mode de vie qu'ils croyaient autrefois possible pour eux-mêmes.[32] Comme je l'ai mentionné auparavant, ce sont les héros défaits de la société. Ayant abandonné, ils cherchent maintenant à jouer le seul rôle qui donne un sens à leur vie : terroriste du style de vie. Leur nouvelle mission dans la vie ? Causer la chute de quiconque se dirige vers la grandeur.

Par conséquent, ne négociez jamais avec ni ne tolérez un terroriste du style de vie. *Qui est un terroriste du style de vie et comment puis-je m'en éloigner*, demandez-vous ? Eh bien, je vais vous le dire : toute personne dont l'énergie et la présence ont un impact négatif sur vous de quelque manière que ce soit est un terroriste du style de vie.[33] Je parle des râleurs, des victimes, des cyniques, des gens qui semblent toujours gâcher leurs objectifs, des perdants perpétuels, des haineux, des sceptiques, des méchants et de toute personne qui les soutient. Éloignez-vous de ces archétypes à tout prix ! Ne consacrez ni temps ni énergie à ces personnes ! C'est ce que je veux dire par négocier.

S'ils vous demandent de « *m'écouter* », de « *supposer ceci ou cela* », de « *réfléchir à cela* » — bah humbug — s'il vous plaît, ne le faites pas. Là où vous en êtes maintenant, votre énergie et votre état mental doivent être protégés comme le Secret Service protège le président : de votre vie.[34] S'il vous plaît, et je lutte aussi avec cela, alors écoutez-moi quand je dis ceci : cela n'en vaut pas la peine ! Tolérer une nuit tardive, prendre juste un verre de vodka, conduire cette heure jusqu'à l'aéroport — rien de tout cela ne vaut la peine de sacrifier votre paix. Pourquoi ? Parce qu'ils ne veulent pas vraiment votre compagnie — juste n'importe quelle compagnie dans leur misère.[35]

Ce qui les attire vers vous, c'est le fait que vous prospérez. Ils veulent réduire cela de quelque manière que ce soit pour se sentir mieux de ne pas prospérer eux-mêmes. Je vous en prie — résistez.

J'espère Juste Avoir L'air Fou

J'ai écrit cette simple phrase complètement défoncé, décalé par ce bon vieux zah (que je fumais à l'université). J'ai retrouvé cette ligne dans mes notes, et elle résonne encore profondément en moi, même si je n'ai pas été défoncé par la weed depuis des années. La façon dont je vis mon état désiré se résume à cela : j'espère juste qu'une fois tout dit et fait, les gens regarderont en arrière ce que j'ai accompli et, au pire, diront : *Mec, ce Mr. Donnel Delva, c'était un type vraiment fou.*

La plupart des gens te penseront fou quand ils te verront prospérer. Tes habitudes et ta disposition de caractère les surprendront et les mettront mal à l'aise. La raison est que tu représentes leurs insécurités, leurs doutes et leurs peurs — surmontés. Quand ils te regardent, leurs excuses volent en éclats ; ils perdent toute crédibilité et toute logique. Les psychologues ont découvert que la dissonance cognitive, la tension entre des croyances et des réalités contradictoires, provoque de l'inconfort, amenant les gens à rationaliser leurs propres limitations lorsqu'ils sont confrontés à quelqu'un qui les défie.[36]

Leur monde extérieur—toi, dans ton état désiré—ne correspond pas à l'histoire qu'ils se racontent intérieurement : *Je ne peux pas faire ça. Personne ne le peut. Les gens sont généralement comme moi. Il faut être né d'une certaine manière pour avoir ce que tu veux.* Ton existence même défie ce récit. Les recherches en neurosciences suggèrent que le cerveau résiste naturellement à l'incertitude, préférant les schémas qui renforcent ses croyances préexistantes.[37] Parce que tu introduis de la nuance et de l'imprévisibilité, leur malaise les pousse à supposer que si quelqu'un est fou entre vous deux, ce doit être toi. Quelle ironie !

Mais cette perception est la pire que j'espère que les gens diront de moi. Je sais que les gens m'aiment et me respectent — je ressens leur affection chaque jour. En même temps, je sais aussi qu'il y en a qui me détestent simplement parce que je prospère dans l'état désiré que j'ai travaillé si dur à attirer. Des études en psychologie sociale révèlent que les individus qui réussissent deviennent souvent des cibles de ressentiment, en particulier de la part de ceux qui se sentent laissés pour compte ou inadéquats en comparaison.[38] Cependant, peu importe ce qu'ils ressentent, mon espoir est que, puisque je refuse de me vanter, ils finiront par accepter la différence entre ce qu'ils croient et ce qu'ils expérimentent lorsqu'ils me rencontrent — et qu'ils attribueront tout cela à ma folie.

Si jamais je devais m'asseoir à une table préparée pour moi, avec eux comme serveurs, je sais que c'est ce qu'ils diraient — si jamais ils étaient honnêtes. Cette expérience est quelque chose que tu devrais espérer ressentir profondément en toi aussi : ce sentiment d'intégrité et de paix intérieure, sachant que tu as fait les bonnes choses pour attirer la vie que tu veux. Et en conséquence, personne ne peut te donner des étiquettes qui ne te décrivent pas avec précision. La seule étiquette qu'ils pourraient te coller et qui aurait un sens serait celle de *fou*.

LA FIN AMÈRE

Ne Juge Pas

Je vais te partager quelque chose qui m'a sauvé d'innombrables mots et d'une paix encore plus grande : ne juge pas les autres pour ne pas fleurir ou atteindre leur état désiré, surtout une fois que tu as attiré le tien et que tu peux maintenant voir clairement leurs erreurs.

Ce principe m'est venu facilement car je n'aime pas être jugé et, par conséquent, je n'aime pas juger les autres. Cependant, cela ne signifie pas que c'est toujours facile. Je peux comprendre. En tant qu'enseignant d'anglais au lycée, je vois souvent des élèves faire les mêmes erreurs que j'ai faites dans différentes sphères de ma vie, et il est tentant de les juger pour cela. Ce serait la voie facile de dire que je suis meilleur qu'eux simplement parce que j'ai surmonté mes mauvaises habitudes. Mais le choix plus difficile, celui que tu devrais faire, c'est de montrer l'exemple et d'offrir un mentorat. Les recherches suggèrent que le mentorat favorise la résilience et la croissance personnelle, aidant les individus à surmonter les défis plus efficacement.[39]

Mais tout le monde ne vous écoutera pas. Certaines personnes sont déterminées à continuer dans leur état non désiré simplement parce qu'il leur est familier. Comme l'a observé la thérapeute familiale Virginia Satir : « Les gens préfèrent la certitude de la misère à la misère de l'incertitude. »[40] Si vous jugez nécessaire de confronter des personnes coincées dans leur misère, vous devez également assumer la responsabilité de les aider à se relever ensuite. Des études psychologiques sur la dissonance cognitive suggèrent que les individus sont plus réceptifs au changement lorsqu'ils sont guidés par ceux en qui ils ont confiance, plutôt que par ceux qui les critiquent simplement.[41]

Devenez un mentor pour ceux qui ont besoin de la sagesse que vous avez acquise grâce aux erreurs que vous partagez. Entraînez-les. Enseignez-leur. Conseillez-les sincèrement. Guidez-les sans crainte. J'ai réalisé que la raison pour laquelle je suis le plus tenté de juger les autres pour ne pas être dans leur état désiré est la peur — croyez-le ou non. J'ai peur que si je les vois incapables d'attirer ce qu'ils désirent, ma vision du monde — tout le prémisse de ce livre, l'œuvre de ma vie — soit invalidée. Ils incarnent mes propres doutes : *tout le monde peut-il vraiment attirer ce qu'il désire le plus ?* Les recherches sur les prophéties auto-réalisatrices montrent que nos croyances sur les autres peuvent façonner leurs résultats, renforçant soit le succès, soit l'échec, en fonction de nos attentes.[42] En conséquence de cette prise de conscience, je ne prends plus le chemin facile. Au lieu de cela, je fais face à ma peur en guidant par l'exemple. Je choisis de représenter ceux qui peuvent attirer leurs états désirés. C'est possible, et je refuse de juger ceux qui croient le contraire.

Plutôt que de juger, demandez-vous : *qu'est-ce qui est valorisé ici ?* Vous n'aurez pas tendance à juger les autres si vous ne vous jugez pas vous-même. Vous ne le ferez tout simplement pas. Demandez-vous toujours ce que vous valorisez dans différentes situations. Vous valorisez toujours quelque chose. Identifiez ce que c'est et déterminez si cela s'aligne avec votre état désiré. Si c'est le cas, continuez. Si ce n'est pas le cas, arrêtez.

LA FIN AMÈRE

Si les actions des autres ne s'alignent pas avec votre état désiré, ne les jugez pas. Au lieu de cela, devenez leur mentor — si elles veulent de votre aide. Si elles ne veulent pas, alors laissez-les tranquilles et protégez votre énergie. Des études en psychologie comportementale suggèrent que maintenir des frontières personnelles solides est essentiel pour le bien-être émotionnel et le succès durable.[43]

Impressionne-toi Uniquement

Impressionner les autres n'est pas seulement au-delà de ta portée, mais aussi d'une véritable futilité, car toute gloire appartient en fin de compte à Dieu. Je l'admets — je vais même le professer — tu es irrésistible ! Tu es absolument magnétique, captivant et incontestablement attrayant. Les gens ne peuvent pas te résister ; tu les laisses en vouloir plus. Bien. C'est super pour toi.

Mais voici le truc : tu n'as pas entrepris le voyage pour attirer ton état désiré dans le but d'attirer l'attention ou les éloges. Tu es devenu quelqu'un digne de la vie que tu mènes grâce à la discipline interne, en payant le prix, et en sacrifiant humblement ce qui devait être retiré de ta vie pour maintenir ce qui compte vraiment. Les recherches suggèrent que le véritable épanouissement provient de la motivation intrinsèque : faire les choses pour la croissance personnelle plutôt que pour la validation extérieure.[44] Cette vie, ton droit de naissance donné par Dieu, a toujours Lui appartenue. Par conséquent, rends-lui tout cela en t'impressionnant toi-même chaque jour et en instaurant en toi le désir de voir ta propre grandeur se déployer.

DONNEL DELVA

S'impressionner soi-même se fait par de petites actions cohérentes qui nous rappellent notre moi le plus élevé. Des études montrent que le développement d'habitudes quotidiennes d'autodiscipline renforce l'efficacité personnelle et renforce une image de soi positive.[45] Par exemple, je m'impressionne chaque fois que je me réveille à cinq heures du matin et que je vais à la salle de sport à six heures pour m'entraîner dur. En ce moment, alors que je tape dans ma salle de classe, l'automne s'installe ; les gens ont déjà commencé à hiberner pour l'hiver. Personne — à part cette magnifique et élégante fille que j'appelle ma muse de la salle de sport et quelques vieilles dames — n'est à la salle. Lorsque je pénètre dans cette salle, créatine dans le système, mes sacs remplis de ma chemise et de mon pantalon, Vénus et ses compagnons célestes sont encore dehors, et M. Soleil est juste annoncé par la bouche ouverte de l'Aube.

Mais je suis là. À chaque. Putain. De. Fois.

Et cela, en soi, est impressionnant. La recherche en psychologie suggère que maintenir des routines cohérentes favorise la discipline, qui est directement liée au succès et au bien-être à long terme.[46] Cela fait-il de moi un homme confiant et attirant ? Mon Dieu — évidemment ! Mais, le plus important, c'est que cette routine me redirige vers Dieu.

Les premiers mots sur ma langue, le premier souffle de mes poumons chaque fois que mon réveil me tire du monde des rêves, sont : MERCI, DIEU ! Et laissez-moi vous dire, cela aussi est très impressionnant. Des études indiquent que l'expression quotidienne de la gratitude améliore considérablement la santé mentale et la satisfaction générale dans la vie.[47] Je me suis imposé la vérité que la seule personne pour qui je dois m'améliorer, c'est moi.

Ne te compare pas aux autres dans ton parcours d'amélioration personnelle; ne mesure pas tes progrès en fonction des autres. Prends plutôt le temps de te comparer à toi-même hier. As-tu progressé ? As-tu maintenu une habitude qui améliore ta vie ? Si tu peux répondre oui à ces questions, alors dis de toutes tes forces et avec éclat : MERCI, MON DIEU !

Montre Ne Dis Pas

Je suis un professeur d'anglais, donc cela résonne très harmonieusement avec moi. Puisque vous êtes maintenant en train de prospérer, vous pourriez vouloir bavarder sans fin sur tout ce que vous faites. Veuillez vous abstenir. Rappelez-vous combien vous avez parcouru. Rappelez-vous ce qui vous a amené ici : payer le véritable prix intérieur pour ce que vous voulez et devenir une personne qui attire ces choses. Nulle part dans ce parcours n'avez-vous eu besoin de bavarder sans fin à quiconque — en fait, je vous ai spécifiquement mis en garde contre cela dans *Ne Partagez Pas Un Plan Que Vous N'êtes Pas À L'aise De Révéler*, au cas où des vampires énergétiques se pointeraient. Au lieu de cela, voici ce que vous devriez faire : montrez ce que vous voudriez dire. Montrez-le au monde par vos actions, pas par vos mots.

Peu de choses m'irritent autant que les gens qui annoncent ce qu'ils croient être, plutôt que de nous montrer qui ils sont vraiment. Les recherches suggèrent que les gens forment des impressions en fonction de signaux comportementaux cohérents plutôt que de descriptions verbales d 'eux-mêmes.[48] Alors, ne dis pas que tu es béni(e) — manifeste-le. Ne dis pas que tu es heureux(se) — souris simplement. Les études psychologiques confirment que de vrais sourires activent les neurones miroirs chez les autres, rendant ton bonheur contagieux.[49] Nous avons tous entendu la personne qui dit *C'est drôle* après une blague. En réalité, elle ne trouve pas ça drôle. Elle peut reconnaître quelque chose de comique dans la blague, mais à moins que son ventre n'éclate de rire, mon cher lecteur, elle essaie simplement de te sauver de l'embarras.[50]

Alors, ne dis pas que tu es riche — arrive simplement dans une Tesla ou fais un don généreux à Fairfield Prep. Crois-moi, on saura. Les recherches sur les signaux sociaux confirment que la véritable richesse, le succès et la compétence sont plus convaincants lorsqu'ils sont montrés par des comportements plutôt que par des proclamations de soi.[51] Ne parle pas sans cesse de combien tu es « concentré » — viens simplement me retrouver à la salle de sport. Là, je pourrai le voir par moi-même.

Et laisse-moi te laisser avec ceci pour apaiser ta vanité. Crois-moi : j'adore me faire mousser autant que le prochain soi-disant « sigma male. » Mais ce qui me garde humble, c'est, ironiquement, les éloges que je reçois inévitablement de ceux qui reconnaissent la grandeur. Les vrais — ceux qui prospèrent eux aussi dans leurs états désirés — te trouveront et te le feront savoir. Et oh mon Dieu, il n'y a pas de son plus doux. Les études montrent que la validation externe de la part de pairs respectés a un poids psychologique bien plus important que l'auto-promotion.[52] Le seul prix que tu as à payer pour cela ? Te taire. Reste silencieux et laisse tes actions parler pour toi jusqu'à ce que quelqu'un, inévitablement et profondément, te complimente. Crois-moi quand je te dis que cela te fera verser des larmes et te poussera bien plus loin que ton propre bavardage.

Comment J'ai Prospéré En Lançant Des Pierres

Lorsqu'il s'agit de synthétiser tous les principes exposés dans ce chapitre, je trouve que tout ce que j'ai dit se réunit lorsque je lance des pierres. J'ai d'abord essayé de faire sauter une pierre sur le lac Mohegan à Fairfield, CT, il y a environ sept ans. La première chose que j'ai réalisée, c'est qu'il y a un petit processus impliqué dans le lancer de pierres. D'abord, on choisit une bonne pierre ; ensuite, on la lance à travers l'eau. C'est tout. Les résultats sont immédiats, clairs et même mesurables si vous voulez analyser votre technique. Depuis ma première session de lancer de pierres, j'ai suivi une règle : toujours lancer la pierre que je ramasse.

Dans la vie, vous héritez d'une circonstance extérieure que vous avez peut-être choisie ou non pour vous-même. Des recherches suggèrent que, bien que les conditions externes façonnent nos expériences, nos réponses internes déterminent la façon dont nous les naviguons.[53] Tout ce que vous pouvez faire, c'est contrôler votre état intérieur pour attirer ce que vous souhaitez dans cette réalité tridimensionnelle. Cette leçon exacte est ce que je ressens pendant l'expérience rythmique de sauter des pierres. Si vous sautez des pierres autant que moi, alors vous savez qu'il semble presque frauduleux de ramasser une pierre que vous aviez l'intention de sauter, pour ensuite la reposer après inspection. Ça me donne des frissons rien qu'en l'écrivant. Essayez ! Au moins essayez. Lancez-la de l'autre côté de l'eau, même si vous ne prévoyez pas de succès. C'est ça, prospérer — vous vous engagez, croyant complètement en vous-même.[54]

Il n'y a personne à blâmer sauf vous-même lorsque vous sautez des pierres. Vous choisissez la pierre. Vous décidez de la lancer. Vous choisissez. Que la pierre plonge immédiatement dans les profondeurs ou qu'elle file à travers l'eau, tout cela dépend de vous. Vous assumez pleinement la responsabilité, mais vous n'avez pas un contrôle total. Des études montrent que les personnes qui assument la responsabilité de leurs actions tendent à éprouver des niveaux plus élevés de résilience et de croissance personnelle.[55] J'aimerais pouvoir avoir toutes les conditions parfaites alignées pour que chaque lancer glisse sans effort. Vous ne savez pas combien de plaisir j'aurais à calmer chaque mer juste avant de lancer. Mais, croyez-le ou non, je ne contrôle rien de tout cela. Je saute des pierres, peu importe les circonstances extérieures, parce que je sais que j'ai ce qu'il faut.

À ce stade de ma vie, j'ai lancé des milliers de pierres à travers des dizaines de plans d'eau. J'ai envoyé des pierres voler à travers le Walden Pond, chaque plage que j'ai visitée et chaque ruisseau que j'ai rencontré — vous l'appelez. Je vous promets : il n'y a rien de plus impressionnant ou attrayant que de lancer une pierre avec votre corps brillant sur le rivage, l'envoyant profondément dans l'océan. Et vous savez quoi ? Je ne juge pas les autres qui ont du mal à faire sauter leurs pierres. En fait, des études suggèrent que l'enseignement d'une compétence à d'autres renforce notre propre apprentissage et approfondit notre compréhensio n.[56] (Je me souviens avoir appris à un petit ami d'un couple qui m'observait en train de lancer des pierres comment le faire, et laissez-moi vous dire – c'est facilement l'une des dix choses les plus sexy que j'aie jamais faites.)

Pas chaque pierre traverse l'eau en un clin d'œil, et certaines — bien que rares — rebondissent vers moi. Mais chaque pierre avec laquelle je choisis d'interagir obtient quelque chose : mon meilleur effort. Je mets mon meilleur pied en avant, je prends mon bras avec la meilleure intensité, je lui donne une chance honnête, et je lance. Chaque fois que j'obtiens un résultat, je suis fier parce que je sais quel caractère, quelle disposition et quelle détermination il m'a fallu pour m'engager dans une action et la mener à bien. Ce simple passe-temps amusant auquel je participe chaque fois que je vois un plan d'eau est l'incarnation de la prospérité. Alors vas-y — laisse ces belles pierres voler, comme toi, soit en traversant cet océan de la vie, soit en sombrant sous son poids.

Étapes d'Action Immédiates

1. Va Avec Le Flux : Embrasse le courant de ta croissance. Évite de résister ou de trop contrôler ton parcours, car cela ne ferait qu'entraîner du stress et des contretemps inutiles. Au lieu de cela, fais confiance au processus, reste humble et laisse tes progrès se dérouler naturellement.

2. Fais Confiance À Toi-même : Reconnaît tes réussites sans les saboter. Pratique des affirmations ou de la réflexion quotidienne pour renforcer ta confiance et célébrer ta croissance.

3. Va Au-delà De Plus Ultra +1 : Dépasse tes limites, même lorsque tu es épuisé. La prochaine fois que tu seras confronté à un défi — que ce soit à la salle de sport, au travail ou dans la vie — va au-delà de ce que tu penses être ta limite et essaie juste un de plus.

4. Sois Fidèle À Toi-même : Identifie ce qui te semble authentique et tiens-y, même si cela va à l'encontre des normes sociétales. Prends le temps chaque jour de réfléchir à tes valeurs et assure-toi que tes actions y sont en accord.

5. Accepte L'expression Dramatique De Soi : Exprime-toi authentiquement, même si cela semble un peu excessif. Laisse ton individualité briller et résiste à l'envie de réprimer tes tendances naturelles par crainte

du jugement. Accepte d'être « dramatique » dans le sens où tu es sans excuse, en prenant des actions qui permettent à ton moi véritable de t'amener à un plus grand épanouissement et à la paix.

6. Incarne Ton « Nouveau Normal » : Reconnaît que ton nouvel état désiré n'est pas simplement une réussite momentanée, mais un changement de mode de vie permanent. Concentre-toi sur la constance plutôt que sur la perfection. Réfléchis à tout le chemin parcouru et reconnais que vivre authentiquement avec paix et joie est la chose la plus importante que tu puisses continuer à cultiver.

7. Ne Négocie Jamais Avec Le Terrorisme : Établis des limites claires avec les influences négatives et protège ta paix intérieure. Ne tolère rien qui perturbe ton épanouissement, que ce soit des critiques extérieures ou des doutes intérieurs. Reste ferme dans ton état désiré et laisse aller toute personne ou situation qui tente de te tirer vers le bas.

13

PRATIQUEZ L'ASCÉTISME INVOLONTAIRE

« Par conséquent,
quiconque entend ces
paroles que je dis, et les met
en pratique, je le comparerai
à un homme sage qui a construit sa maison sur le roc. »
— Matthieu 7:24

Croyez-vous que vous pouvez tout avoir, le mauvais comme le bon ? À quoi vous accrochez-vous qui vous empêche d'obtenir ce dont vous avez réellement besoin ? Quelles sont les choses dont vous avez déjà dû vous débarrasser par le passé pour avancer et grandir ? À quoi êtes-vous attaché alors que cela ne vous sert plus ?

DONNEL DELVA

Quand Vous Créez — Vous Détruisez

Félicitations ! Vous êtes arrivé au dernier chapitre du livre. Je suis plus fier qu'un paon majestueux de voir que quelqu'un a suffisamment apprécié mon livre pour continuer à lire (ou bien vous avez juste sauté jusqu'ici — et pourtant, je ne vous en veux pas du tout). Peu de gens sont comme vous ; la plupart des gens ne lisent pas,[1] et encore moins appliqueront ce qu'ils apprennent à leur propre vie.[2] Alors, bon travail. Sans plus tarder (et sans l'admiration bien méritée), plongeons directement dans la fin.

Maintenant que vous vous épanouissez dans l'état désiré pour lequel vous avez tant travaillé, vous pouvez remarquer que certaines habitudes et certains comportements sont tombés en désuétude. Ce phénomène, je l'appelle *l'ascétisme involontaire* — le renoncement involontaire à certaines actions qui se produit naturellement lorsqu'on poursuit un objectif particulier.

Par exemple, si vous vous entraînez pour un marathon, votre concentration sur l'endurance et la discipline vous empêchera inévitablement de fumer. Vous n'avez pas commencé à vous entraîner avec l'objectif explicite d'éviter les cigarettes, mais les exigences de votre programme ont rendu le tabagisme incompatible avec votre quête. La recherche suggère que le changement de comportement fonctionne souvent de cette manière : au lieu de prendre des résolutions directes, les gens sont plus enclins à maintenir des habitudes qui s'alignent avec leurs objectifs plus larges.[3] De même, lorsque vous aspirez à un état d'être supérieur, vous abandonnerez inconsciemment les comportements et distractions qui ne vous servent pas.

Lorsque vous créez le monde autour de vous, vous détruisez simultanément d'autres réalités potentielles. Vous êtes toujours engagé dans cette danse complexe de création et de destruction. Comme l'économiste Thomas Sowell l'écrit dans *A Conflict of Visions: Ideological Origins of Political Struggles*, « Il n'y a pas de solutions, seulement des compromis. »[4] Ce concept est évident dans de nombreux aspects de la vie, y compris le sport.

Je suis entraîneur de la ligne défensive des freshmen à Fairfield Prep, et une chose que j'ai apprise, c'est qu'il n'existe pas de jeu défensif miracle universel. Si un tel jeu existait, j'aurais déjà un contrat avec la NFL. Au lieu de cela, chaque stratégie implique des compromis : certains jeux sont plus efficaces dans des situations spécifiques, mais aucun ne fonctionne parfaitement dans tous les cas. Cette réalité reflète la vie : vous ne pouvez pas avoir une « vie miraculeuse » où vous fumez un paquet de cigarettes par jour et faites des marathons. Les choix que vous faites définissent les opportunités qui s'offrent à vous.

Pour chaque décision que vous prenez, il existe une infinité de décisions que vous n'avez pas prises. Je vois ce principe à l'œuvre même dans les jeux vidéo, en particulier dans *NBA 2K25*. Le jeu récompense les joueurs pour les actions qu'ils effectuent sur le terrain avec une « Note de coéquipier », une fonctionnalité qui évalue de manière juste la performance. Cependant, un défaut du système est qu'il note uniquement ce que vous faites, et non ce que vous choisissez de ne pas faire. J'ai toujours pensé que le jeu devrait aussi récompenser les joueurs pour les choix intelligents et disciplinés qu'ils ne font pas.

Bien que cela puisse être impossible pour un algorithme d'évaluer les non-actions, la vie réelle, elle, le fait certainement. Des études montrent que l'autodiscipline et la capacité à retarder la gratification conduisent à un plus grand succès à long terme.[5] Les actions que vous choisissez de ne pas entreprendre — les tentations que vous résistez, les distractions que vous évitez — apportent des récompenses de manières que vous ne reconnaîtrez peut-être pas immédiatement. Lorsque vous franchirez la ligne d'arrivée de votre marathon, vous réaliserez : *Merci Seigneur, je n'ai pas commencé à fumer.*

Ainsi, laissez votre esprit être énergisé par les décisions que vous savez ne pas vous servir et auxquelles vous vous êtes délibérément abstenu. Puisqu'il existe une infinité de non-actions, il existe une infinité de sources de force et de momentum qui vous propulsent en avant. Remercier Dieu pour ce que vous n'avez pas fait est tout aussi puissant que le remercier pour ce que vous avez accompli. En renforçant votre état désiré avec des affirmations à la fois d'action et de retenue, vous rappelez à votre esprit, votre corps et votre esprit que le succès ne réside pas seulement dans ce que vous faites, mais aussi dans ce que vous *refusez* de faire.

La Loi De l'Échange Équivalent

J'ai découvert la Loi de l'Échange Équivalent en regardant *FullMetal Alchemist*. Cette loi dit : « Pour obtenir ou créer quelque chose, quelque chose d'une valeur équivalente doit être perdu ou donné. » Mon mot préféré dans cette loi est « valeur ». Des recherches suggèrent que lorsque les individus font preuve d'autodiscipline, ils ne sacrifient pas des activités au hasard, mais renoncent plutôt à celles qui ont une importance comparable à leurs objectifs.[6] Par exemple, l'entraînement pour un marathon ne vous amènerait pas soudainement à arrêter de conduire ou de mâcher de la gomme — ces activités sont soit excessives, soit sans rapport. Cependant, si votre objectif est de posséder une Tesla, vous pourriez commencer à allouer une partie de vos revenus à cet achat, sacrifiant ainsi les dépenses inutiles pour atteindre votre objectif. Des études montrent que ce type de compromis — échanger délibérément un comportement contre un autre — renforce un comportement orienté vers les objectifs.[7] L'échange, ce que vous donnez ou perdez, sera toujours d'une valeur égale à ce que vous recevez et gagnez.

Il est essentiel de comprendre que la valeur de votre état désiré est déterminée par *vous*. Avoir un million de dollars en banque pourrait submerger une personne sans abri, mais cela ne perturberait pas un milliardaire. L'univers fonctionne selon cette dimension d'échange, offrant ce pour quoi vous faites l'effort de parvenir.[8] Il est donc de votre responsabilité d'évaluer à la fois la valeur de votre état désiré — ce que ce mode de vie signifie pour vous — et la personne que vous devez devenir intérieurement pour le réaliser pleinement. Cette transformation est souvent appelée un changement basé sur l'identité, où les individus doivent aligner leurs habitudes et leur état d'esprit avec la personne qu'ils souhaitent devenir.[9] Si vous pensez pouvoir savourer même une cigarette par mois tout en vous entraînant pour un marathon, alors vous n'êtes pas encore devenu la personne que vous devez être pour atteindre cet objectif. Dans ce cas, vous êtes toujours un fumeur qui aimerait courir. Mais vous pouvez devenir un coureur — tout court. Et les coureurs ne fument jamais, jamais. *Pourquoi est-ce ainsi ?* vous demandez. Simplement parce que *c'est la loi.*

Partout dans la nature, la Loi de l'Échange Équivalent est en action. Les recherches en écologie montrent comment la vie est soutenue par des compromis constants, chaque organisme s'adaptant pour garantir sa survie.[10] Un pommier, par exemple, peut produire des centaines de pommes, mais pas sans un échange équivalent d'énergie. Il absorbe de l'eau, puise des nutriments dans le sol et capte la lumière du soleil pour se maintenir en vie. Ces échanges façonnent non seulement le monde naturel, mais aussi les vies humaines. Ils ne changent pas qui vous êtes, mais révèlent plutôt qui vous avez toujours été. C'est un système élégant et beau — parce que si ça marche et parle comme un canard, alors c'est un canard. Qu'est-ce qui fait une différence chez une personne ? Nous sommes des produits de la nature, tout comme n'importe quelle autre forme de vie. Donc, si quelqu'un marche et parle comme un gagnant, alors c'est un gagnant, florissant dans son état désiré. Ils ont payé le véritable prix intérieur et méritent maintenant exactement ce qu'ils ont gagné.

Tu Es Déjà En Train De Le Faire

LA FIN AMÈRE

Alors que je termine ce chapitre et ce livre, je veux te rappeler qu'en ce qui concerne la pratique de l'ascétisme involontaire pour attirer ton état désiré, tu prends toujours une décision. Que ce soit par l'inactivité ou l'activité, tu fais un choix. Des recherches suggèrent que même dans des moments d'inaction perçue, le cerveau est activement en train de traiter et de renforcer les schémas comportementaux, faisant de l'inaction quelque chose de tout aussi significatif que l'action elle-même.[11]

Je ne peux pas te dire combien de fois j'ai regardé mon téléphone ou fait les cent pas, me demandant comment répondre à un de mes amours. Un jour, après une heure de cela, une prise de conscience m'a frappé : *Qu'est-ce que j'ai déjà fait pendant cette heure ?* Ne rien dire. C'était ma décision. Autant en être fier. Et donc, cette fois, je ne lui ai pas envoyé de message — et je m'en suis senti très bien. Des études psychologiques montrent que la perception de soi joue un rôle crucial dans la prise de décision ; lorsque nous considérons nos choix comme intentionnels plutôt que passifs, nous ressentons un plus grand sentiment de contrôle et de stabilité émotionnelle.[12]

Avant de prendre une décision (à moins que je ne sois déjà dans un état de flux), je me pose deux questions essentielles : *Qu'est-ce que je veux faire en ce moment ?* et *Qu'est-ce que j'apprécie le plus ?* Ces deux questions m'ont sauvé des années de douleur, de regrets et d'épuisement dus à la fatigue décisionnelle. Des études suggèrent que minimiser la fatigue décisionnelle en alignant les choix sur des valeurs profondément ancrées peut améliorer le bien-être général et la clarté mentale.[13] Je ne me débats plus autant avec moi-même car je comprends que tout ce que je fais, je l'ai déjà décidé. On ne peut pas siroter du vin tout en débattant de la question de devenir sobre — l'ironie est complètement perdue sur ceux qui essaient. Les recherches indiquent que la dissonance cognitive — l'inconfort mental provenant de croyances contradictoires — peut entraîner du stress émotionnel, c'est pourquoi la cohérence entre les valeurs et les actions est essentielle pour un épanouissement à long terme.[14]

Mon cher lecteur, s'il vous plaît, sauvez-vous. Épargnez-vous la souffrance sadique de l'indécision. Prenez possession de la vie que vous êtes déjà en train de créer afin de pouvoir la changer. Vous ne pouvez pas rouler vers le coucher du soleil en tant que passager, car vous n'avez jamais été dans le siège passager au départ. C'est vous qui vous êtes conduit jusqu'à la déprime — et c'est vous qui pouvez changer de direction, un degré à la fois. Les recherches en neurosciences confirment que de petits changements constants de comportement, appelés micro-changements, peuvent réorganiser les voies neuronales au fil du temps, rendant la transformation un processus graduel mais puissant.[15]

Lorsque vous vous posez ces deux questions mentionnées précédemment, la façon la plus simple de vous engager dans ce que vous faites est de ressentir vos émotions. Les recherches suggèrent que la prise de conscience émotionnelle est essentielle pour prendre des décisions basées sur des valeurs ; les émotions agissent comme des boussoles internes, nous guidant vers l'alignement ou la dissonance.[16] Ce que vous faites est ce que vous voulez maintenant — admettre cette vérité est la première étape. Ce que vous valorisez le plus devrait rester cohérent (bien que cela puisse évoluer au fil des années). Si vos actions actuelles s'alignent avec vos valeurs profondes, vous vous sentirez probablement bien. Cependant, si elles sont désalignées, un malaise suivra. L'objectif, alors, est d'aligner vos actions avec vos valeurs et de vous sentir bien en faisant ce qui compte le plus pour vous.

Cela dit, parfois vous vous sentirez mal même après avoir agi en accord avec vos valeurs, et c'est normal. Les recherches montrent que la gratification différée et les actions guidées par les valeurs entraînent souvent un inconfort à court terme, mais un épanouissement à long terme.[17] Se sentir bien d'avoir fait ce qui est juste peut être cultivé avec le temps et des boucles de rétroaction positives. Lorsque vous réfléchissez à votre évolution et aux bienfaits des choix alignés, il devient plus facile de croire que vous avez pris la bonne décision. Mon cher lecteur, je sais qu'il y a encore tellement d'amour et de lumière pour vous — ici et dans les jours à venir.

Étapes d'Action Immédiates

1. Définissez Vos Compromis : Réfléchissez aux objectifs que vous poursuivez actuellement. Écrivez les habitudes ou comportements qui ne vous servent plus dans la poursuite de ces objectifs. Qu'est-ce que vous pouvez laisser de côté pour faire de la place à votre réalité souhaitée ?

2. Créez Un Contrat De Comportement Avec Vous-même : Rédigez un contrat bref où vous listez les actions spécifiques auxquelles vous vous engagerez et celles que vous vous attendez à éviter involontairement pour être en accord avec vos objectifs plus grands.

3. Identifiez Vos Valeurs : Au début de chaque journée, demandez-vous : *Qu'est-ce que je veux faire aujourd'hui ?* et *Qu'est-ce que je valorise le plus ?* Notez vos réponses et utilisez-les comme principes directeurs tout au long de la journée.

4. Observez Vos Micro-changements : Tout au long de la journée, notez toute petite décision où vous avez soit consciemment choisi une action positive, soit passivement laissé un ancien comportement persister. Réfléchissez à la manière dont ces micro-changements, au fil du temps, reprogramment vos habitudes et vous rapprochent de votre état idéal.

5. Évaluez Vos Décisions : À la fin de chaque semaine, regardez en arrière les décisions que vous avez prises et les habitudes que vous avez pratiquées. Y a-t-il des habitudes que vous avez involontairement abandonnées ? Célébrez vos progrès et identifiez les actions à éliminer pour continuer à grandir.

ÉPILOGUE

« Encore, le royaume des
cieux est semblable à un trésor caché dans un champ,
qu'un homme a trouvé et
caché; et, dans sa joie, il va
vendre tout ce qu'il possède
et achète ce champ. » —
Matthieu 13:44

***

Pensez-vous que vous mettrez réellement en pratique ce
dont nous avons discuté, ou cette conversation n'a-t-elle
fait que réaffirmer ce que vous croyiez déjà ? Après tout ce
que nous avons exploré, avez-vous le sentiment d'avoir découvert quelque chose de profond, ou vous retrouvez-vous
encore au point de départ, luttant simplement pour vous en
sortir ? Que faudrait-il qu'il se passe pour que vous sachiez,
sans le moindre doute, que vous avez échappé aux cycles

qui vous retenaient autrefois ? Et peut-être plus important encore, comment pouvez-vous utiliser ce que vous avez appris pour aider les autres à éviter les mêmes pièges ?

LA FIN AMÈRE

Mon Royaume Des Cieux

Mon Ami et Maître, notre Seigneur Jésus-Christ, parle souvent du royaume des cieux dans l'Évangile, et Ses paroles m'ont conduit à imaginer ma propre version de ce royaume. Alors, si je puis me permettre, laissez-moi humblement ajouter ma perspective sur sa fondation, sa transformation et sa préservation.

Mon royaume des cieux est un monde où les gens ne attendent pas de toucher le fond pour demander de l'aide. Ils ne attendent pas que le désespoir les force à changer. Au contraire, ils recherchent la croissance avant que la souffrance ne la rende nécessaire. Ils comprennent que le plus grand cadeau n'est pas le poisson, mais la connaissance de la pêche. Des recherches suggèrent que les individus qui recherchent activement le développement personnel connaissent un épanouissement et une résilience à long terme plus grands, plutôt que de simplement réagir aux difficultés lorsqu'elles surviennent.[1]

Et c'est pourquoi ce voyage a eu de l'importance. Car même si quelqu'un pouvait vous offrir votre état désiré, cela ne vous apporterait pas un bonheur durable. L'épanouissement ne vient pas simplement du fait de recevoir quelque chose de nouveau, mais de devenir quelqu'un de nouveau. C'est pourquoi nous avons posé les fondations. C'est pourquoi vous avez changé. Votre état intérieur s'est transformé et, ce faisant, votre monde extérieur s'épanouit désormais. Et parce que vous savez maintenant comment pêcher, vous n'êtes plus lié à un seul résultat. Vous pouvez revendiquer de nouveaux états, de nouveaux sommets, à l'infini. Mieux encore, vous pouvez apprendre aux autres à faire de même.

Tout ce que nous avons exploré se résume à cette vérité unique : vous pouvez vous améliorer. Peu importe où vous en êtes—que vous reconstruisiez à partir de rien ou que vous visiez de plus grands sommets — il y a toujours une possibilité de grandir. Des études montrent qu'adopter un état d'esprit de croissance conduit à un plus grand accomplissement, un meilleur bien-être et un sens plus profond du but.[2] Mais le véritable pouvoir de l'amélioration personnelle ne s'arrête pas à vous.

Lorsque vous croyez en votre capacité à grandir, vous commencez à voir ce même potentiel chez les autres. Et c'est là que se produit la véritable transformation — non seulement en vous, mais aussi dans le monde qui vous entoure. L'amélioration personnelle n'est pas seulement pour vous ; elle est pour le plus petit comme pour le plus grand d'entre nous. Elle est pour ceux qui luttent et ceux qui prospèrent, pour ceux qui sont au plus bas et ceux qui s'élèvent déjà. Et en grandissant, vous apprendrez à marcher sur cette fine ligne entre la poursuite du prochain horizon et la satisfaction profonde de l'endroit où vous êtes.

Imaginez un monde où cette croyance est courante, où la croissance n'est pas simplement une quête personnelle mais une valeur partagée. Un monde où les gens prennent la responsabilité de leur vie, non pas par peur, mais par espoir. Où même les plus petits ajustements dans les habitudes quotidiennes créent des ondulations qui s'étendent, élevant non seulement l'individu, mais la communauté entière. Chaque amélioration relève le niveau de ce qui est considéré comme normal, et ce faisant, tout le royaume est élevé plus haut.

Et dans ce monde, les gens ne se forcent pas simplement à s'améliorer — ils en ont le *désir*. Ils ressentent l'appel, l'excitation de s'élever, non pas seulement pour eux-mêmes, mais pour leurs proches, leurs familles, leurs amis. Ils veulent être des modèles. Ils veulent être des phares. Ils veulent être des héros.

Quelle serait la différence dans la vie si davantage de personnes adoptaient cette manière d'être ? Combien de tragédies, de crimes et de conflits auraient pu être évités si plus de personnes avaient ressenti qu'elles en avaient assez — qu'elles *étaient* suffisantes ? Des études en psychologie positive indiquent que lorsque les individus ressentent un sens de la vie et une estime de soi, ils sont beaucoup moins enclins à adopter des comportements nuisibles ou à sombrer dans le désespoir.[3] Plus nous devenons forts, moins nous prenons du monde, et plus nous sommes capables de donner.

Alors crois en toi. Crois en la puissance qui réside en toi. Fais confiance au fait que tes efforts porteront leurs fruits.

Et ne attends pas. Commence dès maintenant. Lance-toi. Passe à l'action — n'importe quelle action—pour prouver à toi-même que tu es la personne qui mérite tout ce que tu as toujours désiré. Ne attends pas d'avoir tout perdu pour commencer. Ne attends pas que quelqu'un d'autre te valide. Chaque moment est une occasion d'apprendre, de grandir, de se renforcer. Ce ne doit pas être une obsession, mais un mode de vie — un style de vie que tu t'offres à toi-même et aux autres.

Parce que, que tu t'en rendes compte ou non, quelqu'un te regarde. Quelqu'un apprend de toi. Tu es l'exemple qu'ils attendaient.

Cela a été toi tout ce temps.

Je peux voir mon royaume des cieux. Et il est magnifique.

Pas seulement beau—*abondant*. Débordant de vie, de joie, de possibilités. Tellement plein de bonté que, sous certaines lumières, il semble presque ressembler à la plus grande version de la Terre—notre maison commune, mais raffinée, élevée, rendue entière.

Dans ce monde, chacun a en lui ce qu'il faut pour atteindre son potentiel le plus élevé. Chacun donne généreusement, non seulement de son excédent, mais aussi de sa sagesse, de sa force, de son parcours. La veuve avec ses deux petites pièces en donne deux aujourd'hui, mais deux et demie demain. Le bon Samaritain ne se contente pas d'aider les blessés — il crée un monde où moins de gens sont blessés en premier lieu. Les salles de sport sont pleines, non seulement de corps, mais de esprits engagés dans la discipline et la vitalité. Le monde est propre. Bourré de vie. Un endroit où les gens s'améliorent, où les rires résonnent, où de nouveaux commencements sont toujours les bienvenus.

Un foyer.

Et dans mon royaume des cieux, les enseignants sont *riches*.

Mon Dilemme Après L'anime

LA FIN AMÈRE

J'ai regardé environ trente animes, et chaque fois que j'en termine un nouveau, je me retrouve face au même dilemme : *Est-ce que je commence un autre ?*

Cette question reflète exactement ce que je ressens à propos de l'amélioration personnelle et de l'atteinte de mes états désirés.

J'hésite et je réfléchis, car le conflit réside dans la possibilité que le nouvel anime — ou le nouvel état désiré — soit une déception. *Et si cela ne correspondait pas à celui que j'ai vécu précédemment ?* Les recherches suggèrent que les humains résistent instinctivement aux nouveaux défis, craignant souvent que la prochaine entreprise ne soit pas à la hauteur de l'excellence précédente.[4] Nous sommes programmés pour éviter l'inconfort, pour nous accrocher à ce qui nous semble familier et sûr.

Après avoir atteint un niveau de vie plus élevé, il est douloureux de repartir de zéro — d'être un débutant, de lutter à nouveau. L'ascension est toujours intimidante, et la chute des attentes peut être douloureuse. Plus nous avons volé haut, plus il peut être difficile d'accepter l'humilité de recommencer.

Mais après trente animes et plusieurs états désirés accomplis, laissez-moi vous dire : il vaut toujours la peine de recommencer le parcours.

Tout ce qui vaut la peine d'être acquis exige un coût intérieur — discipline, patience et endurance.[5] L'incertitude du nouveau est toujours éclipsée par la richesse du voyage.

Et ainsi, je prendrai toujours le risque des spoilers plutôt que de ne jamais vivre l'histoire. Parce que la vérité, c'est que le voyage *est* la récompense. Il en va de même pour poursuivre le prochain niveau de ma vie.

Comme l'a un jour béni l'ancien président Theodore Roosevelt :

> « Ce n'est pas le critique qui compte ; ce n'est pas l'homme qui pointe comment l'homme fort trébuche, ni où l'accomplisseur d'actes aurait pu mieux les accomplir. Le mérite revient à l'homme qui est réellement dans l'arène, dont le visage est marqué par la poussière, la sueur et le sang ; qui lutte vaillamment ; qui se trompe, qui échoue encore et encore, car il n'y a pas d'effort sans erreur ni échec ; mais qui s'efforce réellement de faire les actes ; qui connaît les grandes enthousiasmes, les grandes dévotions ; qui se dépense dans une cause digne ; qui, au mieux, connaît à la fin le triomphe d'une grande réussite, et qui, au pire, s'il échoue, échoue du moins en osant grandement, de sorte que sa place ne sera jamais avec ces âmes froides et timides qui ne connaissent ni la victoire ni la défaite. »

Lorsque je lutte avec l'idée de retourner dans l'arène et de repartir à l'effort, je me rappelle : le dernier défi est affronté par la version *nouvelle de moi-même*. Chaque fois que je me tiens au pied d'un nouveau défi, je ne suis pas la même personne qui s'y est tenue auparavant. Je suis plus fort, plus sage, plus capable.

LA FIN AMÈRE

La recherche sur la résilience montre que chaque défi relevé avec succès reprogramme le cerveau, rendant les défis futurs plus faciles à surmonter.[6] Chaque bataille remportée est une leçon apprise, une compétence affinée, une confiance en soi renforcée. Chaque fois que nous atteignons un état désiré, nous ne nous contentons pas d'atteindre un objectif — nous élargissons notre capacité à en atteindre d'encore plus grands.

Cela crée une boucle de rétroaction positive : plus vous surmontez d'obstacles, plus vous devenez capable d'en surmonter d'autres. Des études en neuroplasticité révèlent que les victoires répétées renforcent nos voies neuronales, consolidant ainsi notre confiance en nous et rendant le succès futur plus naturel.[7] La confiance n'est pas juste un sentiment — c'est une structure construite à travers l'action.

Et avec le temps, vous n'obtenez pas seulement les états intérieurs et les biens matériels que vous désirez dans la vie — vous attirez un niveau d'existence plus élevé. Encore et encore, avec chaque quête, vous vous élevez.

Et lorsque vous atteignez ce niveau, l'univers lui-même se plie en votre faveur. Appelez cela la foi, l'énergie ou l'alignement divin, mais encore et encore, ceux qui persévèrent voient la vie ouvrir des portes là où il n'y en avait apparemment aucune.[8] Ce n'est pas de la magie ; c'est l'effet cumulé de la confiance en soi et de l'action.

Alors, embrasse le processus. Laisse l'amélioration t'envahir. Laisse-la t'affûter. Si tu ressens cette envie de regarder un nouvel anime, même après en avoir vu tant d'autres — regarde-le. Parce que ce désir a une réalisation. Chacun de tes désirs a une satisfaction correspondante — elle existe.

Alors, apaise le feu qui brûle en toi.

La Fin Amère

La fin amère. Nous y sommes enfin arrivés. La fin amère, si amère. Je suis en larmes en tapant ces mots. Cela a vraiment été un voyage. J'ai tellement appris sur moi-même : comment mon sens de l'humour façonne ma manière d'enseigner, pourquoi je pense et me comporte de manière parfois déconnectée de mes émotions, et comment les sentiments qui semblent surgir sans raison exercent encore une influence profonde sur mon état d'être.

Je suis arrivé à comprendre ma perception de la foi en Dieu d'une manière que je n'avais jamais fait auparavant.

Et rien de tout cela ne serait arrivé sans un seul moment d'inspiration — celui qui m'a frappé il y a trois ans, lorsque je marchais vers Walnut Beach, lançant des pierres et plantant sans le savoir la première graine de ce qui allait devenir ce livre. Ce moment m'a conduit ici, à cette conversation, à cette expérience partagée entre toi et moi. Mon espoir le plus sincère est que ces pages entre tes mains ont eu un impact sur toi aussi grand que celui que ces trois dernières années d'écriture ont eu sur moi.

Mais maintenant, tu demandes : *Qu'est-ce que la fin amère ?*

La fin amère est la suivante : tu pourrais ne rien faire de la connaissance que tu viens d'acquérir.

La recherche suggère que pour chaque cent personnes qui entreprennent un voyage de transformation personnelle, quatre-vingt-dix-neuf retourneront finalement à leur mode de vie indésirable, inchangées, non transformées.[9] L'étincelle de la motivation s'estompe, et les anciennes habitudes refont surface. Des études montrent que, bien que la motivation et l'inspiration puissent déclencher le changement, la véritable transformation durable nécessite des changements comportementaux profonds, quelque chose à quoi la plupart des gens ont du mal à s'engager.[10]

Peut-être avez-vous ressenti cette montée de motivation en lisant. Peut-être, pendant un instant fugace, avez-vous entrevu une nouvelle réalité — une qui a fait vibrer votre esprit. Mais maintenant, alors que vous approchez de la dernière page, vous jetez un coup d'œil au-delà des pages et vous vous retrouvez confronté aux mêmes environnements, aux mêmes habitudes, aux mêmes circonstances qui ont longtemps défini votre monde. Et la tentation sera forte — de laisser ce livre devenir juste une autre inspiration fugace, un autre fantôme de potentiel perdu avec le temps.

Mais pour ceux qui passent à l'action — pour ceux qui ne se contentent pas d'entendre mes paroles mais de les vivre — la fin amère signifie quelque chose de totalement différent.

Cela marque le dernier chapitre de votre existence de chenille non désirée. Le temps passé à lire, réfléchir et absorber dans votre chrysalide vous a préparé pour ce moment. Et maintenant, vous émergez — transformé.

Les recherches sont claires : ceux qui s'engagent dans une action délibérée, qui restructurent leurs habitudes, qui s'immergent dans une nouvelle réalité, sont ceux qui réalisent un changement durable.[11]

Ainsi, avec votre mode moine derrière vous, vous déployez vos ailes. Vous laissez derrière vous la vie que vous n'avez jamais voulue et vous entrez dans la vie que vous étiez toujours destiné à vivre.

Un jour, vous et moi nous retrouverons — non pas dans une vie après la mort lointaine, mais ici. Dans le monde que nous créons, dans la réalité que nous choisissons. Un monde d'amour, de paix, de bonheur, d'abondance et de générosité.

Alors, ne nous rencontrons pas seulement dans une dimension sans mort. Rencontrons-nous ici, dans ce monde tridimensionnel — en tant que versions les plus élevées de nous-mêmes.

La Musique Ne S'arrête Jamais

Pour clôturer cette œuvre de vie, cette précieuse conversation que nous avons partagée, permettez à ce jeune musicien de vous laisser ces derniers mots : *la musique ne s'arrête jamais*.

Une chose que j'ai apprise en m'asseyant devant ces magnifiques touches, c'est que même si je cesse de jouer, la musique, elle, ne s'arrête jamais. Vous et le piano — votre âme et votre instrument — pouvez être au repos, mais la mélodie continue. Si la musique de votre vie était écrite sur une portée, elle s'étendrait à l'infini, remplie de mesures de silences et de crescendos grandioses. Les personnes et les événements vont et viennent, s'entremêlant comme des instruments dans une grande symphonie, mais la chanson elle-même ne cesse jamais. La recherche suggère que notre expérience de la vie — nos hauts et nos bas, nos moments d'harmonie et de discorde — ressemble au flux et au reflux d'une composition, chaque phase contribuant au chef-d'œuvre de notre existence.[12]

Parfois, vous pouvez vous désaccorder. D'autres fois, vous pouvez vous sentir en parfaite résonance avec l'univers, votre esprit vibrant à l'unisson avec quelque chose de plus grand que vous. La révélation que *la musique ne s'arrête jamais* n'est pas seulement poétique—elle est le reflet d'une vérité supérieure, un aperçu de la plus grande gloire de Dieu.

Et c'est là, mon cher lecteur, que je souhaite diriger votre regard : *Ad Majorem Dei Gloriam* — pour la plus grande gloire de Dieu ! Chaque note de votre existence, chaque battement, chaque rythme, existe pour magnifier Sa gloire, et non la vôtre.[13] Des études montrent que les individus qui trouvent un but au-delà d'eux-mêmes, qui alignent leurs actions sur un appel supérieur, éprouvent un plus grand épanouissement et une plus grande résilience.[14] Votre symphonie — vos épreuves, vos triomphes, vos moments de silence et de crescendo — vous est propre, mais pour le Tout-Puissant, elle est tout ce qu'elle est déjà. L'expression de vos joies et l'endurance de vos épreuves sont en elles-mêmes un acte de glorification, un témoignage de l'ordre divin de la création.[15]

Dieu est vibration. Dieu est lumière. Dieu est chaque force qui rend la musique possible. Votre rôle n'est pas de jouer seul, mais de co-créer, de composer aux côtés du Divin. Vous ne verrez jamais la partition entière — *le Ciel* — vous ne verrez jamais toutes les parties superposées, chaque mouvement du début à la fin. Voilà à quel point la composition est vaste et complexe.

Mais Dieu le voit.

Dieu entend. Dieu sait. Dieu dirige. Et par-dessus tout, Dieu veut que vous frappiez la bonne note, que vous trouviez votre tonalité, que vous vous accordiez au Très-Haut. Faites confiance au Chef d'orchestre, au Maestro, à Celui qui tient la baguette. Ma foi m'a porté jusque-là, et c'est la plus douce mélodie que mes humbles oreilles aient jamais entendue.

Je t'aime, Dieu.

Et je t'aime, mon cher lecteur, mon ami.

Au revoir.

Maintenant — puis-je avoir un *MERCI, DIEU ?!*

Étapes d'Action Immédiates

1. Cherchez Activement La Croissance : Identifiez un domaine de votre vie où vous vous sentez stagnant ou réactif (par exemple, la santé émotionnelle, les relations, la carrière). Prenez des mesures proactives dès aujourd'hui pour apprendre quelque chose de nouveau dans ce domaine — que ce soit en lisant un livre, en suivant un cours en ligne, ou en recherchant les conseils d'un mentor.

2. Développez Un État D'esprit De Croissance : Réfléchissez à un échec ou à un revers récent et reformulez-le. Au lieu de le voir comme un obstacle, identifiez comment il représente une opportunité de croissance. Engagez-vous à adopter un état d'esprit qui considère les défis comme des tremplins vers des réalisations plus grandes.

3. Élevez Votre Communauté : Engagez-vous à réaliser un acte de service cette semaine. Que ce soit en offrant du soutien à un collègue, en aidant un ami ou en contribuant à une cause, visez à élever non seulement vous-même, mais aussi la communauté qui vous entoure par des actes intentionnels de bienveillance et de croissance.

4. Prenez La Responsabilité De Votre Vie : Identifiez une habitude ou un comportement que vous attribuez actuellement à des circonstances extérieures (par

exemple, le manque de temps, le stress). Changez de perspective et assumez la pleine responsabilité de le changer. Commencez par prendre des petites étapes réalisables qui vous remettent dans le contrôle.

5. Visualisez Votre Royaume Des Cieux : Prenez cinq minutes chaque jour pour visualiser votre monde idéal — votre « royaume des cieux ». Imaginez comment vous agiriez, comment les autres se traiteraient entre eux, et à quoi ressemblerait votre environnement. Réfléchissez à la manière dont vous pouvez commencer à rendre cette vision réelle dès aujourd'hui, même de manière minime.

6. Affrontez Les Nouveaux Défis Avec Courage : La prochaine fois que vous serez confronté à un nouveau défi intimidant, rappelez-vous la valeur de la croissance. Au lieu d'hésiter ou de craindre l'échec, embrassez le processus. Commencez par faire le premier pas, peu importe à quel point il semble petit.

7. Engagez-vous Dans Une Transformation Continue : Commencez dès aujourd'hui en vous engageant dans un domaine de votre vie où vous pouvez faire des améliorations continues (par exemple, la forme physique, l'apprentissage, les relations). Fixez-vous un objectif quotidien pour vous améliorer un peu chaque jour, en construisant de l'élan au fil du temps.

8. Remplacez La Motivation Par Une Action Constante : Fixez-vous un objectif qui nécessite que vous preniez des actions quotidiennes et mesurables pendant les

30 prochains jours. Suivez vos progrès et, lorsque vous réussissez, augmentez vos standards pour les 30 prochains jours.

9. Cultivez La Résilience : Lorsque vous êtes confronté à l'adversité, faites une pause et demandez-vous : *Comment ai-je grandi grâce aux défis passés ?* Reconnaissez comment les échecs ou les obstacles précédents vous ont forgé en une version plus forte de vous-même, et laissez cela alimenter votre résilience pour l'avenir.

10. Cherchez La Symphonie Divine : Prenez un moment chaque jour pour aligner vos actions avec un but supérieur. Que ce soit par la prière, la méditation ou la réflexion, connectez-vous à la croyance que votre vie fait partie d'une symphonie plus grande, et que votre rôle est d'y contribuer par vos talents et actions uniques.

Postface

Eh bien, nous y voilà—la fin de *The Bitter End*. Mais en réalité, ce n'est que le début.

Vous avez traversé chaque page, principe par principe, et maintenant il est temps pour la partie la plus importante : mettre tout cela en action.

Que ce soit votre premier livre de développement personnel (ce qui, d'ailleurs, est un véritable honneur), ou que vous en ayez dévoré des centaines comme moi, ce qui compte le plus, c'est ce qui se passera ensuite.

Je ne veux pas que ce soit l'un de ces livres que vous terminez, posez et oubliez. Pas du tout. Je veux avoir de vos nouvelles. Je veux savoir comment ce livre vous a aidé, ce qui a résonné en vous, ce qui nécessite encore des éclaircissements et, surtout, comment vous vivez maintenant la vie que vous désirez vraiment.

Voici Donc Votre Appel À L'action :

- Suivez-moi sur **TikTok (@mr..donnel.delva)** — je publie constamment du contenu motivant et instructif. Ma chaîne **YouTube (Mr. Donnel Delva)** est également liée là-bas, alors allez la voir !

- Spam ma boîte de réception si tu veux. Sérieusement. Si tu as des pensées, des questions, des révélations ou juste envie de me dire comment se passe ton parcours, envoie-moi un email à **mrdonneldelva@ gmail.com**. Je lis tout.

- Laisse une critique. Si ce livre t'a aidé, même un peu, s'il te plaît, fais-le savoir à moi et au monde. Les critiques aident plus de gens à découvrir ce livre et à commencer leur propre transformation.

Lectures Complémentaires

Si vous êtes prêt à pousser davantage votre transformation, voici quelques livres qui m'ont profondément influencé et que j'ai référencés tout au long de *The Bitter End*. Ce sont des lectures incontournables pour poursuivre votre voyage :

Pour maîtriser les changements de mentalité et reprogrammer vos habitudes :

- *Atomic Habits* de James Clear – De petites habitudes cohérentes conduisent à des transformations massives. Ce livre est comme une carte pour changer son comportement.

- *The Subtle Art of Not Giving a Fck** de Mark Manson – Un livre direct mais perspicace sur l'importance de se concentrer sur ce qui compte vraiment et de laisser aller ce qui ne compte pas.

Pour développer l'autodiscipline et la résilience :

- *The 7 Habits of Highly Effective People* de Stephen R. Covey – La base de l'efficacité personnelle. Si vous voulez améliorer votre discipline et vos prises de décisions, commencez par ce livre.

- *The War of Art* de Steven Pressfield – Parfait pour quiconque lutte contre la procrastination, la peur ou le doute de soi—ce livre vous poussera à passer à l'action

Pour comprendre le but et l'accomplissement à long terme :
- *The Power of Now* de Eckhart Tolle – Si s'aligner avec votre but le plus profond est l'un de vos objectifs, ce livre vous aidera à rester présent et intentionnel.

- *Essentialism: The Disciplined Pursuit of Less* de Greg McKeown – Un livre sur l'élimination du bruit, la concentration sur ce qui compte vraiment et la création d'une vie alignée avec votre objectif.

Pour la liberté financière et de style de vie :
- *The Millionaire Next Door* de Thomas J. Stanley & William D. Danko – Si vous souhaitez l'indépendance financière, ce livre changera votre façon de penser l'argent.

- *The Psychology of Money* de Morgan Housel – Une analyse brillante de la manière dont notre comportement impacte la création de richesse.

Ce n'est pas un adieu ; c'est juste la prochaine étape. J'ai hâte d'entendre comment vous vous épanouissez, comment vous avez traversé votre propre "bitter end", et comment vous avez pris place dans la vie que vous avez toujours souhaitée. Si jamais vous me croisez dans le monde, n'hésitez pas à me raconter votre histoire — rien ne me rendrait plus heureux.

D'ici là, vivez la vie que vous méritez.

Paix,
Donnel

Remerciements

Avant tout, je tiens à remercier Dieu. Rien de tout cela ne serait possible sans Sa direction divine, Sa grâce infinie et Son amour inébranlable. Chaque mot que j'écris, chaque pas que je fais, chaque souffle que je prends est un témoignage de Sa miséricorde et de Sa faveur. Il m'a porté à travers chaque épreuve, m'a élevé dans chaque triomphe et m'a béni au-delà de toute mesure. Ce livre, tout comme mon existence entière, est et restera pour toujours dédié à Sa plus grande gloire — **Ad Majorem Dei Gloriam** — pour la plus grande gloire de Dieu. Ma vie Lui appartient, mon but Lui appartient, et je prie pour que ce travail soit le reflet de Sa bonté et de Son amour.

À mes parents, **Lemane** et **Erla Delva**, les deux personnes les plus désintéressées et extraordinaires que j'aie jamais connues. Vous m'avez tout donné—votre amour, votre sagesse, vos sacrifices, vos vies mêmes. Vous m'avez fourni non seulement un soutien financier, mais aussi spirituel, émotionnel et comportemental, m'aidant à devenir l'homme que je suis aujourd'hui. Chaque opportunité que j'ai eue, chaque porte qui s'est ouverte, chaque part de force que j'ai portée, tout cela est grâce à vous. Vous avez mis des livres entre mes mains, des rêves dans mon cœur et de la foi dans mon âme. Vous avez travaillé sans relâche, sans fin, et sans condition pour garantir mon succès et mon bonheur. Être votre fils est ma plus grande bénédiction, et je passerai ma vie à vous rendre fiers. Du plus profond de mon âme, merci.

À mon petit frère, **Carl Delva**, mon confident constant, mon meilleur ami et l'une de mes plus grandes inspirations. Sans toi, je ne serais pas celui que je suis. Tu ne te contentes pas de me pousser à être meilleur — tu me tires vers la grandeur d'une manière qui rend le succès naturel, comme une force que je suis censé suivre. Il n'y a ni pression, ni force — juste une attraction irrésistible vers l'abondance, l'espoir et la possibilité grâce à ce que nous sommes ensemble. Depuis le moment où tu es né, j'ai été là, et je serai toujours ici. Notre lien est inébranlable, et je suis infiniment reconnaissant pour la lumière que tu apportes dans ma vie.

À mes professeurs, enseignants et mentors — à **Fairfield Prep**, au **College of the Holy Cross** et à **Fairfield University** — vous avez été les architectes de mon esprit. Vous m'avez mis au défi, élargi ma compréhension et allumé en moi une flamme pour l'anglais, l'écriture et l'amélioration de soi. Grâce à vous, je ne suis pas simplement éduqué ; je suis évolué. Votre dévouement à votre métier m'a inspiré au-delà des mots, et je porte vos leçons avec moi chaque jour.

À mes **collègues** et **administrateurs**, qui me rappellent que l'enseignement n'est pas simplement un métier, mais une mission. Chaque jour, nous entrons dans les salles de classe non seulement pour éduquer, mais pour habiliter. Vous m'inspirez à servir avec intégrité et passion, et ensemble, nous façonnons l'avenir.

LA FIN AMÈRE

Un merci spécial à **Maurice Chiyumba**, mon frère par le cœur. Tu es la colle, l'étincelle, le moteur de nos vies. Tu apportes de l'énergie, de la joie et une ambition inarrêtable qui me garde motivé. Les gens ne voient pas toujours l'homme d'affaires sérieux derrière ton charisme, mais moi, je le vois. J'ai le privilège de témoigner de ta détermination, de ta stratégie, de ta volonté — et cela m'inspire. Ton agence de médias sociaux, **High Rize**, a été essentielle pour faire connaître ce livre au monde, mais au-delà de cela, ta foi en moi a été inestimable. Je refuse de te laisser m'abandonner — nous sommes ensemble, en *HAUT*.

Et enfin, à **toi**, le lecteur. Merci d'avoir fait ce pas avec moi. Je ne prends pas à la légère ton temps, ta confiance ni ton attention. Que ce livre serve de guide, d'inspiration et de rappel que la vie que tu désires est à portée de main. Tu as le pouvoir de te transformer, de persévérer et de prospérer. Que ton voyage soit béni, et que tu avances toujours pour la plus grande gloire de Dieu.

Avec amour, gratitude et espoir infini,
Donnel Delva

NOTES

Croyez En Votre Imagination Inébranlable

1. Taylor, Marjorie. *Imaginary Companions and the Children Who Create Them.* Oxford University Press, 1999.

2. Heisenberg, Werner. *Physics and Philosophy: The Revolution in Modern Science.* Harper & Brothers, 1958.

3. Lillard, Angeline. *The Science of Imagination: How Pretend Play Develops the Mind.* Oxford University Press, 2017.

4. Hoffman, Donald D. *The Case Against Reality: Why Evolution Hid the Truth from Our Eyes.* W. W. Norton & Company, 2019.

5. Noë, Alva. *Action in Perception.* MIT Press, 2004.

6. Jung, Carl. *The Archetypes and the Collective Unconscious.* Princeton University Press, 1959.

7. Damasio, Antonio. *The Strange Order of Things: Life, Feeling, and the Making of Cultures.* Pantheon Books, 2018.

8. Dispenza, Joe. *Breaking the Habit of Being Yourself.* Hay House, 2012.

9. Jung, Carl. *The Undiscovered Self.* Princeton University Press, 1958.

10. James, William. *The Will to Believe.* Longmans, Green & Co., 1897.

11. Lipton, Bruce. *The Biology of Belief.* Hay House, 2005.

12. Goddard, Neville. *The Power of Awareness.* DeVorss & Company, 1952.

13. Byrne, Rhonda. *The Secret.* Atria Books, 2006.

14. Neville, G. *Feeling is the Secret.* DeVorss & Company, 1941.

15. James, William. *The Varieties of Religious Experience: A Study in Human Nature.* Longmans, Green & Co., 1902.

16. Frankl, Viktor E. *Man's Search for Meaning.* Beacon Press, 1946.

347

17. Wang, Z., Busemeyer, J. R., Atmanspacher, H., & Pothos, E. M. "The Potential of Quantum Probability Theory in Cognitive Modeling." *Topics in Cognitive Science*, vol. 5, no. 4, 2013, pp. 672–688.

18. Pascual-Leone, A., Amedi, A., Fregni, F., & Merabet, L. B. "The Plastic Human Brain Cortex." *Annual Review of Neuroscience*, vol. 28, 2005, pp. 377–401.

19. Jung, C. G. *The Archetypes and the Collective Unconscious.* Princeton University Press, 1969.

20. Dweck, Carol S. *Mindset: The New Psychology of Success.* Random House, 2006.

Vous Devez Être Discipliné

1. Dalio, Ray. *Principles: Life and Work.* Simon & Schuster, 2017.

2. Covey, Stephen R. *The 7 Habits of Highly Effective People: Powerful Lessons in Personal Change.* Free Press, 1989.

3. Duckworth, Angela. *Grit: The Power of Passion and Perseverance.* Scribner, 2016.

4. Dweck, Carol S. *Mindset: The New Psychology of Success.* Random House, 2006.

5. Peterson, Jordan B. *12 Rules for Life: An Antidote to Chaos.* Random House Canada, 2018.

6. Sinek, Simon. *Start with Why: How Great Leaders Inspire Everyone to Take Action.* Portfolio, 2009.

7. Clear, James. *Atomic Habits: An Easy & Proven Way to Build Good Habits & Break Bad Ones.* Avery, 2018.

8. Marks, Howard. *The Most Important Thing: Uncommon Sense for the Thoughtful Investor.* Columbia University Press, 2011.

9. Einstein, Albert. *Quoted in Various Sources, including* Einstein: His Life and Universe *by Walter Isaacson.* Simon & Schuster, 2007.

10. Forleo, Marie. *Everything is Figureoutable.* Portfolio, 2020.

11. Mischel, Walter. *The Marshmallow Test: Understanding Self-Control and How to Master It.* Little, Brown and Company, 2014.

12. Buffett, Warren. *Berkshire Hathaway Annual Shareholder Letter.* Berkshire Hathaway Inc., 2004.

13. Newport, Cal. *Digital Minimalism: Choosing a Focused Life in a Noisy World.* Portfolio, 2019.

14. Dweck, Carol S. *Mindset: The New Psychology of Success.* Random House, 2006.

15. Gladwell, Malcolm. *Outliers: The Story of Success.* Little, Brown and Company, 2008.

16. Kahneman, Daniel. *Thinking, Fast and Slow.* Farrar, Straus and Giroux, 2011.

17. Thoreau, Henry David. *Walden; or, Life in the Woods.* Ticknor and Fields, 1854.

18. Ericsson, K. Anders, and Robert Pool. *Peak: Secrets from the New Science of Expertise.* Houghton Mifflin Harcourt, 2016.

19. Gardner, Howard. *Frames of Mind: The Theory of Multiple Intelligences.* Basic Books, 2011.

20. Csikszentmihalyi, Mihaly. *Flow: The Psychology of Optimal Experience.* Harper & Row, 1990.

21. Newport, Cal. *Deep Work: Rules for Focused Success in a Distracted World.* Grand Central Publishing, 2016.

22. James, William. *Pragmatism: A New Name for Some Old Ways of Thinking.* Harvard University Press, 1907.

23. Dweck, Carol S. *Mindset: The New Psychology of Success.* Ballantine Books, 2006.

24. Duckworth, Angela. *Grit: The Power of Passion and Perseverance.* Scribner, 2016.

25. Frankl, Viktor E. *Man's Search for Meaning.* Beacon Press, 1946.

26. Goleman, Daniel. *Emotional Intelligence: Why It Can Matter More Than IQ.* Bantam Books, 1995.

27. Peterson, Jordan B. *12 Rules for Life: An Antidote to Chaos.* Random House Canada, 2018.

28. Seligman, Martin E. P. *Learned Optimism: How to Change Your Mind and Your Life.* Vintage, 1991.

29. Covey, Stephen R. *The 7 Habits of Highly Effective People: Powerful Lessons in Personal Change.* Free Press, 1989.

30. Evslin, Bernard. *Orpheus and Other Greek Myths.* Scholastic Inc., 2001.

1. Dalio, Ray. *Principles: Life and Work.* Simon & Schuster, 2017.

2. Pianka, Eric R. *Evolutionary Ecology.* Harper & Row, 1983.

3. Lipton, Bruce. *The Biology of Belief: Unleashing the Power of Consciousness, Matter & Miracles.* Hay House, 2005.

4. Mengzi. *The Essential Mengzi: Selected Passages with Traditional Commentary.* Hackett Publishing, 2009.

5. Mengzi (Mencius). *The Works of Mencius.* 4th century BCE.

6. Dispenza, Joe. *Becoming Supernatural.* Hay House, 2017.

7. Dweck, Carol S. *Mindset: The New Psychology of Success.* Random House, 2006.

8. Kahneman, Daniel. *Thinking, Fast and Slow.* Farrar, Straus and Giroux, 2011.

9. Bandura, Albert. *Self-Efficacy: The Exercise of Control.* W. H. Freeman, 1997.

10. *The Kybalion – A Study of The Hermetic Philosophy of Ancient Egypt and Greece.* The Three Initiates, 1908.

11. Lipton, Bruce. *The Biology of Belief.* Hay House, 2005.

12. *The Kybalion – A Study of The Hermetic Philosophy of Ancient Egypt and Greece.* The Three Initiates, 1908.

13. Jung, Carl. *The Archetypes and the Collective Unconscious.* Princeton University Press, 1959.

14. Heisenberg, Werner. *Physics and Philosophy: The Revolution in Modern Science.* Harper & Row, 1958.

15. Goddard, Neville. *The Power of Awareness.* 1952.

16. Dispenza, Joe. *Breaking the Habit of Being Yourself.* Hay House, 2012.

17. Trismegistus, Hermes. *Corpus Hermeticum.* 2nd–3rd century CE.

18. *The Kybalion – A Study of The Hermetic Philosophy of Ancient Egypt and Greece.* The Three Initiates, 1908.

19. Barsalou, L. W. "Grounded Cognition." *Annual Review of Psychology*, vol. 59, 2008, pp. 617–645.

20. Damasio, Antonio. *Descartes' Error: Emotion, Reason, and the Human Brain*. Penguin Books, 1994.

21. Doidge, Norman. *The Brain That Changes Itself*. Viking Press, 2007.

22. Benedetti, Fabrizio. *Placebo Effects: Understanding the Mechanisms in Health and Disease*. Oxford University Press, 2009.

23. Beck, Aaron T. *Cognitive Therapy and the Emotional Disorders*. International Universities Press, 1979.

24. *The Kybalion – A Study of The Hermetic Philosophy of Ancient Egypt and Greece*. The Three Initiates, 1908.

25. Bohm, David. *Wholeness and the Implicate Order*. Routledge, 1980.

26. Dweck, Carol S. *Mindset: The New Psychology of Success*. Random House, 2006.

27. Braden, Gregg. *The Divine Matrix*. Hay House, 2007.

28. Lipton, Bruce. *The Biology of Belief*. Hay House, 2005.

29. Dispenza, Joe. *Becoming Supernatural*. Hay House, 2017.

30. Davidson, Richard J., and Sharon Begley. *The Emotional Life of Your Brain*. Hudson Street Press, 2012.

31. *The Kybalion – A Study of The Hermetic Philosophy of Ancient Egypt and Greece*. The Three Initiates, 1908.

32. Goddard, Neville. *The Power of Awareness*. 1952.

33. Heisenberg, Werner. *Physics and Philosophy: The Revolution in Modern Science*. Harper & Row, 1958.

34. Beck, Aaron T. *Cognitive Therapy and the Emotional Disorders*. International Universities Press, 1979.

35. *The Kybalion – A Study of The Hermetic Philosophy of Ancient Egypt and Greece*. The Three Initiates, 1908.

36. Camus, Albert. *The Myth of Sisyphus*. Gallimard, 1942.

37. David, Susan. *Emotional Agility*. Avery, 2016.

38. Lyubomirsky, Sonja. *The How of Happiness*. Penguin, 2007.

39. *The Kybalion – A Study of The Hermetic Philosophy of Ancient Egypt and Greece*. The Three Initiates, 1908.

40. Hawking, Stephen. *The Grand Design*. Bantam Books, 2010.

41. Mischel, Walter. *The Marshmallow Test: Mastering Self-Control*. Little, Brown and Company, 2014.

42. Kahneman, Daniel. *Thinking, Fast and Slow*. Farrar, Straus and Giroux, 2011.

43. Hume, David. *A Treatise of Human Nature*. Oxford University Press, 1739.

44. Kant, Immanuel. *Critique of Pure Reason*. Cambridge University Press, 1781.

45. *The Kybalion – A Study of The Hermetic Philosophy of Ancient Egypt and Greece*. The Three Initiates, 1908.

46. Butler, Judith. *Gender Trouble*. Routledge, 1990.

47. Moore, Robert, and Douglas Gillette. *King, Warrior, Magician, Lover*. HarperOne, 1990.

48. Jung, Carl. *Aion: Researches into the Phenomenology of the Self*. Princeton University Press, 1951.

49. Laozi. *Tao Te Ching*. 4th century BCE.

50. Lipton, Bruce. *The Biology of Belief*. Hay House, 2005.

51. Kahneman, Daniel. *Thinking, Fast and Slow*. Farrar, Straus and Giroux, 2011.

52. Damasio, Antonio. *Descartes' Error: Emotion, Reason, and the Human Brain*. Putnam Publishing, 1994.

53. Ekman, Paul. *Emotions Revealed: Recognizing Faces and Feelings to Improve Communication and Emotional Life.* Holt Paperbacks, 2003.

54. Haidt, Jonathan. *The Righteous Mind: Why Good People Are Divided by Politics and Religion*. Pantheon, 2012.

55. Goddard, Neville. *Feeling Is the Secret*. Martino Publishing, 2015.

1. Goddard, Neville. *The Power of Awareness*. 1952.

2. Dispenza, Joe. *Breaking the Habit of Being Yourself*. Hay House, 2012.

3. Frankl, Viktor. *Man's Search for Meaning*. Beacon Press, 1946.

4. Jung, Carl. *Modern Man in Search of a Soul*. Harcourt, 1933.

5. Allen, James. *As a Man Thinketh*. 1903.

6. Lipton, Bruce. *The Biology of Belief*. Hay House, 2005.

7. Byrne, Rhonda. *The Secret*. Atria Books, 2006.

8. Goddard, Neville. *Infinite Potential*. DeVorss & Company, 1947.

9. Campbell, Joseph. *The Hero with a Thousand Faces*. Princeton University Press, 1949.

10. Jung, Carl. *Man and His Symbols*. Doubleday, 1964.

11. Lipton, Bruce. *The Biology of Belief*. Hay House, 2005.

12. Mengzi. *The Essential Mengzi: Selected Passages – The Parable of the Ox and the Sheep*. Hackett Publishing, 2009.

13. Dispenza, Joe. *Breaking the Habit of Being Yourself*. Hay House, 2012.

14. James, William. *The Varieties of Religious Experience*. Longmans, Green & Co., 1902.

15. Daalman, K., Boks, M. P., Diederen, K. M., de Weijer, A. D., Blom, J. D., Kahn, R. S., & Sommer, I. E. (2011). "The same or different? Auditory verbal hallucinations in healthy and psychotic individuals." *Journal of Clinical Psychiatry*, 72(3), 320-325.

16. Heider, F., & Simmel, M. (1944). "An experimental study of apparent behavior." *American Journal of Psychology*, 57(2), 243-259.

17. Dalio, Ray. *Principles: Life and Work*. Simon & Schuster, 2017.

18. Gross, J. J. (2002). "Emotion regulation: Affective, cognitive, and social consequences." *Psychophysiology*, 39(3), 281-291.

19. Seligman, Martin E. *Learned Optimism: How to Change Your Mind and Your Life.* Knopf Doubleday Publishing Group, 1991.

20. Langer, Ellen. *Mindfulness.* Addison-Wesley, 1989.

21. Sapolsky, Robert. *Why Zebras Don't Get Ulcers.* Holt Paperbacks, 1994.

22. Kahneman, Daniel. *Thinking, Fast and Slow.* Farrar, Straus and Giroux, 2011.

23. Csikszentmihalyi, Mihaly. *Flow: The Psychology of Optimal Experience.* Harper & Row, 1990.

Les Mots Sont Envoûtés

1. Dispenza, Joe. *Breaking the Habit of Being Yourself.* Hay House, 2012.

2. Emoto, Masaru. *The Hidden Messages in Water.* Atria Books, 2004.

3. Tesla, Nikola. *The Secrets of the Universe.*

4. Braden, Gregg. *The Divine Matrix.* Hay House, 2007.

5. Goswami, Amit. *The Self-Aware Universe.* TarcherPerigee, 1993.

6. Doidge, Norman. *The Brain That Changes Itself.* Viking Press, 2007.

7. Sheldrake, Rupert. *The Presence of the Past.* Harper & Row, 1988.

8. Boroditsky, Lera. *How Language Shapes the Way We Think.* TED, 2017.

9. Steele, Claude. *Self-Affirmation: How the Power of the Mind Shapes Reality.*

10. Newberg, Andrew, & Waldman, Mark Robert. *Words Can Change Your Brain.* Avery, 2012.

11. Lipton, Bruce. *The Biology of Belief.* Hay House, 2005.

12. Gollwitzer, P. M. (1999). "Implementation intentions: Strong effects of simple plans." *American Psychologist*, 54(7), 493-503.

13. Gollwitzer, P. M., & Sheeran, P. (2006). "Implementation Intentions and Goal Achievement: A Meta-Analysis of Effects and Processes." *Advances in Experimental Social Psychology*, 38, 69-119.

14. Hegel, G. W. F. *The Phenomenology of Spirit.* 1807. (Trans. A. V. Miller, Oxford University Press, 1977).

15. Oyserman, D., & James, L. (2011). "Possible Selves: From Content to Process." In M. Alicke & C. Sedikides (Eds.), *The Handbook of Self-Enhancement and Self-Protection* (pp. 373-394). Guilford Press.

16. Goddard, Neville. *Feeling Is the Secret*. DeVorss & Company, 1944.

17. Coué, Émile. *Self Mastery Through Conscious Autosuggestion*. American Library Service, 1922.

18. Newberg, Andrew, & Waldman, Mark Robert. *Words Can Change Your Brain*. Avery, 2012.

19. Beck, Aaron T. *Cognitive Therapy and the Emotional Disorders*. International Universities Press, 1979.

20. Seligman, Martin E. *Flourish*. Atria Books, 2011.

21. Pennebaker, James. *The Secret Life of Pronouns: What Our Words Say About Us*. Bloomsbury Press, 2011.

22. Emoto, Masaru. *The Hidden Messages in Water*. Atria Books, 2004.

23. Newberg, Andrew, & Waldman, Mark Robert. *Words Can Change Your Brain*. Avery, 2012.

24. Helmstetter, Shad. *What to Say When You Talk to Yourself*. Gallery Books, 1986.

25. Burns, David D. *Feeling Good: The New Mood Therapy*. William Morrow, 1980.

26. Bem, D. J. (1972). "Self-Perception Theory." *Advances in Experimental Social Psychology*, 6, 1-62.

27. Critcher, C. R., & Dunning, D. (2015). "Self-Affirmations Provide a Broader Perspective on Self-Threat." *Personality and Social Psychology Bulletin*, 41(1), 3-18.

28. Byrne, Rhonda. *The Secret*. Atria Books, 2006.

29. Rozin, P., & Royzman, E. B. (2001). "Negativity Bias, Negativity Dominance, and Contagion." *Personality and Social Psychology Review*, 5(4), 296-320.

30. Lupyan, G., & Bergen, B. (2016). "How Language Shapes Thought: The Role of Linguistic Structure in Shaping Neural Representations." *Topics in Cognitive Science*, 8(2), 408-424.

La Solitude Forge Une Force Qui Devient Pouvoir

1. Leary, M. R., & Kowalski, R. M. (1990). "Impression management: A literature review and two-component model." *Psychological Bulletin*, 107(1), 34–47.

2. Cacioppo, J. T., & Patrick, W. (2008). *Loneliness: Human Nature and the Need for Social Connection*. W. W. Norton & Company.

3. Deci, E. L., & Ryan, R. M. (2000). "The 'what' and 'why' of goal pursuits: Human needs and the self-determination of behavior." *Psychological Inquiry*, 11(4), 227–268.

4. Thoreau, H. D. (1854). *Walden; or, Life in the Woods*. Ticknor and Fields.

5. Goleman, D. (1995). *Emotional Intelligence: Why It Can Matter More Than IQ*. Bantam Books.

6. Rogers, Carl. *On Becoming a Person*. Houghton Mifflin, 1961.

7. Baumeister, R. F., & Leary, M. R. (1995). "The need to belong: Desire for interpersonal attachments as a fundamental human motivation." *Psychological Bulletin*, 117(3), 497–529.

8. Goleman, D., Boyatzis, R., & McKee, A. (2013). *Primal Leadership: Unleashing the Power of Emotional Intelligence*. Harvard Business Review Press.

9. Csikszentmihalyi, Mihaly. *Flow: The Psychology of Optimal Experience*. Harper Perennial, 1990.

10. Nakamura, J., & Csikszentmihalyi, M. (2009). "The concept of flow" in *Oxford Handbook of Positive Psychology*.

11. Ryan, R. M., & Deci, E. L. (2000). "Self-determination theory and the facilitation of intrinsic motivation, social development, and well-being." *American Psychologist*, 55(1), 68–78.

12. Maslow, A. H. (1943). "A theory of human motivation." *Psychological Review*, 50(4), 370-396.

13. Bass, B. M. (1990). "From transactional to transformational leadership: Learning to share the vision." *Organizational Dynamics*, 18(3), 19–31.

14. Cacioppo, John T., and William Patrick. *Loneliness: Human Nature and the Need for Social Connection*. W. W. Norton & Company, 2008.

15. Bandura, Albert. *Self-Efficacy: The Exercise of Control*. W. H. Freeman, 1997.

16. Festinger, Leon. *A Theory of Cognitive Dissonance*. Stanford University Press, 1957.

17. Christakis, Nicholas A., and James H. Fowler. *Connected: The Surprising Power of Our Social Networks and How They Shape Our Lives*. Little, Brown and Company, 2009.

18. Pascal, Blaise. *Pensées*. 1670.

19. Frankl, Viktor E. *Man's Search for Meaning*. Beacon Press, 1946.

20. Thoreau, Henry David. *Walden*. 1854.

21. Jung, Carl. *Modern Man in Search of a Soul*. Harcourt, Brace & World, 1933.

22. Kahneman, Daniel. *Thinking, Fast and Slow*. Farrar, Straus, and Giroux, 2011.

23. Holiday, Ryan. *The Daily Stoic*. Penguin Publishing Group, 2016.

24. Goddard, Neville. *The Power of Awareness*. DeVorss & Company, 1952.

25. Dispenza, Dr. Joe. *Breaking the Habit of Being Yourself*. Hay House, 2012.

26. Jung, Carl. *The Undiscovered Self*. Princeton University Press, 1957.

27. James, William. *The Will to Believe*. Longmans, Green & Co., 1897.

28. Lipton, Dr. Bruce. *The Biology of Belief*. Hay House, 2005.

29. Smart, Ralph. *Infinite Waters: Diving Deep*. YouTube Channel, various videos on mindfulness and self-improvement.

30. Sweller, John. "Cognitive Load Theory in Educational Psychology." *Educational Psychology Review*, 1988.

31. Duhigg, Charles. *The Power of Habit: Why We Do What We Do in Life and Business*. Random House, 2012.

32. Valliant, George E. *Adaptation to Life*. Harvard University Press, 1977.

33. Clance, Pauline R., and Suzanne A. Imes. "The Impostor Phenomenon in High Achieving Women: Dynamics and Therapeutic Intervention." *Psychotherapy: Theory, Research & Practice*, 1978.

34. Maslow, Abraham H. *Motivation and Personality*. Harper & Row, 1954.

35. Aristotle. *Nicomachean Ethics*. Translated by W. D. Ross, 350 BCE.

36. James, William. *The Principles of Psychology*. Henry Holt and Company, 1890.

37. Zimbardo, Philip. *The Lucifer Effect*. Random House, 2007.

38. Dhammapada, verses 183-185.

39. Ignatius of Loyola. *Autobiography*. 1553.

40. Ellison, Ralph. *Invisible Man*. Random House, 1952.

41. Plato. *Republic*, Book VII.

42. Dispenza, Dr. Joe. *Breaking the Habit of Being Yourself.* Hay House, 2012.

43. Goddard, Neville. *The Power of Awareness*. DeVorss & Company, 1952.

Pensez Par Vous-Même

1. Davis, Angela. *Women, Race, & Class*. Vintage Books, 1981.

2. McKenna, Terence. *Food of the Gods*. Bantam Books, 1992.

3. Loewen, James W. *Lies My Teacher Told Me*. The New Press, 1995.

4. Alexander, Michelle. *The New Jim Crow*. The New Press, 2010.

5. Asch, Solomon E. "Opinions and Social Pressure." *Scientific American*, 1955.

6. Turner, John C., & Oakes, Penelope J. "The significance of the social identity concept for social psychology with reference to individualism, interactionism, and social influence." *British Journal of Social Psychology*, 1986.

7. Staub, Ervin. *The Roots of Evil: The Origins of Genocide and Other Group Violence*. Cambridge University Press, 1989.

8. Merriam-Webster. "Memetics Definition & Meaning." Merriam-Webster, 2023.

9. Christakis, D. A., & Moreno, M. A. (2009). "Trapped in the Net: Will Social Media Change Our Brains?" *Pediatrics*, 124(4), 1232-1234.

10. Montag, C., Lachmann, B., Herrlich, M., & Zweig, K. (2019). "Addictive Potential of Social Media: The Dopamine Reward Pathway." *Trends in Cognitive Sciences*, 23(8), 610-612.

11. Haferkamp, N., & Krämer, N. C. (2011). "Social Comparison 2.0: Examining the Effects of Online Profiles on Social-Networking Sites." *Cyberpsychology, Behavior, and Social Networking*, 14(5), 309-314.

12. Carr, N. (2010). *The Shallows: What the Internet Is Doing to Our Brains*. W.W. Norton & Company.

13. Twenge, J. M., Joiner, T. E., Rogers, M. L., & Martin, G. N. (2018). "Increases in Depressive Symptoms, Suicide-Related Outcomes, and Suicide Rates Among U.S. Adolescents After 2010 and Links to Increased Social Media Use." *Clinical Psychological Science*, 6(1), 3-17.

14. Chou, H. T. G., & Edge, N. (2012). "'They Are Happier and Having Better Lives Than I Am': The Impact of Using Facebook on Perceptions of Others' Lives." *Cyberpsychology, Behavior, and Social Networking*, 15(2), 117-121.

15. Alter, A. (2017). *Irresistible: The Rise of Addictive Technology and the Business of Keeping Us Hooked*. Penguin Press.

16. Kahneman, Daniel. *Thinking, Fast and Slow*. Farrar, Straus, and Giroux, 2011.

17. Oliver, Dr. Mary Beth & Raney, Dr. Arthur. *Media Effects: Advances in Theory and Research*. Routledge, 2011.

18. Twenge, Dr. Jean. *iGen: Why Today's Super-Connected Kids Are Growing Up Less Rebellious, More Tolerant, Less Happy*. Atria Books, 2017.

19. Davidson, Dr. Richard. *The Emotional Life of Your Brain*. Hudson Street Press, 2012.

20. Siegel, Daniel J. *Mindsight: The New Science of Personal Transformation*. Bantam Books, 2010.

21. Schwartz, Jeffrey M., & Begley, Sharon. *The Mind and the Brain: Neuroplasticity and the Power of Mental Force*. HarperCollins, 2002.

22. Dispenza, Dr. Joe. *Becoming Supernatural*. Hay House, 2017.

23. Davidson, Richard J., & Goleman, Daniel. *Altered Traits: Science Reveals How Meditation Changes Your Mind, Brain, and Body*. Avery, 2017.

24. Maslow, Abraham. *Toward a Psychology of Being*. Van Nostrand, 1962.

25. Fredrickson, B. L. (2001). "The role of positive emotions in positive psychology: The broaden-and-build theory of positive emotions." *American Psychologist*, 56(3), 218-226.

26. Nickerson, R. S. (1998). "Confirmation bias: A ubiquitous phenomenon in many guises." *Review of General Psychology*, 2(2), 175-220.

27. Doidge, Norman. *The Brain That Changes Itself: Stories of Personal Triumph from the Frontiers of Brain Science.* Viking Press, 2007.

28. Bandura, Albert. *Self-efficacy: The exercise of control.* W. H. Freeman, 1997.

29. Maslow, A. H. (1943). "A theory of human motivation." *Psychological Review,* 50(4), 370-396.

30. Durkheim, Emile. *The Elementary Forms of Religious Life.* Free Press, 1912.

31. Foucault, Michel. *Discipline and Punish.* Pantheon Books, 1977.

32. Jung, Carl. *Modern Man in Search of a Soul.* Harcourt, Brace & World, 1933.

33. Asch, Solomon E. "Opinions and Social Pressure." *Scientific American,* 1955.

34. Dweck, Dr. Carol. *Mindset: The New Psychology of Success.* Random House, 2006.

35. Seligman, Martin E. P. *Learned Helplessness: A Theory for the Age of Personal Control.* W. H. Freeman, 1975.

36. Kahneman, Daniel. *Thinking, Fast and Slow.* Farrar, Straus, and Giroux, 2011.

37. McRaney, David. *You Are Not So Smart.* Perigee, 2011.

38. Dweck, Carol S. *Mindset: The New Psychology of Success.* Random House, 2006.

39. Csikszentmihalyi, Mihaly. *Flow: The Psychology of Optimal Experience.* HarperPerennial, 1990.

40. Beck, Aaron T. *Cognitive Therapy and the Emotional Disorders.* International Universities Press, 1976.

41. Deci, Edward L. & Ryan, Richard M. *Self-Determination Theory: Basic Psychological Needs in Motivation, Development, and Wellness.* The Guilford Press, 2017.

42. Jung, Carl. *The Archetypes and the Collective Unconscious.* Princeton University Press, 1959.

43. McKee, Robert. *Story: Substance, Structure, Style, and the Principles of Screenwriting.* HarperCollins, 1997.

44. Jung, Carl. *Aion: Researches into the Phenomenology of the Self.* Princeton University Press, 1951.

45. James, William. *Pragmatism.* Longmans, Green, and Co., 1907.

46. Watts, Alan. *The Wisdom of Insecurity*. Pantheon Books, 1951.

47. Campbell, Joseph. *The Hero with a Thousand Faces*. Princeton University Press, 1949.

48. Goddard, Neville. *Awakened Imagination*. DeVorss & Company, 1954.

49. Deci, Edward L., & Ryan, Richard M. (2000). "The 'what' and 'why' of goal pursuits: Human needs and the self-determination of behavior." *Psychological Inquiry*, 11(4), 227-268.

50. Diamond, Adele. (2013). "Executive functions." *Annual Review of Psychology*, 64, 135-168.

51. Roychoudhuri, Onnesha. "Michael Pollan Debunks Food Myths." Interview with Michael Pollan, 2017.

52. Tversky, Amos, and Daniel Kahneman. *Judgment Under Uncertainty: Heuristics and Biases*. Cambridge University Press, 1974.

53. Nickerson, Raymond S. "Confirmation Bias: A Ubiquitous Phenomenon in Many Guises." *Review of General Psychology*, 2(2), 175-220, 1998.

54. Doidge, Norman. *The Brain That Changes Itself: Stories of Personal Triumph from the Frontiers of Brain Science*. Penguin, 2007.

55. Bohm, David. *Wholeness and the Implicate Order*. Routledge, 1980.

56. Beck, Aaron T. *Cognitive Therapy and the Emotional Disorders*. International Universities Press, 1976.

57. Bandura, Albert. *Self-Efficacy: The Exercise of Control*. W. H. Freeman, 1997.

58. Kolb, David A. *Experiential Learning: Experience as the Source of Learning and Development*. Prentice Hall, 1984.

59. Barsalou, Lawrence W. "Grounded Cognition." *Annual Review of Psychology*, 59, 2008, 617-645.

60. Dweck, Carol S. (2006). *Mindset: The New Psychology of Success*. Random House.

61. Beck, Aaron T. *Cognitive Therapy and the Emotional Disorders*. International Universities Press, 1976.

62. Seligman, Martin E. P. (1991). *Learned Optimism: How to Change Your Mind and Your Life*. Vintage.

63. Bandura, Albert. *Self-Efficacy: The Exercise of Control.* W. H. Freeman and Company, 1997.

64. Graziosi, D., & Shelton, T. (2021). "The Power of Perception: Seeing Things Through Your Own Lens." *YouTube.*

65. Various. "Graziosi, D., & Shelton, T. (2021). *The Power of Perception: Seeing Things Through Your Own Lens.*" *YouTube.*

Surmonter Les Émotions Négatives

1. Dweck, C. S. (2006). *Mindset: The new psychology of success.* Random House.

2. Seligman, M. E. P. (1991). *Learned optimism: How to change your mind and your life.* Vintage.

3. Bandura, A. (1997). *Self-efficacy: The exercise of control.* W. H. Freeman and Company.

4. Peterson, C., & Seligman, M. E. P. (2004). *Character strengths and virtues: A handbook and classification.* Oxford University Press.

5. Fagerström, K.-O. (2012). The epidemiology of smoking: Health consequences and the role of nicotine. *American Journal of Public Health*, 102(3), 443–453.

6. Tversky, A., & Kahneman, D. (1974). Judgment under uncertainty: Heuristics and biases. *Science*, 185(4157), 1124–1131.

7. Lally, P., van Jaarsveld, C. H. M., Potts, H. W. W., & Wardle, J. (2010). How are habits formed: Modelling habit formation in the real world. *European Journal of Social Psychology*, 40(6), 998–1009.

8. Neff, K. D. (2011). *Self-compassion: The proven power of being kind to yourself.* William Morrow.

9. LeDoux, J. E. (1996). *The emotional brain: The mysterious underpinnings of emotional life.* Simon & Schuster.

10. Mikulincer, M., & Shaver, P. R. (2007). *Attachment in adulthood: Structure, dynamics, and change.* The Guilford Press.

11. Doidge, N. (2007). *The brain that changes itself: Stories of personal triumph from the frontiers of brain science.* Viking Penguin.

12. Kolb, B., & Whishaw, I. Q. (1998). *An introduction to brain and behavior.* Worth Publishers.

13. Goleman, D. (1995). *Emotional intelligence: Why it can matter more than IQ.* Bantam Books.

14. Siegel, D. J. (2010). *The mindful therapist: A clinician's guide to mindsight and neural integration.* Norton & Company.

15. Dalio, R. (2017). *Principles: Life and work.* Simon & Schuster.

16. Brown, B. (2012). *Daring greatly: How the courage to be vulnerable transforms the way we live, love, parent, and lead.* Gotham Books.

17. Gross, J. J., & Levenson, R. W. (1997). Hiding feelings: The acute effects of inhibiting negative and positive emotion. *Journal of Abnormal Psychology,* 106(1), 95-103.

18. Pennebaker, J. W. (1997). Writing about emotional experiences as a therapeutic process. *Psychological Science,* 8(3), 162-166.

19. Kernis, M. H. (2003). Toward a conceptualization of optimal self-esteem. *Psychological Inquiry,* 14(1), 1-26.

20. Tugade, M. M., & Fredrickson, B. L. (2004). Resilient individuals use positive emotions to bounce back from negative emotional experiences. *Journal of Personality and Social Psychology,* 86(2), 320-333.

21. Reis, H. T., & Shaver, P. (1988). Intimacy as an interpersonal process. In S. Duck (Ed.), *Handbook of personal relationships* (pp. 367-389). John Wiley & Sons.

22. Lipton, B. (n.d.). *The biology of belief.*

23. Ekman, P. (2003). *Emotions revealed: Recognizing faces and feelings to improve communication and emotional life.* Henry Holt and Company.

24. LeDoux, J. E. (1996). *The emotional brain: The mysterious underpinnings of emotional life.* Simon & Schuster.

25. Doidge, N. (2007). *The brain that changes itself: Stories of personal triumph from the frontiers of brain science.* Viking Penguin.

26. van der Kolk, B. (2014). *The body keeps the score: Brain, mind, and body in the healing of trauma.* Viking.

27. Investopedia. (n.d.). Understanding higher lows in trading. Retrieved from https://www.investopedia.com/

28. Duckworth, A. (2016). *Grit: The power of passion and perseverance*. Scribner.

29. Dispenza, J. (2017). *Becoming supernatural: How common people are doing the uncommon*. Hay House.

L'Univers Est Une Force Aidante

1. Seligman, M. (1975). *Learned helplessness: A theory for the age of personal control*. W. H. Freeman.

2. Plato. (1992). *The Republic* (B. Jowett, Trans.). Dover Publications. (Original work published ca. 380 BCE)

3. Heisenberg, W. (2000). *Physics and philosophy: The revolution in modern science*. Harper Perennial.

4. Lipton, B. (2005). *The biology of belief*. Mountain of Love/Elite Books.

5. National Park Service. (n.d.). *Fire ecology*. Retrieved from https://www.nps.gov/subjects/fire/fire-ecology.htm

6. Darwin, C. (1998). *On the origin of species* (6th ed.). Penguin Classics. (Original work published 1859)

7. Dispenza, J. (2014). *You are the placebo: Making your mind matter*. Hay House.

8. Tedeschi, R. G., & Calhoun, L. G. (2004). Posttraumatic growth: Positive changes in the aftermath of crisis. *Psychological Inquiry*, 15(1), 1-18.

9. Goddard, N. (2006). *The power of awareness*. Martino Fine Books.

10. Dispenza, J. (2012). *Breaking the habit of being yourself: How to lose your mind and create a new one*. Hay House.

11. Lipton, B. (2005). *The biology of belief*. Mountain of Love/Elite Books.

12. Seligman, M. (2011). *Flourish: A visionary new understanding of happiness and well-being*. Atria Books.

13. Prigogine, I. (1984). *Order out of chaos: Man's new dialogue with nature*. Bantam Books.

14. Wattles, W. D. (1910). *The science of getting rich*. The Science of Getting Rich.

15. Wilson, E. O. (1992). *The diversity of life*. Belknap Press.

16.

17. Dispenza, J. (2017). *Becoming supernatural: How common people are doing the uncommon*. Hay House.

18. Jung, C. G. (1960). *Synchronicity: An acausal connecting principle*. Princeton University Press.

19. Einstein, A. (1922). *The meaning of relativity*. H. Holt and Company.

20. Einstein, A. (1954). *Ideas and opinions*. Crown Publishers.

21. Dispenza, J. (2017). *Becoming supernatural: How common people are doing the uncommon*. Hay House.

22. Byrne, R. (2006). *The secret*. Atria Books.

23. Goddard, N. (2006). *Feeling is the secret*. Martino Fine Books.

24. Doidge, N. (2007). *The brain that changes itself: Stories of personal triumph from the frontiers of brain science*. Viking Penguin.

25. Jung, C. G. (1964). *Man and his symbols*. Doubleday.

26. Lipton, B. (2005). *The biology of belief*. Mountain of Love/Elite Books.

27. Covey, S. R. (1989). *The 7 habits of highly effective people*. Free Press.

28. Attenborough, D. (1995). *The secret life of plants*. BBC Worldwide.

29. Levitin, D. J. (2006). *This is your brain on music: The science of a human obsession*. Dutton.

30. Galpin, A. (2020). *Unplugged: Evolve from technology to upgrade your fitness, performance & consciousness*. Lioncrest Publishing.

31. Lipton, B. (2005). *The biology of belief*. Mountain of Love/Elite Books.

32. Chopra, D. (2003). *The spontaneous fulfillment of desire: Harnessing the infinite power of the universe to create miracles*. Three Rivers Press.

33. Festinger, L. (1957). *A theory of cognitive dissonance*. Stanford University Press.

34. Aronson, E. (2011). *The social animal* (11th ed.). Worth Publishers.

35. Baumeister, R. F. (2008). *Willpower: Rediscovering the greatest human strength*. Penguin Press.

36. Kolb, D. A. (1984). *Experiential learning: Experience as the source of learning and development*. Prentice Hall.

37. Dewey, J. (1916). *Democracy and education: An introduction to the philosophy of education*. Macmillan.

38. Jensen, E. (2005). *Brain-based learning: The new science of teaching and training*. Corwin Press.

39. Wolpe, J. (1958). *Psychotherapy by reciprocal inhibition*. Stanford University Press.

40. Bandura, A. (1997). *Self-efficacy: The exercise of control*. W. H. Freeman and Company.

41. Emerson, R. W. (1841). *Essays: First series*. James Munroe and Company.

42. Davey, G. C. L. (1992). *The nature of anxiety and fear*. Wiley.

43. Newton, I. (1687). *Philosophiæ naturalis principia mathematica*. Royal Society.

44. Ouellette, J. A., & Wood, W. (1998). Habit and intention in everyday life: The multiple processes by which past behavior predicts future behavior. *Psychological Bulletin*, 124(1), 54-74.

45. Hebb, D. O. (1949). *The organization of behavior: A neuropsychological theory*. Wiley.

46. Baumeister, R. F., & Tierney, J. (2011). *Willpower: Rediscovering the greatest human strength*. Penguin Press.

47. Chopra, D. (2005). *The seven spiritual laws of success: A practical guide to the fulfillment of your dreams*. Amber-Allen Publishing.

48. Goleman, D. (1995). *Emotional intelligence: Why it can matter more than IQ*. Bantam Books.

49. Hicks, E., & Hicks, J. (2004). *Ask and it is given: Learning to manifest your desires*. Hay House.

50. Einstein, A. (1921). *Relativity: The special and general theory*. H. Holt and Company.

Ne Croyez Pas Aux Excuses

1. Duckworth, A. (2016). *Grit: The Power of Passion and Perseverance*. Scribner.

2. Goleman, D. (1995). *Emotional Intelligence: Why It Can Matter More Than IQ*. Bantam Books.

3. Festinger, L. (1957). *A Theory of Cognitive Dissonance*. Stanford University Press.

4. Duckworth, A. (2016). *Grit: The Power of Passion and Perseverance*. Scribner.

5. Bandura, A. (1997). *Self-Efficacy: The Exercise of Control*. W. H. Freeman and Company.

6. Byrne, R. (2006). *The Secret*. Atria Books.

7. Kosslyn, S. M. (1994). *Image and Brain: The Resolution of the Imagery Debate*. MIT Press.

8. Clear, J. (2018). *Atomic Habits: An Easy & Proven Way to Build Good Habits & Break Bad Ones*. Avery.

9. Seligman, M. (2011). *Flourish: A Visionary New Understanding of Happiness and Well-Being*. Atria Books.

10. Lyubomirsky, S. (2007). *The How of Happiness: A New Approach to Getting the Life You Want*. Penguin Press.

11. Meadows, D. H. (2008). *Thinking in Systems: A Primer*. Chelsea Green Publishing.

12. Dweck, C. S. (2006). *Mindset: The New Psychology of Success*. Random House.

13. Duckworth, A. (2016). *Grit: The Power of Passion and Perseverance*. Scribner.

14. Clear, J. (2018). *Atomic Habits: An Easy & Proven Way to Build Good Habits & Break Bad Ones*. Avery.

15. Dispenza, J. (2012). *Breaking the Habit of Being Yourself: How to Lose Your Mind and Create a New One*. Hay House.

16. Iyengar, S. (2010). *The Art of Choosing*. Twelve.

17. Duhigg, C. (2012). *The Power of Habit: Why We Do What We Do in Life and Business*. Random House.

18. Locke, E. A., & Latham, G. P. (2002). *A Theory of Goal Setting & Task Performance*. Prentice Hall.

19. Goddard, N. (2006). *The Power of Awareness*. Martino Fine Books.

20. Dweck, C. S. (2006). *Mindset: The New Psychology of Success*. Random House.

21. Dispenza, J. (2012). *Breaking the Habit of Being Yourself: How to Lose Your Mind and Create a New One*. Hay House.

22. Kahneman, D. (2011). *Thinking, Fast and Slow*. Farrar, Straus and Giroux.

23. Brown, B. (2010). *The Gifts of Imperfection: Let Go of Who You Think You're Supposed to Be and Embrace Who You Are*. Hazelden.

24. Cialdini, R. B. (2007). *Influence: The Psychology of Persuasion*. Harper Business.

25. Dweck, C. S. (2006). *Mindset: The New Psychology of Success*. Random House.

26. Seligman, M. (1975). *Learned Helplessness: A Theory for the Age of Personal Control*. W. H. Freeman.

27. Doidge, N. (2007). *The Brain That Changes Itself: Stories of Personal Triumph from the Frontiers of Brain Science*. Viking Penguin.

28. Emmons, R. A. (2007). *Thanks!: How Practicing Gratitude Can Make You Happier*. Houghton Mifflin Harcourt.

29. Duckworth, A. (2016). *Grit: The Power of Passion and Perseverance*. Scribner.

30. Seligman, M. (1991). *Learned Optimism: How to Change Your Mind and Your Life*. Vintage Books.

31. Dweck, C. S. (2006). *Mindset: The New Psychology of Success*. Random House.

32. van der Kolk, B. (2014). *The Body Keeps the Score: Brain, Mind, and Body in the Healing of Trauma*. Viking.

33. Kahneman, D. (2011). *Thinking, Fast and Slow*. Farrar, Straus and Giroux.

34. Goleman, D. (1995). *Emotional Intelligence: Why It Can Matter More Than IQ*. Bantam Books.

35. Tannen, D. (1998). *The Argument Culture: Stopping America's War of Words*. Random House.

36. Rosenberg, M. (2003). *Nonviolent Communication: A Language of Life*. Puddle Dancer Press.

37. Cloud, H., & Townsend, J. (1992). *Boundaries: When to Say Yes, How to Say No to Take Control of Your Life*. Zondervan.

38. Latané, B., & Darley, J. M. (1970). *The Unresponsive Bystander: Why Doesn't He Help?* Appleton-Century-Crofts.

39. Karau, S. J., & Williams, K. D. (1993). *Social Loafing: A Meta-Analytic Review and Theoretical Integration.* Journal of Personality and Social Psychology, 65(4), 681-703.

40. Bandura, A. (1977). *Social Learning Theory.* Prentice Hall.

41. Sen, A. (1981). *Poverty and Famines: An Essay on Entitlement and Deprivation.* Oxford University Press.

42. Klein, N. (2014). *This Changes Everything: Capitalism vs. The Climate.* Simon & Schuster.

43. The Bhagavad Gita. (2008). *Bhagavad Gita: As It Is* (A.C. Bhaktivedanta Swami Prabhupada, Trans.). Bhaktivedanta Book Trust.

44. Jung, C. G. (1957). *The Undiscovered Self.* Princeton University Press.

45. Clear, J. (2018). *Atomic Habits: An Easy & Proven Way to Build Good Habits & Break Bad Ones.* Avery.

46. Kimmerer, R. W. (2013). *Braiding Sweetgrass: Indigenous Wisdom, Scientific Knowledge, and the Teachings of Plants.* Milkweed Editions.

47. Hayes, S. C., Strosahl, K. D., & Wilson, K. G. (2011). *Acceptance and Commitment Therapy: The Process and Practice of Mindful Change.* Guilford Press.

48. Goddard, N. (2006). *Your Faith is Your Fortune.* Martino Fine Books.

49. Emmons, R. A., & McCullough, M. E. (2003). "Counting blessings versus burdens: An experimental investigation of gratitude and subjective well-being in daily life." *Journal of Personality and Social Psychology*, 84(2), 377-389.

50. Helson, H. (1964). *Adaptation-Level Theory: An Experimental and Systematic Approach to Behavior.* Harper & Row.

51. Frankl, V. E. (1959). *Man's Search for Meaning.* Beacon Press.

52. Fredrickson, B. L. (2001). "The Role of Positive Emotions in Positive Psychology: The Broaden-and-Build Theory of Positive Emotions." *American Psychologist*, 56(3), 218-226.

53. Seligman, M. E. P. (1972). *Learned Helplessness: The Psychology of Failure and Success.* W. H. Freeman.

54. Ericsson, K. A., Krampe, R. T., & Tesch-Römer, C. (1993). "The Role of Deliberate Practice in the Acquisition of Expert Performance." *Psychological Review*, 100(3), 363-406.

55. Beck, A. T. (1976). *Cognitive Therapy and the Emotional Disorders*. International Universities Press.

Concentrez-Vous Uniquement Sur L'état Souhaité

1. Lewis, C. S. (1952). *Mere Christianity*.

2. Maslow, A. H. (1954). *Motivation and Personality*.

3. Dispenza, J. (2012). *Breaking the Habit of Being Yourself*.

4. Huberman, A. (2021). *Neuroscience of Visualization and Performance*.

5. Busemeyer, J., & Bruza, P. (2012). *Quantum Models of Cognition and Decision*.

6. Clear, J. (2018). *Atomic Habits*.

7. Nolen-Hoeksema, S. (2000). The Role of Rumination in Depressive Disorders and Mixed Anxiety/Depressive Symptoms. *Journal of Abnormal Psychology, 109*(3), 504-511.

8. Lyubomirsky, S., & Tkach, C. (2004). The Consequences of Dysphoric Rumination. *Journal of Personality and Social Psychology, 85*(4), 722-739.

9. Carr, N. (2010). *The Shallows: What the Internet Is Doing to Our Brains*.

10. Schacter, D. L. (2001). *The Seven Sins of Memory: How the Mind Forgets and Remembers*.

11. Bonilla-Silva, E. (2018). *Racism Without Racists: Color-Blind Racism and the Persistence of Racial Inequality in America*.

12. Phelps, E. A. (2004). Human Emotion and Memory: Interactions of the Amygdala and Hippocampus in Memory Consolidation. *Psychological Science, 13*(5), 213-218.

13. Jung, C. (1968). *Psychology and Alchemy*.

14. Goddard, N. (1952). *The Power of Awareness*.

15. Dispenza, J. (2012). *Breaking the Habit of Being Yourself*.

16. James, W. (1897). *The Will to Believe*.

17. Lipton, B. (2005). *The Biology of Belief*.

18. Byrne, R. (2006). *The Secret*.

19. Kosslyn, S. M. (1994). *Image and Brain: The Resolution of the Imagery Debate*.

20. Benedetti, F. (2008). *Placebo Effects: Understanding the Mechanisms in Health and Disease*.

21. Duhigg, C. (2012). *The Power of Habit*.

22. Byrne, R. (2006). *The Secret*.

23. Hebb, D. O. (1949). *The Organization of Behavior: A Neuropsychological Theory*.

24. Seligman, M. E. P. (1991). *Learned Optimism: How to Change Your Mind and Your Life*.

25. Carver, C. S., & Scheier, M. F. (2002). Optimism, Pessimism, and Self-Regulation. *American Psychologist*.

26. Folkman, S., & Lazarus, R. S. (1980). An Analysis of Coping in a Middle-Aged Community Sample. *Journal of Health and Social Behavior*.

27. Festinger, L. (1957). *A Theory of Cognitive Dissonance*.

28. Seligman, M. E. P. (2002). *Authentic Happiness: Using the New Positive Psychology to Realize Your Potential for Lasting Fulfillment*.

29. Maslow, A. H. (1968). *Toward a Psychology of Being*.

30. Hendrick, C. (2013). *Self-Sabotage in Personal and Professional Success: Psychological Patterns and Strategies for Change*.

31. Volkow, N. D., et al. (2014). The Role of THC in Neurological and Behavioral Reinforcement. *New England Journal of Medicine, 370*(23), 2219–2227.

32. Miller, W. R., & Thoresen, J. E. (2003). Religious and Spiritual Transformations and Their Impact on Addiction Recovery. *American Psychologist, 58*(1), 24–35.

33. Draganski, B., et al. (2004). Neuroplasticity and Behavioral Change. *Nature, 427*(6972), 311–312.

34. Wood, W., & Neal, D. T. (2007). Habit Formation and Self-Control Mechanisms. *Psychological Review, 114*(4), 843–863.

35. Baumeister, R. F., & Tierney, J. (2011). *Willpower: Rediscovering the Greatest Human Strength.*

36. Lewis, C. S. (1955). *Surprised by Joy: The Shape of My Early Life.*

37. Dweck, C. (2006). *Mindset: The New Psychology of Success.*

38. Csikszentmihalyi, M. (1990). *Flow: The Psychology of Optimal Experience.*

39. Ericsson, K. A., et al. (2006). *The Cambridge Handbook of Expertise and Expert Performance.*

Prospérez Mais Ne Fanfaronnez Pas

1. Langer, E. J. (1975). The illusion of control. *Journal of Personality and Social Psychology, 32*(2), 311–328.

2. Goleman, D. (1995). *Emotional Intelligence: Why It Can Matter More Than IQ.* Bantam Books.

3. Carleton, R. N. (2016). Fear of the unknown: One fear to rule them all? *Journal of Anxiety Disorders, 41,* 5-21.

4. Machiavelli, N. (1532). *The Prince.*

5. Baumeister, R. F., & Scher, S. J. (1988). Self-defeating behavior patterns among normal individuals: Review and analysis of common self-destructive tendencies. *Psychological Bulletin, 104*(1), 3–22.

6. Whitman, W. (1855). *Song of Myself.* In *Leaves of Grass.*

7. Deci, E. L., & Ryan, R. M. (1985). *Intrinsic Motivation and Self-Determination in Human Behavior.* Springer Science & Business Media.

8. Baumeister, R. F., & Tierney, J. (2011). *Willpower: Rediscovering the Greatest Human Strength.* Penguin Books.

9. Duckworth, A. L., & Eskreis-Winkler, L. (2013). Grit and perseverance: The psychology of effort. *Journal of Personality and Social Psychology, 104*(1), 129-140.

10. Dweck, C. S. (2006). *Mindset: The New Psychology of Success.* Random House.

11. Seligman, M. E. P. (2011). *Flourish: A Visionary New Understanding of Happiness and Well-Being.* Free Press.

12. Ryan, R. M., & Deci, E. L. (2000). Self-determination theory and the facilitation of intrinsic motivation, social development, and well-being. *American Psychologist, 55*(1), 68-78.

13. Sheldon, K. M., & Kasser, T. (1998). Pursuing personal goals: Skills enable progress, but not all progress is beneficial. *Personality and Social Psychology Bulletin, 24*(12), 1319-1331.

14. Baumeister, R. F. (1991). *Meanings of Life*. Guilford Press.

15. Diener, E., & Seligman, M. E. P. (2004). Beyond money: Toward an economy of well-being. *Psychological Science in the Public Interest, 5*(1), 1-31.

16. Lyubomirsky, S. (2007). *The How of Happiness: A New Approach to Getting the Life You Want*. Penguin.

17. Frankl, V. E. (1984). *Man's Search for Meaning*. Beacon Press.

18. Nietzsche, F. (2005). *Thus Spoke Zarathustra*. Penguin Classics.

19. Beck, A. T. (1999). *Prisoners of Hate: The Cognitive Basis of Anger, Hostility, and Violence*. HarperCollins.

20. Peterson, J. B. (2018). *12 Rules for Life: An Antidote to Chaos*. Random House.

21. Duckworth, A. (2016). *Grit: The Power of Passion and Perseverance*. Scribner.

22. Maslow, A. H. (1954). *Motivation and Personality*. Harper.

23. Brown, B. (2017). *Braving the Wilderness: The Quest for True Belonging and the Courage to Stand Alone*. Random House.

24. Ryan, R. M., & Deci, E. L. (2000). Self-determination theory and the facilitation of intrinsic motivation, social development, and well-being. *American Psychologist, 55*(1), 68-78.

25. Festinger, L. (1957). *A Theory of Cognitive Dissonance*. Stanford University Press.

26. Smith, R. H., & Kim, S. H. (2007). Comprehending envy. *Psychological Bulletin, 133*(1), 46-64.

27. Dweck, C. S. (2006). *Mindset: The New Psychology of Success*. Random House.

28. Clear, J. (2018). *Atomic Habits: An Easy & Proven Way to Build Good Habits & Break Bad Ones*. Avery.

29. Wood, W., & Phillips, J. L. (2012). Habit persistence and change: Conditions for habit formation and its role in self-regulation. *European Review of Social Psychology, 23*(1), 288-327.

30. Bandura, A. (1977). Self-efficacy: Toward a unifying theory of behavioral change. *Psychological Review, 84*(2), 191-215.

31. Newton, I. (1687). *Philosophiæ Naturalis Principia Mathematica.*

32. Baumeister, R. F. (1991). *Meanings of Life.* Guilford Press.

33. Festinger, L. (1957). *A Theory of Cognitive Dissonance.* Stanford University Press.

34. Kahneman, D. (2011). *Thinking, Fast and Slow.* Farrar, Straus and Giroux.

35. Schopenhauer, A. (1851). *Parerga and Paralipomena.*

36. Festinger, L. (1957). *A Theory of Cognitive Dissonance.* Stanford University Press.

37. Hohwy, J. (2013). *The Predictive Mind.* Oxford University Press.

38. Alicke, M. D., & Zell, E. (2008). Social comparison and envy. In R. M. Ryan & E. L. Deci (Eds.), *The Oxford Handbook of Human Motivation.* Oxford University Press.

39. Allen, T. D., & Eby, L. T. (2011). *The Blackwell Handbook of Mentoring: A Multiple Perspectives Approach.* Blackwell Publishing.

40. Satir, V. (1988). *The New Peoplemaking.* Science and Behavior Books.

41. Festinger, L. (1957). *A Theory of Cognitive Dissonance.* Stanford University Press.

42. Rosenthal, R., & Jacobson, L. (1968). *Pygmalion in the Classroom: Teacher Expectation and Pupils' Intellectual Development.* Holt, Rinehart & Winston.

43. Cloud, H., & Townsend, J. (1992). *Boundaries: When to Say Yes, How to Say No to Take Control of Your Life.* Zondervan.

44. Deci, E. L., & Ryan, R. M. (1985). *Intrinsic Motivation and Self-Determination in Human Behavior.* Springer.

45. Duckworth, A. L. (2016). *Grit: The Power of Passion and Perseverance.* Scribner.

46. Baumeister, R. F., & Tierney, J. (2011). *Willpower: Rediscovering the Greatest Human Strength.* Penguin Press.

47. Emmons, R. A., & McCullough, M. E. (2003). Counting blessings versus burdens: An experimental investigation of gratitude and subjective well-being in daily life. *Journal of Personality and Social Psychology, 84*(2), 377-389.

48. Goffman, E. (1959). *The Presentation of Self in Everyday Life*. Anchor Books.

49. Niedenthal, P. M. (2007). Embodying emotion. *Science, 316*(5827), 1002-1005.

50. Kahneman, D. (2011). *Thinking, Fast and Slow*. Farrar, Straus and Giroux.

51. Bourdieu, P. (1984). *Distinction: A Social Critique of the Judgment of Taste*. Harvard University Press.

52. Baumeister, R. F., & Leary, M. R. (1995). The need to belong: Desire for interpersonal attachments as a fundamental human motivation. *Psychological Bulletin, 117*(3), 497-529.

53. Dweck, C. S. (2006). *Mindset: The New Psychology of Success*. Random House.

54. Seligman, M. E. P. (2011). *Flourish: A Visionary New Understanding of Happiness and Well-Being*. Free Press.

55. Bandura, A. (1997). *Self-Efficacy: The Exercise of Control*. W. H. Freeman and Company.

56. Ericsson, K. A., & Pool, R. (2016). *Peak: Secrets from the New Science of Expertise*. Houghton Mifflin Harcourt.

Pratiquez L'ascétisme Involontaire

1. National Endowment for the Arts. (2007). *To Read or Not to Read: A Question of National Consequence* (Research Report #47).

2. Brown, P. C., Roediger, H. L., & McDaniel, M. A. (2014). *Make It Stick: The Science of Successful Learning*. Belknap Press.

3. Wood, W., & Neal, D. T. (2007). A new look at habits and the habit-goal interface. *Psychological Review, 114*(4), 843–863.

4. Sowell, T. (2007). *A Conflict of Visions: Ideological Origins of Political Struggles*. Basic Books.

5. Mischel, W., Shoda, Y., & Rodriguez, M. L. (1989). Delay of gratification in children. *Science, 244*(4907), 933–938.

6. Baumeister, R. F., & Tierney, J. (2011). *Willpower: Rediscovering the Greatest Human Strength*. Penguin Press.

7. Duckworth, A. (2016). *Grit: The Power of Passion and Perseverance*. Scribner.

8. Murphy, J. (2001). *The Power of Your Subconscious Mind*. Bantam.

9. Clear, J. (2018). *Atomic Habits: An Easy & Proven Way to Build Good Habits & Break Bad Ones*. Avery.

10. Odum, E. P., & Barrett, G. W. (2004). *Fundamentals of Ecology*. Brooks Cole.

11. Baumeister, R. F., & Tierney, J. (2011). *Willpower: Rediscovering the Greatest Human Strength*. Penguin Press.

12. Deci, E. L., & Ryan, R. M. (2000). "The 'What' and 'Why' of Goal Pursuits: Human Needs and the Self-Determination of Behavior." *Psychological Inquiry, 11*(4), 227-268.

13. Schwartz, B. (2004). *The Paradox of Choice: Why More Is Less*. Harper Perennial.

14. Festinger, L. (1957). *A Theory of Cognitive Dissonance*. Stanford University Press.

15. Duhigg, C. (2012). *The Power of Habit: Why We Do What We Do in Life and Business*. Random House.

16. Barrett, L. F. (2017). *How Emotions Are Made: The Secret Life of the Brain*. Houghton Mifflin Harcourt.

17. Mischel, W. (2014). *The Marshmallow Test: Mastering Self-Control*. Little, Brown and Company.

Épilogue

1. Duckworth, A. (2016). *Grit: The Power of Passion and Perseverance*. Scribner.

2. Dweck, C. S. (2006). *Mindset: The New Psychology of Success*. Random House.

3. Seligman, M. E. P. (2011). *Flourish: A Visionary New Understanding of Happiness and Well-Being*. Atria Books.

4. Kahneman, D. (2011). *Thinking, Fast and Slow*. Farrar, Straus and Giroux.

5. Duckworth, A. (2016). *Grit: The Power of Passion and Perseverance*. Scribner.

6. Dweck, C. S. (2006). *Mindset: The New Psychology of Success*. Random House.

7. Doidge, N. (2007). *The Brain That Changes Itself: Stories of Personal Triumph from the Frontiers of Brain Science*. Viking.

8. Seligman, M. E. P. (2011). *Flourish: A Visionary New Understanding of Happiness and Well-Being*. Atria Books.

9. Prochaska, J. O., Norcross, J. C., & DiClemente, C. C. (1994). *Changing for Good: A Revolutionary Six-Stage Program for Overcoming Bad Habits and Moving Your Life Positively Forward*. HarperCollins.

10. Deci, E. L., & Ryan, R. M. (2000). The "what" and "why" of goal pursuits: Human needs and the self-determination of behavior. *Psychological Inquiry, 11*(4), 227-268.

11. Clear, J. (2018). *Atomic Habits: An Easy & Proven Way to Build Good Habits & Break Bad Ones*. Avery.

12. Csikszentmihalyi, M. (1990). *Flow: The Psychology of Optimal Experience*. Harper & Row.

13. Lewis, C. S. (1947). *The Abolition of Man*. Oxford University Press.

14. Frankl, V. E. (1984). *Man's Search for Meaning*. Beacon Press.

15. Haidt, J. (2006). *The Happiness Hypothesis: Finding Modern Truth in Ancient Wisdom*. Basic Books.

www.ingramcontent.com/pod-product-compliance
Lightning Source LLC
Chambersburg PA
CBHW021211130626
46554CB00004B/1170